主编　方学智

参编　刘敬喜　杨敏 周盼 林晞晨

船舶与海洋工程概论

（第2版）

清华大学出版社

北京

内 容 简 介

本书是为船舶与海洋工程专业本科生编写的,主要内容包括船舶分类、船形、船舶性能、船体结构、船舶轮机与电气、船舶观通与导航,以及海洋环境、海洋资源开发及海洋工程的特种工程船。本书尽可能完整地介绍了船舶及海洋工程领域中的基本概念、原理、实例以及最新成果。

本书可作为船舶与海洋工程专业及相关专业本科生教材,并可供船舶与海洋工程领域的工程技术人员阅读和参考。

图书在版编目(CIP)数据

船舶与海洋工程概论/方学智主编. —2 版. —北京:清华大学出版社,2019(2024.1重印)
ISBN 978-7-302-53259-0

Ⅰ. ①船… Ⅱ. ①方… Ⅲ. ①船舶工程—概论 ② 海洋工程—概论 Ⅳ. ①U66 ②P75

中国版本图书馆 CIP 数据核字(2019)第 134539 号

责任编辑:许 龙
封面设计:常雪影
责任校对:赵丽敏
责任印制:宋 林

出版发行:清华大学出版社
　　　网　　　址:https://www.tup.com.cn, https://www.wqxuetang.com
　　　地　　　址:北京清华大学学研大厦 A 座　　　　　　邮　　编:100084
　　　社 总 机:010-83470000　　　　　　　　　　　　邮　　购:010-62786544
　　　投稿与读者服务:010-62776969, c-service@tup.tsinghua.edu.cn
　　　质量反馈:010-62772015, zhiliang@tup.tsinghua.edu.cn
印 装 者:三河市君旺印务有限公司
经　　销:全国新华书店
开　　本:185mm×260mm　　印　张:15.5　　　　　字　　数:372 千字
版　　次:2013 年 1 月第 1 版　　2019 年 5 月第 2 版　　印　次:2024 年 1 月第 7 次印刷
定　　价:49.80 元

产品编号:080555-03

前 言

FOREWORD

海洋是生命的摇篮,人类社会发展的历史进程与海洋息息相关。自古以来,海洋便为人类提供了"鱼盐之利"和"舟楫之便"。而今随着科学技术的发展,海洋油气开发、海水综合利用和海洋生物资源开发等拉开了 21 世纪——海洋新世纪的帷幕。传统的船舶工程因海洋开发而焕发青春,越来越明朗地成为 21 世纪一道亮丽的风景线。

合着时代的步伐,《船舶与海洋工程概论》饱含着编者对专业教学的执着、心血和汗水诞生。这是船舶与海洋工程专业的一本入门书籍,在同名讲义的基础上,参考兄弟院校相关教材及国内有关资料文献编写而成。本书旨在引导船舶与海洋工程专业的新生全面了解船舶工程的研究对象和内容以及海洋开发的环境、现状和发展,明确后续专业课学习的目的和课程之间的联系,激发专业学习的热情;同时也向从事造船、航运、海洋开发的科技工作者及对船舶与海洋工程知识有兴趣的广大读者提供一本系统介绍船舶与海洋工程知识的参考书。

本书在编写过程中贯穿了如下指导思想:

(1) 尽可能完整地介绍船舶及海洋工程领域的基本概念、原理、研究范围及实例,让读者对船舶及海洋工程的全貌有一个基本了解;

(2) 紧密追踪当代船舶及海洋工程发展的最新成果,不断更新;

(3) 内容深入浅出、简明扼要、图文并茂,便于广大读者学习。

本书初稿时,得到文华学院教材基金支持,华中科技大学杨定邦和文华学院罗志明、郑存芳参与了部分章节的编写工作,在此谨致以衷心感谢。

本书的修订再版注意吸收了部分院校一线教师的意见与建议,压缩了部分章节,对全书内容进行了整合与更新。本书的修订分工为:江苏科技大学杨敏第 2、3 章,文华学院周盼第 4、5 章,林晗晨第 6、8 章,华中科技大学刘敬喜第 7、9、10 章,其余各章及本书的统稿由华中科技大学方学智负责。

清华大学出版社为本书的再版花费了很多心血,同时本书的修订参阅了国内众多同行的教材、专著及网络资源,在此也一并顺致谢忱!

由于时间匆促,编者水平有限,本书欠妥和错误之处,敬请读者批评指正。

编 者
2018 年 9 月

目 录

CONTENTS

第 **1** 章

我国造船发展史

长江、黄河孕育了华夏文明,并使中国以"造纸术、印刷术、火药、指南针"四大科技发明著称于世,而赖以传播中华文明的正是船舶与航海(海上丝绸之路)。

中国的造船历史源远流长,从古代的独木舟、东汉的碇(锚)和舵、唐宋时期的水密隔壁、车船和指南针到明代郑和宝船下西洋,中国古代造船在尺度、性能与航海方面都居世界领先地位。

明末的海禁与晚清的闭关锁国导致中国近代造船停滞、衰落;而与此同时,西方工业革命、蒸汽机、钢船、利炮发展迅速,中国落后于西方且差距日渐拉大。

中华人民共和国成立后,造船业获得新生。自力更生、改革开放,推动了中国造船的蓬勃发展。1995 年,中国造船产量超越西方位居世界第三,2005 年超过日本位居世界第二,2010 年,我国三大造船指标(造船完工量、新接订单和手持订单)全面位居世界第一,中国造船再创辉煌。近几年来,中国造船人正发愤图强,努力实现由造船大国向造船强国的战略转移。

1.1　中国古代造船史

中华民族有几千年的悠久造船史。我们的祖先以自己的智慧和汗水创造了中国木帆船的辉煌,为世界古代造船史谱写了光辉的篇章。

最早出现的船舶是独木舟。我国西周时期的《易经·系辞》中早有"刳木为舟,剡木为楫"的记述,说的是新石器时期(公元前 2800 年)用火和石斧来制造独木舟和桨的方法。相传大禹治水时,为指挥治水需要舟船,当时四川省梓潼县尼阵山有棵大梓树,直径丈余,大禹带工匠砍伐,造成一只宽大轻巧的独木舟,辗转治水 13 年消除了水患。1958 年在江苏省武进县出土了公元前 539 年左右春秋后期的独木舟,长 11m、宽 0.9m,就是历史的见证。图 1-1 所示为泸沽湖摩梭人使用的独木舟。

据甲骨文字记载,殷商时期(公元前 1750 年)我国已有了木板船。图 1-2 所示为 1973 年湖北江陵西汉墓出土的木板船模型。木板船由纵向和横向板材组合而成,突破了一根原木的局限,为船舶大型化和多样化开辟了道路。

图 1-1　泸沽湖摩梭人独木舟(云南丽江)

图 1-2　西汉木板船

　　春秋战国时期(公元前 770 年),冶铁业的发展推动了造船业的进步,于是有了舟师水战的记载和长江、黄河水域相当规模的水上运输。

　　秦汉时期,造船技术和规模有了进一步的发展。公元前 215 年,秦始皇派蒙恬发兵 30 万北击匈奴,以山东半岛的黄县、牟平为补给基地,征集海船渡渤海向河北军前运粮,史学家把这次大规模运粮定为中国海上漕运之始。公元前 112 年,汉武帝借平南粤吕嘉叛乱之机,派楼船将军杨仆率水军 10 万航海南下,次年冬攻克番禺。两年后再派杨仆率水军 5 万,从山东渡渤海攻朝鲜。前后 5 年间,汉武帝两次海上用兵,向南打通了从长江口直达两广的航线,向北打通了从山东到辽东的航线。把南北两条航线衔接起来,再以其两端为起点向东西扩展便形成了通往国外的海上丝绸之路。

　　据记载,隋代造过长 54.6m、宽 13.6m、高 12m 的大龙舟,有四层上层建筑。图 1-3 为隋炀帝的大龙舟。

　　唐代(公元 618 年)造船技术当时世界领先,采用水密隔壁建造船体,外板采用平接或搭接工艺,还成功地建造了车轮战船。图 1-4 为 1973 年江苏省如皋县出土的唐朝运输木船,该船用水密隔壁分为 9 个舱,既有利于不同货物的装载,又提高了船舶的抗沉性。唐代海船已能远航西洋,当时"阿拉伯商人东航者皆乘中国船"。

图 1-3　隋炀帝的大龙舟

图 1-4　采用水密隔壁的唐朝运输木船

　　至北宋时期(公元 960 年),我国木帆船建造技术已趋成熟。当时造船工场已能按船样照图施工,并开始采用滑道下水;战舰已采用火药武器;海船已装备指南针,并在世界造船史上首创了使用压载的纪录。

　　元代至明代是我国木帆船的鼎盛时期。举世闻名的郑和七次下西洋(1405—1433 年),其船队之大、人数之多、航程之远都是创纪录的。据《明史》记载,郑和下西洋的船队中,有 5 种类型的船舶。最大的称为"宝船",长四十四丈四尺,宽十八丈,折合总长为 125m,型宽 48m,型深 16m,船楼四层,船上 9 桅可挂 12 张帆,可容纳千人。第二种叫"马船",长三十七丈,宽十五丈。第三种叫"粮船",长二十八丈,宽十二丈。第四种叫"坐船",长二十四丈,宽九丈四尺。第五种叫"战船",长十八丈,宽六丈八尺。有的用于载货,有的用于运粮,有的用于作战,有的用于居住。分工细致种类多。郑和船队共有海船 200 余腔、人员 2.7 万人。船队曾到达 30 多个国家和地区,最远到达东非海岸和红海口。这一世界航海史上的空前壮举,充分说明当时中国的造船技术和航海技术已达到世界最高水平。图 1-5 为郑和下西洋的"宝船"。

西方著名航海家哥伦布,先后 4 次出海远航发现了美洲大陆,1492 年哥伦布船队旗舰"圣·玛利亚"号(图 1-6),长 30m,宽 6m,排水量 233t,随行 120 人。

图 1-5　郑和下西洋的"宝船"

图 1-6　哥伦布旗舰"圣·玛利亚"号

中国是世界造船与航海的主要发源地之一。中国古代的造船技术曾长期处于世界领先水平,在世界造船与航海史上做出过许多重大贡献:

碇,是我国古代利用石块重量来稳定船位的系泊工具,相当于现代的锚。在广州出土的我国东汉时期的陶质船模(图 1-7)的首部有一个带有两爪的碇,中间有一根横杆和一大块石头,这种木石结合的碇和现代的海军锚惊人地相似。

车轮舟,亦称车船,是靠机械推进的船舶。我国最早建造这种船是公元 5 世纪,到宋代,车船已作为水军战舰列入编制。图 1-8 所示的车船,船侧有 11 对车轮,都有木板防护,船尾还有一个大车轮,均起推进作用。船上设有抛石机多个,并配备了弓箭手,具有相当强的战斗力。

图 1-7　广州出土的东汉陶船模

图 1-8　轮船始祖——宋代的车船

橹,是汉代船舶推进工具中具有突破性的一项发明。由于橹板在水中以较小的冲角划动时其升力大而阻力小,故推进效率高;同时橹板可以左右连续摇动做功,因而成为非间歇性高效率的推进工具。

帆,是依靠风力的推进工具,最早出现于古埃及。中国风帆出现的初始年代未有定论,但如前所述,汉武帝派杨仆率水军南下进攻番禺,出发和攻克的时间,都是在东北季风大作,有利于北船张帆南行的季节;如果再联想到秦代的徐福东渡,则我国古代秦汉时期已有风帆助航应是顺理成章的。

舵,是控制船舶航向的重要装置。汉代的文物证明舵是中国的一大发明。图 1-7 所示的东汉陶船模上便有船尾舵的实物。西方最早出现舵是公元 1242 年,对应于我国南宋淳祐二年。当时我国不仅普遍使用了舵,而且已进化到具有现代意义的平衡舵。我们的祖先在实践中积累了帆、舵配合的丰富经验。随着风力的大小和风向的变化相应地改变帆角和舵角,以获得最大的推力并保持既定的航向,这对推动中国航海事业起到了很大作用。

指南针,是早期船舶最重要的海上导航设备。早在北宋时代即有"舟师识地理,夜则观星,昼则观日,阴晦则观指南针"的记载,证实我国在 11 世纪末已将指南针用于航海,获得了全天候航海的能力。

以碇为船首锚,以橹和车轮舟为推进装置,舵作为操纵装置,指南针为航海仪器——这些是我国对世界造船与航海业的发展做出的重要贡献。

在船体结构与建造方面,采用水密横舱壁是我国唐代的一项发明。水密舱壁的创造,既有利于船舶破损后保持其生命力,又使船舶获得整体刚性和坚固性。

著名的英国科技史泰斗李约瑟写道:"中国的技术成就曾对欧洲做出过巨大贡献,中国发明了许多东西,如实用的船尾舵、水密舱壁……,所有这些发明都是由东向西传播而不是相反。"被誉为现代科学之父的英国物理学家弗·培根曾对中国人的发明发表过热情洋溢的颂词:"印刷术、火药和指南针,这三项发明已经改变了整个世界的面貌,……不管什么帝国、什么宗教、什么星座或人类的任何影响都不像发明这些东西来得巨大。"

日本学者寺田隆信在评价世界古代造船与航海史时也指出:"造船技术的优劣,是一个国家生产技术水平的反映,15 世纪的中国,以高超的传统造船技术建造了难以置信的巨大船舶。郑和下西洋达到了这一航海历史阶段的顶峰。"

1.2 中国近代造船史

自明代中叶以后,中国封建社会日趋衰落,经济与科学技术停滞不前,中国造船与航海也渐渐失去了原有的光彩。

18 世纪 60 年代发源于英国的产业革命,首先从纺织业开始,到 80 年代迅速发展到许多工业部门。18 世纪末,英、美、法等诸国都有不少人探讨利用蒸汽机推进船舶的方案。1807 年美国人富尔顿完成了第一艘蒸汽机明轮船"克雷门特"号。到 1838 年,英国就有几艘新型蒸汽机明轮客船横渡大西洋到达美国纽约港。到了 1860 年,英国竟能建成铁壳船"大东方"号,该船长 210m,18915 总吨,采用风帆、明轮和螺旋桨联合推进。

1840 年鸦片战争后,英国侵占了我国香港,并迫使清政府开放 5 个口岸,中国开始沦为半殖民地半封建社会,外国的帆船、轮船自由在我国沿海和内河航行,中国的造船业日益衰微。

19 世纪 60 年代以后,中国封建统治者中的一些代表人物曾国藩、左宗棠、李鸿章等人见洋人的"船坚炮利",进而奏请清政府操办洋务运动;1861 年开办安庆内军械所;1865 年在上海创办了江南制造总局,这是一所制造军火和轮船的综合企业;1866年在福建马尾设立福州船政局,专事造船,船政局设"前学堂"培养造船、造机人才。1872年又创办了招商局。

以洋务运动为开端的中国近代造船业不仅是中国工业的先导,而且在传播西方自然科学和发展中国近代教育事业方面也产生了积极作用。

1865年,安庆内军械所在徐寿、华蘅芳等人的努力下制成我国第一艘蒸汽机轮船"黄鹤"号,该船长17.6m,航速约6kn(节,1kn=1n mile/h)。1868年,江南制造局制成木壳、桨推进轮船"恬吉"号,船长56.4m,载重600t,功率288kW,航速约9.5kn。1869年,福州船政局制成木壳运输舰"万年清"号,船长72.6m,排水量1450t,功率426kW,航速约10kn。以上几艘蒸汽机轮船,从技术上看,要比英国落后70余年,但这毕竟是中国近代造船业的开端。

1905年在上海建成钢质长江客货轮"江新"号,垂线间长99m,吃水3.66m,载重1900t,载客326人。采用火管锅炉3座,蒸汽机2部,指示功率共1596kW,航速12.5kn。1912年还建成了大小相仿的"江华"号,见图1-9。这两艘船在新中国成立后分别于1954年和1951年经过改建,曾经作为长江客运的主力,营运到20世纪70年代。

1918年夏,第一次世界大战期间,美国急需大批远洋运输船,遂与我国签订了承造4艘万吨级运输船的合同。尽管大战于1918年末结束,这4艘万吨船仍按时交船。第一艘"官府"号1919年1月开工,1920年6月下水,1921年2月交船后开往美国。"天朝"号、"东方"号(图1-10)、"中国"号等另3艘船在1922年也相继完工交船。

图1-9　"江华"号长江客货船

图1-10　"东方"号万吨运输船

这些船是全遮蔽甲板型蒸汽机钢船,总长135m,宽16.76m,型深11.57m,采用江南造船所制造的三缸蒸汽机,指示功率2700kW,航速11kn。

自清末洋务运动到国民党政府统治的80多年中,我国虽然也建造了一批钢质轮船,但处在半殖民地半封建社会,在帝国主义列强和官僚买办势力的双重压迫下,中国近代造船业一开始就步履维艰、发展极为缓慢。1949年新中国成立前夕,国民党统治区经济濒于崩溃,船厂纷纷倒闭,工人失业,技术人员流失,原本就基础薄弱的船舶修造业奄奄一息。

1.3　新中国造船的发展

新中国的诞生,使船舶工业获得了新生。

首先,恢复和建设了一大批修造船厂;在提高修造船能力的同时,十分注意建设专业配套设备厂,在全国逐渐形成比较完整的配套协作网;其次,组建船舶专业科研设计机构,扩大科研设计队伍和能力;同时,发展造船专业高等教育,建设多层次的造船专业人才教育培训系统。

1950年,我国设计建造了以柴油机为动力的申渝线川江客货船"民众"号,载客936人,载货500t。该船首次采用我国自行设计制造的电动液压舵机。首次采用了舷伸甲板以扩大载客面积。1957—1958年又批量建造了"江蓉"号、"江津"号、"江陵"号(图1-11)等5艘申渝线客货船,首次采用了极U形首部横剖面并配以弧形折角线。

1955年,我国建成航行于渤海的"民主10"号、"民主11"号两艘蒸汽机沿海客货船,航速11.5kn,载客500人,载货700t。这是新中国成立后设计建造的第一型沿海客货船;1960年,建成了"民主18"号柴油机沿海客货船,该船动力2940kW、航速16kn,可载客800余人,舱室设备和布置装潢方面都达到了一个新水平。

在沿海货船的设计建造方面,应当提到1958年大连、江南两厂分别以很短的周期完成了载货5000t的"和平25"号和"和平28"号。"和平25"号于1960年改为烧油并改进内装,作为中国远洋运输公司的第一艘货船,改名为"和平"号,远航东南亚及非洲。

此外,江南造船厂还先后设计建造了南京下关至浦口的"上海"号、"江苏"号、"金陵"号火车渡船。该型船长约110m,可装运20余节车厢,如图1-12所示。

图1-11 "江陵"号客货船

图1-12 南京下关火车渡船

1960年,我国以自力更生精神进行了万吨级远洋货轮"东风"号的设计、研制工作。该船载货量10000t,排水量17182t。采用我国自行研制的7ESD75/160型直流扫气低速重型船用柴油机,功率为6472kW。采用国产低合金钢为船体材料。除柴油发电机组为江南造船厂的库存进口货以外,所有机电设备和各种配套机件都是我国自行研制的。1960年4月该船在江南造船厂下水,见图1-13。由于机电设备的研制拖延了舾装工程,该船到1965年才试航交船,航速达到17.3kn。该船在快速性、装载量、钢材消耗量、机舱长度等指标上均达到了当时较先进的水平。

1971年,长航青山船厂建造了申渝线中型客货船"东方红38"号(见图1-14),该船是在"江蓉"型客货船基础上增加船长5m,从而每层甲板可

图1-13 "东风"号远洋货船

增加两个客舱,使载客人数增加到970人。鉴于该船的适用性和经济性较好,后来作为定型船舶由中华船厂、武昌船厂批量建造了多艘。

1974年由上海船厂设计建成长江中下游(汉申线)大型客货船"东方红11"号,见图1-15。这是迄今我国长江上尺度最大、载客最多的大型客货船。总长114.5m,型宽16.4m,型深7.6m,排水量3700t,单机功率2250hp(马力,1hp≈745.7W),航速15.5kn,续航力2300n mile。在布置上首次采用了甲板中线内走廊,提高了客船的适用性与舒适性,三舵,方尾。定型后先后建造了20艘,成为长江中下游客运主力。

图1-14　"东方红38"号客货船

图1-15　"东方红11"号客货船

我国最大的沿海客货船"长征"号(图1-16),1971年由沪东造船厂设计建造,营运在上海—大连等航线。该船长138m,宽17.6m,型深8.4m,吃水6m,载客960人,载货2000t,排水量7500t。主机采用该厂制造的9ESDZ43/82型柴油机2台,功率为2×3310kW,航速18kn,续航力3500n mile。该型客货船先后建造了14艘,以"长"字为头分别命名为:山、河、锦、绣、自、力、更、生、松、柏、柳及"万年红""珍珠梅"。

1973年,沪东造船厂设计建造了当时尺度最大的散货船"郑州"号,载重量25000t,采用球鼻首线型。该型船舶陆续建造了13艘。同年,大连造船厂建成了"大理"号大舱口远洋货船,见图1-17。该船载重量12000t,满载吃水8m,主机为南斯拉夫造苏尔寿6RND76/155型低速柴油机。该船采用24m×8m的大舱口、双斜柱桅和120t重型吊货杆。采用球鼻首、尾机型、尾上层建筑,实用兼造型美观。同型船共造4艘。

图1-16　"长征"号沿海客货船

图1-17　"大理"号大舱口远洋货船

在油船设计建造方面,大连造船厂于1969年建造了15000t级油船"大庆27"号,1973年经改型设计,将载货量提高到24000t,主机采用南斯拉夫进口的6RND76/155型低速柴油机,服务航速15.7kn,到1978年先后建成16艘,这批油船在沿海油运方面发挥了很大的作用;1976年,建成载油量50000t的油船"西湖"号,排水量64400t,主机采用11180kW的B&W型低速柴油机,见图1-18。

图 1-18　50000t 级油轮"西湖"号

1.4　当代中国造船的发展

20 世纪 80 年代,改革开放的春风吹遍神州大地,我国造船工业获得了大发展。

在内河船舶的设计建造方面:以降阻节能、提高经济性为目标,研制了一批双尾、涡尾客轮,称为第三代长江客货船型;以美观、舒适为目标建成了一批长江旅游船;以节能、多样化、大型化为目标建造了一系列内河推驳船队。

华中科技大学船舶系把古老的平头船和国外涡槽尾船型有机结合起来开发了平头涡尾节能船型。较常规船型节能 25%。其实船代表是渝宜线 600 客位客轮"丰都 16"号(图 1-19)和 110 客位旅游船"伯爵"号。其中,以"丰都 16"号船型为基础加以改进,批量建造 13 艘,更名为"河"字号,营运于重庆—南京客运、旅游热线。

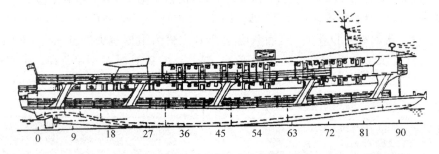

图 1-19　平头涡尾客轮"丰都 16"号

同期,长江船舶设计院将双尾船型研究成果应用于"江汉 57"号客船的设计与建造,与原型船"东方红 46"号相比,在相同主机功率下航速由 27km/h 提高到 31km/h,若维持27km/h 航速不变,则可节省功率 25% 以上。该船外观见图 1-20。

1981 年始,重庆东风船厂相继建成"神女"号、"三峡"号、"巴山"号、"峨眉"号等多艘川江旅游船,武昌造船厂也设计建造了"扬子江 1 号"旅游船。这些豪华旅游客船,上起重庆,下达武汉或上海,沿途游览长江两岸的风景名胜,对长江流域旅游资源的开发起到了积极作用。图 1-21 是长江豪华旅游船"世纪宝石"号,该船总长 110m,宽 17m,船上设有总统客房 2套、高级标准间 4 间、行政标准间 14 间、普通标准间 112 间,载客 264 人。

图 1-20 长江第三代客船"江汉 57"号

图 1-21 长江豪华旅游船"世纪宝石"号

从 1980 年起,长江大宗散货的运输逐渐为现代化的分节顶推船队所替代。长江船舶设计院在总结 1941kW 推船的基础上,设计了新型推船:用中速柴油机加装减速齿轮箱以提高推进效率;采用襟翼舵并加装倒车舵以改进船队的操纵性;主机采用遥控自动操作。如图 1-22 所示的新型推船已建成近百艘。驳船的装载量也由 1000t 级发展到 5000t 级。驳种不断增多,有甲板驳、舱口驳、油驳、矿石驳、冷藏驳和牲口驳等。

图 1-22 新型长江推船

从中华人民共和国成立到 1978 年的 30 年间,中国船舶工业主要为国内生产船舶,80 年代初期,我国造船年产量仅约 20 万载重吨,占世界份额的比例不足 1%,排世界第 17 位。1979 年始,中国船舶工业贯彻党中央改革开放方针,在海船设计建造方面,走出国门、迈向世界,自主研发与建造了一大批高质量的出口船,且技术含量与建造质量不断攀升。

1981 年 9 月 14 日,我国建造的第一艘出口船"长城"号(图 1-23)在大连造船厂顺利下水。27000t 级散货船"长城"号,多次往返日美航线和环球航行,未发生任何故障,同型船先后建造 12 艘出口国际市场。同年,中华造船厂建造了我国第一艘 17500t 多用途货船"海建"号。1987 年,江南造船厂为香港建造的 64000t 巴拿马级散货船"祥瑞"号(图 1-24),总长 225m,垂线间长 215m,型宽 32.2m,型深 18m,设计吃水 12.5m。由于质量上乘,签订了再建 6 艘的合同,其中美国 4 艘,1988 年 8 月出口美国的第一艘船下水,被美国船东命名为"中国光荣"号。

图 1-23 我国第一艘出口船"长城"号

图 1-24 64000t 散货船"祥瑞"号

1986 年,大连造船厂建成 115000t 穿梭油船出口挪威,1988 年又建成 118000t 穿梭油船,该船总长 260m,型宽 46m,型深 22.4m,吃水 14.8m,2 台主机总功率 13055kW,航速约 14kn。

1988 年,江南造船厂为联邦德国建造了 24000t 级装载 4000 辆大型汽车的滚装船"沃尔夫斯堡"号,见图 1-25。该船机舱实行自动化和遥控,船尾及中部跳板的收放均采用电动液压自动化,达到同类汽车滚装船的世界先进水平。

1983 年,上海船厂建成 12300 载重吨(DWT)集装箱多用途货船,出口西欧 4 艘,荣获 1983 年国家产品质量金质奖,见图 1-26。

图 1-25　载重 4000 辆大型汽车的滚装船

图 1-26　12300DWT 集装箱多用途货船

继上海船厂出口万吨级集装箱多用途货船之后,上海沪东造船厂为联邦德国劳埃德轮船公司建造了 4 万吨级全格栅大型集装箱船,1989 年 6 月 26 日顺利下水,命名为"柏林快航"号。该船船体采用不对称尾型。它的综合导航系统可实行从启运港到目的港全程自动导航,全船只需 16 名船员。可载 2700 个标准集装箱,其中 544 个冷藏箱可自动调温。主机安装沪东和上海联合制造的苏尔寿专利 21300kW 的柴油机。这是一艘被国际航运界誉为"未来型"的大型集装箱船。

自 1979 年至 1989 年的十年间,我国出口民船 270 万 t,在散货船、油船、集装箱船三种主流船型的研发与建造方面积累了经验。我国出口船用户,从香港扩展到世界 20 多个国家和地区,品种从一般运输船发展到具有 80 年代国际先进水平的多用途船、大型冷藏集装箱船、大型穿梭油轮、汽车滚装船、成品油船等,出口船占比达 80% 以上,中国造船赢得了世界航运界的信赖,船舶工业也率先成为改革开放、走向世界的外向型行业。

20 世纪 90 年代中国船舶工业快速发展。1990 年中国造船产量为 40 万 t、1991 年为 51 万 t,1992 年为 63 万 t,……,1999 年造船产量已达 159 万 t。90 年代中国造船产量以年均 17% 的发展势头高速增长,大大高于世界造船总量的增长速度,也高于其他大多数主要造船国家的增长速度。按照国际惯例,对于造船国家的排序是按照造船完工量(以 DWT,即载重吨计算)进行的。据英国劳氏船级社统计,1990 年中国造船产量占世界造船总量的份额为 2.5%,1995 年中国造船产量首次超过德国,占世界市场份额 5%,成为世界第 3 造船大国。中国造船产量在世界各国中的排名从 1990 年的第 8 位,上升到 1995 年的第 3 位,此后连续多年居世界排名第三,仅次于日本、韩国。2000 年,我国造船产量突破 224 万 t(DWT),承接新船订单 420 万 t,分别占世界造船份额的 6% 和 10.4%,稳居世界第 3 位。

进入 21 世纪,中国船舶工业实现了跨越式发展。2003 年,中国造船产量较 2000 年增长 1.9 倍,达 640 万 t,突破了中国造船业近 10 年占世界市场份额 5%~7% 的徘徊局面,占比达 11.8%;2004 年,中国造船完工量达到 880 万 t,同比增长 37%,占世界市场份额达 14%;2005 年,中国造船产量达 1212 万 t,占世界市场份额攀升至 17%,同时,承接新船订单首次超过日本。图 1-27 是大连船舶重工为伊朗建造的超大型油船(VLCC)"伊朗德尔瓦"号,是我国自行建造的第一艘 30 万 t 级 VLCC,2002 年 6 月交付船东。2004 年 8 月,上海外高桥造船为比利时定制的两艘 17.5 万 t 好望角型散货船(图 1-28)命名交付。该船是我国第一艘获得美国船级社(ABS)"绿色入级符号"的船舶,外高桥造船先后成功开发了 17.5 万~21 万 t 等 11 代好望角型绿色环保散货船系列产品,累计承接好望角型散货船订单近 300 艘,在世界上排名第一。

图 1-27 第一艘 30 万 t 级 VLCC

图 1-28 17.5 万 t 好望角型散货船

2006 年,中国造船产量达到 1452 万 t,是 2000 年的 6.5 倍,占世界份额近 20%,手持船舶订单 6872 万 t,比 2000 年增长了 5.5 倍;2007 年,中国造船完工量达到 1893 万 t,同比增长 30%,占世界市场份额的 23%;2008 年,中国造船业完工量为 3041 万 t,占全球市场份额为 30.7%;2009 年,造船完工量 4243 万 t,占世界市场份额的 34.8%;2010 年,造船完工量 6560 万 t,是 2000 年的 29.3 倍,占世界市场份额的 41.9%,首次成为世界第一造船大国。

从世界造船三大指标(年造船完工量、新接船订单、手持船订单)看,2007 年中国新接船订单 9845 万 t,居世界第一位,手持订单 15800 万 t、居世界第二位;2008 年新接船订单 5818 万 t,手持订单 20460 万 t,三大指标全面超越日本,居世界第二位;2009 年新接船订单 2600 万 t、手持船订单 18817 万 t,均超过韩国,居世界第一,而造船完工量 4243 万 t,略低于韩国的 4378 万 t,位居第二。2010 年中国造船三大指标全面超越日本、韩国,居世界第一。

受 2008 年全球金融危机的影响,国际新造船市场陷入低迷,2009 年我国新接船订单跌至 2600 万 t;而 2010 年新接船订单又升至 7522 万 t;我国新接船订单占世界市场份额呈现稳步上升态势,由 2006 年的 29.2% 上升到 2010 年的 54.8%。

针对世界船舶市场三大主流船型(散货船、油轮和集装箱船),我国船舶企业苦练内功,开发了一批在性能和建造方面具有国际竞争力的新船型,大大拉高了我国新船成交量。从 2007 年开始,散货船市场的爆发使三大主流船型成交量所占比例超过 90%,2010 年这一比例更是高达 97%。

同时,我国船舶企业注意切入高附加值船舶市场。"十一五"期间,我国自主开发的 17.5 万 t 大型散货船、30 万 t 超大型油船市场占有率分别达到 40% 和 30% 以上,并已进入大型 LNG 船、万箱级集装箱船、豪华客滚船、半潜式钻井平台、30 万 t FPSO 等高端产品市场。超大型船舶主机及其曲轴、大型螺旋桨、大型锚绞机等关键船用设备实现了自主设计和生产。

2006—2010 年,我国船舶工业总产值由 1722 亿元增至 6798 亿元,年均增幅达 41%,远高于我国工业总产值 22% 的平均增速,如表 1-1 所示。2010 年船舶工业总产值是 2005 年的 5.3 倍。其中,船舶制造业的发展速度最快,由 1205 亿元提高到 5135 亿元,年均增幅达 44%。

表 1-1 "十一五"期间中国船舶工业总产值　　　　　　　　　　亿元

项　　目	2006 年	2007 年	2008 年	2009 年	2010 年	2010 年较 2005 年增长
船舶工业	1722	2570	4197	5656	6798	434.0%
其中：船舶制造	1205	1809	2900	4259	5135	476.3%
船舶配套	250	205	470	716	769	309.0%
修船拆船	260	540	776	640	825	334.2%
其中：大型企业	645	1079	1507	2550	2866	425.9%
中型企业	654	958	1578	1668	2013	337.6%
小型企业	423	533	1112	1438	1918	615.7%

数据来源：中国船舶工业经济研究中心。

在 21 世纪的第二个十年中，受全球金融危机与经济放缓的影响，我国造船完工量与新接船订单有所回落，但由于有国家和体制的优势，中国造船继续稳坐"世界一哥"的宝座。截至 2018 年，我国造船三大指标，除 2015 年的新接船订单和 2016 年的造船完工量略低于韩国外，其余都是世界第一！

"十二五"以来，我国船舶工业向高质量、大型化、节能环保、智能化方向发展，取得了举世瞩目的成就。

我国承接的世界超大型集装箱船多批量(1.8 万 TEU、2 万 TEU、2.1 万 TEU)交付。2018 年 6 月 12 日，江南造船集团为中远海运建造的 21000TEU 超大型集装箱船"中远海运宇宙"轮正式交付(图 1-29)。该船总长 400m，船宽 58.6m，型深 33.5m，最大吃水 16m，设计航速 22kn，最大载重量 198000t，最大载箱量 21237TEU，入英国劳氏船级社(LR)和中国船级社(CCS)双船级。该船是我国自主研制、建造的世界最大级别集装箱船，技术先进、性能优良、节能环保、高度智能，代表着中国造船的最高水平。

2018 年 4 月 26 日，世界首制 40 万 t 超大型矿砂船 VLOC "矿石香港"号交船。该船入 LR 和 CCS 双船级，总长 362m，型宽 65m，型深 30.4m，结构吃水 23m，航速 14.5kn，续航力 2.55 万 n mile，是中国—巴西航线上吨位最大的矿砂船，见图 1-30。该船的亮点是：安全、智能、环保。该船设有应力监控系统，在航行和装载货物过程中能对结构的应力进行实时监控；该船具有纵倾优化、航路航速优化计算等功能，为船舶管理提供全面信息；该船还预留了液化天然气燃料舱，可使用清洁能源航行，排放的废气中不含硫氧化物，氮氧化物减少 30%，二氧化碳减少 15% 以上。

图 1-29　21000TEU 超大型集装箱船

图 1-30　40 万 t 超大型矿砂船

大型液化天然气运输船(LNG),是国际公认的高技术、高附加值、高难度的"三高"船舶。它是在－163℃低温下运输液化气的专用高科技船舶,是一种"海上超级冷冻车",被喻为世界造船业"皇冠上的明珠",造价昂贵。长期以来,全球只有少数国家的 10 多家船厂能够建造。2008 年 4 月 3 日,沪东中华交付首艘 14.7 万 m^3 LNG 船"大鹏昊"号;2017 年 7 月 2日,交付 17.2 万 m^3 LNG 船"大力水手"(PAPUA)号;10 月 13 日,又成功交付 17.4 万 m^3 LNG运输船"泛亚"(PAN ASIA)号(图 1-31)。该船总长 290m,型宽 46.95m,型深 26.25m,设计吃水 11.5m,设计载重量 8.25 万 t,总舱容 17.4 万 m^3,其容量比上海全市居民一个月的用气量还要大。该船采用双燃料电力推进技术(DFDE),设计航速 19.5kn,这是国内首例同时具有双燃料电力推进和再液化功能的 LNG 运输船,造价超过 2 亿美元。截至 2018 年,沪东中华已累计交付了 18 艘大型 LNG 船,其手持 17 万 m^3 LNG 船订单 10 余艘,全部为国外知名船东。

2018 年 5 月 14 日,广船国际为瑞典 Gotland 航运公司建造的 1600 客/2300m 车道双燃料(天然气/燃油)豪华客滚船 1 号船"VISBORG"号顺利结束海试。该船总长 198.54m,宽25.2m,载客量超过 1600 人,设两层车辆甲板、小车车道达 2310m,可搭载 520 余台私家车;采用"天然气/燃油"双燃料主机配可调距螺旋桨推进,服务航速 28.5kn,是当今世界上速度最快、性能最优、最节能环保的高端豪华客滚船(图 1-32)。单船价超过 10 亿元人民币,豪华程度可媲美超级邮轮。

图 1-31 17.4 万 m^3 LNG 船"泛亚"号

图 1-32 1600 客/2300m 车道豪华客滚船

超大型液化气运输船 VLGC(very large gas carrier),可装载乙烯、甲烷、乙烷等多种液化石油气,是目前液化石油气船家族中载运量最大的一种,被国际造船界公认为危险系数高、建造难度大的复杂船型。2015 年 1 月,由江南造船(集团)有限责任公司研发、上海外高桥长兴重工建造的 2 艘 8.3 万 m^3 VLGC 成功交付挪威船东(图 1-33)。该船总长 226m,型宽 36.6m,型深 22.6m,设计吃水 11.4m,设有 4 个自支承式独立菱形货舱,总容积 8.3 万 m^3,设计温度－50℃,入级英国劳氏船级社。长兴重工 2015 年先后交付了 8 艘 8.3 万 m^3 VLGC船,一举轰动全球,自此步入了全球高端液化石油气运输船建造领域的第一方阵。

中国首个大型豪华邮轮项目 2016 年 9 月正式启动。据了解,首艘国产大型豪华邮轮将基于嘉年华集团最新 VISTA 船型平台(图 1-34),并结合中国市场需求和消费者习惯进行优化设计。VISTA 级邮轮船长约 323m,具有 15 层甲板和 2000 多间客房,最大载客量 5000 人,约 13.35 万总吨。由上海外高桥造船有限公司负责建造,预计 2022 年前建成交付。

图 1-33　长兴重工建造的 8.3 万 m³ VLGC

图 1-34　豪华邮轮嘉年华 VISTA

海军舰船研制更加振奋人心。"十二五"期间,094A 型战略核潜艇服役;2012 年 9 月 25 日,中国首艘航空母舰"辽宁舰"正式加入海军序列;2017 年 4 月 26 日,中国首艘国产航空母舰"山东舰"在大连正式下水(图 1-35),2018 年 5 月,"山东舰"完成首次海试任务;2017 年 6 月 28 日,055 型导弹驱逐舰在上海江南造船厂下水(图 1-36),首舰舷号为 101(意味着它将是海军水面舰艇中的"老大"),满载排水量 12500t,航速 30kn,续航力 7000n mile,舰员 384 人;舰上有 112 个单元通用垂直发射系统,可装填防空导弹、反潜导弹和巡航导弹,具有很强的防空、反潜和对地攻击能力。

图 1-35　国产航空母舰"山东舰"

图 1-36　国产 055 型万 t 级大驱下水

综上所述,中国造船在民用船舶和海军舰船研发两方面都取得了巨大成就,同时在海洋工程装备研发方面也取得了长足进展,后者将在后续章节专门介绍。

21 世纪,是中国造船人引为骄傲的世纪,一系列数据见证了我国造船业的飞速发展,这是中国造船人心血与汗水的结晶。表 1-2 显示了中国造船新世纪部分年份三大指标统计值,表 1-3 给出了 2017 年世界主要造船国家(中国、韩国、日本)造船三大指标的比较。数据显示了中国造船走向世界造船大国的历史轨迹,也显示了中国造船"世界一哥"地位的不可动摇。

表 1-2　中国造船新世纪三大指标统计

项 目 指 标	2005 年	2008 年	2010 年	2013 年	2015 年	2017 年
造船完工量/万载重吨	1212	2881	6560	4335	4184	4268
(同比增长/%)/(占世界份额/%)	42/17	52/29	55/41.9	−24.7/40	7.1/38.3	20.9/42
新接船订单/万载重吨	1699	5818	7523	6884	3126	3373
(同比增长/%)/(占世界份额/%)	7/23	−41/38	189/48.5	242/47.6	−47.9/34	60.1/45.5
手持船订单/万载重吨	3963	20460	19590	13010	12304	8723
(同比增长/%)/(占世界份额/%)	18/18	29/36	4/40.8	22.5/45.8	−12.3/36	−12.4/44.6

表 1-3　2017 年中国、韩国、日本造船三大指标比较

指标		世界	中国	韩国	日本
2017 年 造船完工量	万载重吨	9718	3804	3146	2031
	占比重/%	100	39.1	32.4	20.9
2017 年 新接订单量	万载重吨	7264	3223	2777	758
	占比重/%	100	44.4	38.2	10.4
2017 年底 手持订单量	万载重吨	19662	8814	4719	4732
	占比重/%	100	44.8	24.0	24.1

就技术水平而论，到目前为止，我国三大主流船型（散货船、油船、集装箱船）领先世界；大型液化气船（LPG、LNG）、滚装船、工程船、高性能船，以及海洋工程调查船、石油勘探船、钻井平台和钻井船、铺管船、布缆船、深潜器、三用工作船等方面都先后跻身于世界先进水平，某些项目还处于领先地位。

回顾过去，展望未来，我们豪情满怀。有优越的社会制度和改革开放的大政方针，中国人民继续发扬艰苦奋斗、开拓进取精神，一定能实现"中国制造 2025"造船强国的梦想，让中国造船在 21 世纪再创辉煌。

复习思考题

1. 简述中国古代造船史。
2. 古代中国对世界造船与航海业做出了哪些重大贡献？
3. 简述 19 世纪世界造船业的发展概况，并比较近代中国与西方造船的差距。
4. 新中国成立以后的 30 年间，我国船舶工业发生了哪些变化？
5. 为什么说 20 世纪 80 年代以来改革开放使中国造船业获得了大发展？
6. 概述世界造船发展的历史轨迹，简要说明中国造船由大到强还需要做好哪些工作。

第 2 章

船舶的分类和用途

2.1 船舶分类

从事水上运输、捕鱼、作战以及其他水上活动的工具统称为"船舶"。

船舶已广泛应用于交通、运输、生产、海洋开发、对外贸易和军事活动。现代船舶种类繁多，即使是同一种船舶，在船型、结构、设备、使用性能等诸多方面也会不同，随着科技进步和经济发展，各种新型船舶还在不断出现。

船舶用于军事的，通常称为军用舰艇；用于运输、捕捞、科学调查、工程作业等方面的，称为民用船舶，简称民船。

1. 民船分类

民船种类多。按其用途的不同，分为运输船、工程/工作船、渔船及海洋开发船等。此外，民船还可按航行区域、航行状态、动力装置及推进器形式分类，具体如下。

(1) 按航行区域分 {
　　海船 {
　　　　极区船：北冰洋或南极圈航行船
　　　　远洋船：大洋或国际航线上船
　　　　沿海船：航行于沿海(距岸不超过 25n mile 的海域)各港口船
　　　　海峡船：往返于海峡两岸港口间船
　　　　港湾船：港内操作船
　　}
　　内河船：航行于内河、湖泊等水域船
}

(2) 按航行状态分 {
　　排水型船：航行于水面，其重量由浮力支承
　　滑行艇：高速航行船，其重量由浮力和升力支承
　　水翼艇：高速航行船，其重量由水翼的升力支承
　　气垫船：高速行驶船，其重量由高压空气气垫支承
　　冲翼船：其重量由机翼近水/地面飞行时产生的表面效应升力支持
}

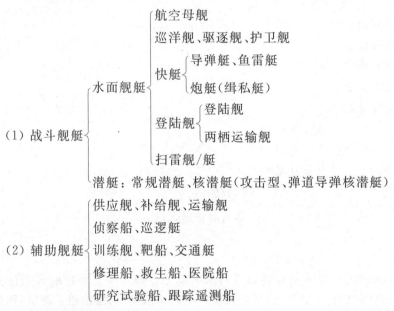

（3）按动力装置分
- 蒸汽机动力装置
  - 蒸汽机
  - 蒸汽轮机
- 内燃机动力装置
  - 柴油机
  - 燃气轮机
- 核动力装置船
- 电力推进船

（4）按推进方式分
- 明轮船
- 风帆助推船
- 螺旋桨船
- 喷水推进船
- 喷气推进船
- 平旋推进船

2. 军用舰艇分类

（1）战斗舰艇
- 水面舰艇
  - 航空母舰
  - 巡洋舰、驱逐舰、护卫舰
  - 快艇
    - 导弹艇、鱼雷艇
    - 炮艇（缉私艇）
  - 登陆舰
    - 登陆舰
    - 两栖运输舰
  - 扫雷舰／艇
- 潜艇：常规潜艇、核潜艇（攻击型、弹道导弹核潜艇）

（2）辅助舰艇
- 供应舰、补给舰、运输舰
- 侦察船、巡逻艇
- 训练舰、靶船、交通艇
- 修理船、救生船、医院船
- 研究试验船、跟踪遥测船

2.2 运输船舶

　　运输货物和旅客的船舶叫做运输船。在民用船舶中，运输船所占的比例最大。运输船主要包括客船、货船、渡船和驳船队，具体分类如下：

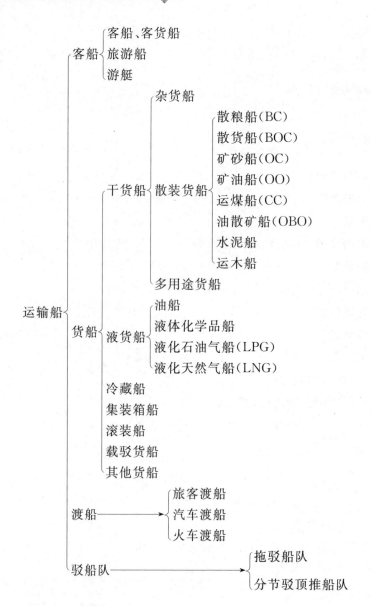

2.2.1 客船

客船(passenger ship)是用来载运旅客及其行李的船舶。兼运少量货物的客船称为客货船。增设观景娱乐场所、提高客舱等级、适应旅游需要的客船,称为旅游船。游艇,则是集娱乐、休闲、运动等功能于一体的水上高级耐用消费品。在发达国家,游艇像轿车一样多为私人拥有;而在发展中国家,游艇多作为公园、旅游景点的经营项目供人们消费。

客船,按其航区又分为远洋客船、沿海客船和内河客船。

由于客船大多为定期定线航行,通常称为客班轮或邮船。《国际海上人命安全公约》规定,凡载客12人以上的海船均须满足客船设计的有关要求,视为客船,而不论是否以载客为主。客船设计的主要要求如下。

(1) 安全可靠:除有足够的抗沉性和结构强度外,客船应配备足够数量的救生设备,在布置和装饰选材方面均应有防火措施,船上有完善的通信照明设备,有的还装有空调系统。

客船多采用双机双桨，以增加航行时的安全性，同时有利于船舶的操纵性。

（2）快速：客船一般有较高的航速。我国客船的航速一般为14～18kn，高速客船可达20kn以上。

（3）舒适：客船要求耐波性好，摇摆幅度小。客船应为旅客提供舒适的休息、娱乐和就餐等设施，如起居室、盥洗室、餐厅、阅览室、诊疗室、小卖部、电影放映室等。大型豪华远洋客船还设有游泳池、室外运动场等。

随着航空业的发展，大型客船作为洲际人员往来的主要交通工具的地位已不复存在，大型客船在速度上远远比不上飞机，因此人们把目光转向利用海上旅游资源的旅游业。现代一些豪华客船，造型美观大方，上层建筑庞大，甲板层数多，舱室标准越来越高。在总体布置设计中追求豪华和舒适，各种服务设施应有尽有，充分体现了海上旅行的情调和乐趣。这类主要以海上游览观光为主要功能的客船称为旅游客船或游轮。

由皇家加勒比游轮公司、建造商STX欧洲公司和主要设备供应商ABB公司合作建造的"海洋绿洲"号（Oasis of the Seas）巨型游轮（图2-1），2009年12月交付使用。船长361.8m，宽47m，吃水9.1m，总高72m，排水量225282t，尾部装3个Azipod吊舱式电力推进系统，可360°旋转，首部设4个侧推器，船舶操作灵活、可靠。发电机组功率1.9万hp，航速22.6kn。造价约14亿美元。采用电力推进，具有很好的节油性，与传统轴系推进系统相比可以节约燃油10%～15%，大大减少了温室气体排放，还可提供更多的舱内空间。船上废水经处理循环使用。该船首航遭遇热带风暴，尽管海面上狂风呼啸、巨浪翻涌，巨轮却丝毫未受影响。

巨轮的总布置仿造城市设计，载客甲板有16层，设2706间客舱（含复式结构客房），最多可容纳6296名游客；2165名船员分别来自71个不同国家。有24人电梯24部（其中12部为全玻璃）。船尾正餐厅有3层，可同时容纳3056人用餐，船头与船尾自助餐厅可各供800～900人用餐。每天生产大约50t冰块。

公共区分为7个主题社区：中央公园（图2-2）、步行街、百老汇、游泳及运动中心、海上疗养和健身中心、娱乐中心、青少年活动中心。中央公园位于第八层，总面积约为1900m²，中心区域是三座风格各异的花园，栽种着约1.2万株园景植物。其中藤蔓花园以景观为主，

图2-1　巨型游轮"海洋绿洲"号

图2-2　游轮上的中央公园

复现加勒比的热带风情;国际象棋花园布置成一张巨大的棋盘,任何人都可以上去挑战一番;雕塑花园汇集大量名家作品,连同装饰在舱内各处的艺术作品,大约 7000 幅。步行街开设了风格迥异的几十家餐馆、酒吧和商场。1 个容纳 1700 人的歌剧院,剧院白天为游泳池,池底可以升降,表演高台跳水,进行潜水训练,夜晚则成了绚丽的舞台;有 1 家影院、2 家夜总会,1 家容纳 500 人的赌场。全船设有 21 个游泳池,泳池内由造浪机掀起波浪,供模拟冲浪,泳池日消耗大约 2300t 水,1 个高 60 多米的攀岩壁,1 个 9 洞迷你高尔夫球场,有纵贯9 层的滑降装置,有用白杨木手工打造、耗时 6 个月手绘完成的旋转木马。巨轮想尽方法吸引乘客参与船上各项活动,拉动消费。

2.2.2　货船

货船(cargo ship)是专运货物的船舶。其数量和种类最多,通常有干货船和液货船之分。

散货船、油船、液化气体船、集装箱船、滚装船、载驳船等都属于货船。近年来还发展了多用途货船。货船为提高其经济性,要求有足够的舱容并便于货物的装卸。

1. 杂货船

早期的货船多为杂货船(general cargo ship),也称干货船。现在的杂货船,又分为普通型和多用途型两种。普通型杂货船主要运输日用百货,生活用品,食品,各式各样的箱装、包装、袋装、桶装和捆装杂货,故要求较大的舱容;同时,为避免货物挤压受损,一般设多层甲板。

杂货船通常有 4~6 个货舱,一般采用单机单桨。机舱的位置多设在中后部或尾部。杂货船每个货舱在甲板上开有货舱口,其两端装有起货设备。

普通型杂货船致命的缺点是装卸效率不高,故其吨位和航速均受到限制。载重量 2000~20000t,航速 12~18kn。

由于集装箱运输的普及和发展,杂货运输逐渐趋向于集装箱化,形成了多用途货船。多用途货船的特点是:具有较大的甲板开口,便于货物与集装箱的装卸;提高船上起货设备能力以适应吊装集装箱的需要;船体甲板、舱底、舱口盖均需特殊加强,以承受集装箱的集中载荷;应有足够的稳性以满足甲板上堆放多层集装箱的要求;为了调节船的纵倾和改善稳性,通常在全船货舱区域设置舷边压载舱。

2. 散货船

散货船(bulk carrier)是专运煤、谷物、矿砂等散装货物的船舶。散货船多是单甲板、单壳、尾机型,货舱口大,装卸速度较快。内底板两舷向上斜升,便于货物向中间集中以减少清舱工作量。甲板下面两舷与舱口边做成倾斜的顶边舱,可以限制货物在船航行时向两边移动以改善船的稳性,另一方面,在船空载时可装压载水,以提高重心,改善船舶横摇性能。速度一般为 12~16kn。散货船按其载重量(万 DWT)分成 5 类:小灵便型(2~3.5)、大灵便型(3.5~5)、巴拿马型(6~8)、好望角型(10~18)、超大型(20 以上)。为提高船舶利用率,从 1960 年开始出现了多用途散货船,如矿-油船、矿-散-油船、散-集装箱船等。

由扬州大洋造船公司自主设计建造的 CROWN 63 巴拿马型散货船(图 2-3),总长199.99m,两柱间长 193.74m,宽 32.26m,型深 18.50m,吃水 11.3m,结构吃水 13.3m,舱容77336m³,载重吨 63500t,服务航速 14.5kn。在载重量、油耗、航速三项指标的综合性能上表现优异,该船型的 EEDI 参数远低于 IMO 标准,前瞻性地满足了国际绿色环保的最新要求。至今已建造 30 多艘。

由上海外高桥造船有限公司设计制造的 17.5 万 t 好望角绿色环保型散货船(图 2-4),2003 年 6 月建成第一艘"祥瑞"号,现已建造 130 多艘。该船总长 289m,两柱间长 279m,宽 45m,型深 24.5m,设计吃水 16.5m,航速 15kn。全船设 9 个货舱,货舱容积为 19.2 万 m³,货舱结构进行重货加强,可隔舱装载重货,在重压载工况时第 6 货舱可作为风暴压载舱。满足 ABS、CCS、BV 三国船级社的要求。该船最大的特点是将燃油舱安置在货舱区顶边舱内,并且带有双层隔离空舱,避免在海损事故中燃油泄漏、污染环境。

图 2-3 巴拿马型散货船

图 2-4 17.5 万 t 好望角绿色环保型散货船

3. 集装箱船

集装箱船(container ship)是专用于装载规格统一的国际标准货箱的货船(图 2-5)。把不同品种和规格的货物,先装进标准集装箱,再装船运输,可以提高装运效率,改善劳动条件,减少货损,提高经济效益。因此 20 世纪 60 年代后期,这种船得到了迅速发展,现已发展到装箱量超过 21000 标准箱。

集装箱船的货舱开口很大,舱内和甲板上都可装集装箱,航速为 20～30kn。集装箱船一般不设起货设备,因而需停靠集装箱专用码头。集装箱船为了补偿舱口过大对抗扭刚度的不利影响,船舷设计成双壳体,构成抗扭箱结构。为了在舱内堆放集装箱,船上遍布由导轨及水平桁材等组成的格栅,在甲板上装载的集装箱通常采用专门的绑扎系统。

4. 滚装船

滚装船(roll-on/roll-off ship,Ro/Ro ship)是将带有拖车底盘的集装箱或装有货物的托盘作为一个货物单元,用拖车或叉车装运直接开进开出船舱的船(图 2-6)。这种船具有多层甲板,尾部设置有活动的尾封板。靠岸时,放下尾封板做跳板,载货车或拖车就可以直接"滚"进舱内,再由升降板运送至各层甲板,从而大大提高了装卸效率。

图 2-5 集装箱船

图 2-6 汽车滚装船(pure car and truck carrier,PCTC)

滚装船用于装卸繁忙的短促航线最为合适,在我国沿海的岛屿、陆岛之间及长江两岸,滚装船使用较普遍,但多为汽车渡船兼顾旅客运输。

滚装船的最大特点是装卸效率高,与普通货船的根本区别在于这种船不用吊装货物,而是用拖车进行水平装卸,极大提高了装卸效率。与集装箱船和货船相比,其运输成本及装卸费用较低。但滚装船造价高,空船重量大,货舱纵通,无水密隔舱壁。此外车辆及油箱内燃料排出的可燃气体也是造成火灾的隐患。所以现代滚装船的设计对航行安全问题都特别予以关注,以确保其安全。

由厦门船舶重工股份有限公司打造的8500汽车滚装船(PCTC),如图2-7所示,总长199.9m,垂线间长192m,型宽36.5m,设计吃水9.35m,共有14层装车甲板,最大装车量达到8500辆标准小汽车,停车甲板总面积为71000m²。船体的14层装车甲板中有5层甲板是活动甲板,能满足多种高度车型的需要,不仅可以装载

图2-7 8500辆汽车滚装船(PCTC)

大卡车、小轿车,还可以容纳翻斗拖车、公路拖车等重型工程车辆。每个车位有防止滑动的"安全带"——绑扎带,并加装防爆设备,避免风浪颠簸对船内运输的汽车造成损坏。

5. 载驳船

载驳船(barge carrier)又称母子船,由一大型机动母船运载一批同规格的驳船(子船),每艘机动母船可同时载运数十艘驳船,驳船作为货运单元可在其中装载各种货物或集装箱。当母船到达港口锚地时,不必停靠码头,驳船直接由母船卸下后,由拖船或推船运往目的地,而母船则装载好另一批驳船后就可开航。

载驳船适宜进行江海联运,设有大型吊驳起重机。当载驳船从宽阔的海域往较小的内河水域运输时,这种船就显示出其优点,因为载驳船上所载的货驳可以直接卸到水中(无需使用码头),再用拖船拖到目的地。

6. 液货船

液货船(tanker),依其载运货种不同又分为油船、液体化学品船、液化气船。

1) 油船

油船(oil tanker)是专门运输石油类液货的船舶。早期的油船除机舱部分外为单层结构,随着人类对海洋污染的日益重视,目前多为双底、双壳结构。油船的机舱多设在尾部,以防止螺旋桨轴通过油舱时,因轴隧漏油或挥发出易燃气体引起火灾,特别是航行时可避免烟囱中的火星落入油舱引起爆炸。因此,其上层建筑大多集中在尾部。油船甲板上布置大量与泵连接的输油管道,并设有纵向通往全船的步桥或内部通道供船员通行。油船只设有圆形油气膨胀舱口,并装有油密性好的舱口盖。油船的航速为12~16kn。油船按其装载货种的不同分为原油船和成品油船两大类,前者吨位大于后者。世界造船业将油轮按载重吨位(万 DWT)分为6个级别:灵便型(Handysize)、巴拿马型(Panamax,6~8)、阿芙拉型(Aframax,8~12)、苏伊士型(Suezmax,12~20)、巨型油船(very large crude oil carrier,VLCC,20~30)、超级油船(ultra large crude oil carrier,ULCC>30),运载量依次增加。

由大连船厂建造,于2002年6月交付伊朗的我国自行建造的第一艘30万t级VLCC"伊朗德尔瓦"号(图1-27),用于载运闪点低于60℃的原油。总长333.5m,垂线间长320m,宽58m,型深31m,设计吃水21m,结构吃水22.2m,梁拱1.6m,空船排水量4.5万t,载重量

29.95 万 t；无限航区；入 DNV 船级。主机为苏尔寿 TRTA84T-D，MCR 点功率 36960hp/74rpm（rpm＝r/min，余同），NSR 点功率 33260hp/71.4rpm，整机净重 990t。单螺旋桨，直径 10.2m，重 70t。该船服务航速 15.8kn；设 3 台柴油发电机和 1 台应急发电机，每台发电机容量 1490kW；配有 2 台辅锅炉和 1 台废气锅炉。

该船型设有球首、球尾。货舱区、燃油舱设双壳保护。由两道纵舱壁和横舱壁分成 15 个货油舱、2 个污油舱。货舱分为三组，配有 3 台货油泵和 3 组管路，吸入管口径 750mm，甲板排出管口径 700mm，机舱海底总管口径 900～1000mm。船体结构疲劳寿命 40 年。船体振动小，获得了"舒适度一级"证书。货油/压载控制也由普通级提高到超级货油系统级，有集成化自动控制和监测报警系统。

2）液体化学品船

液体化学品船（liquid chemical tanker）是专门运输有毒、易挥发、危险性的液体化学品的船舶。运输这类化学品，必须考虑由于碰撞、搁浅或其他原因造成船舶破损，导致货品溢出而造成危害，故货舱区域采用双壳结构；货舱和其他舱室间采用隔离空舱进行分割；货舱必须有透气系统和温控系统，有的货舱还须有惰性气体保护系统。货舱及泵舱布置有足够大的出入口，保证任何时候都能顺利通行。总之，对于化学品船，必须保证安全可靠，有对船舶和船员的各种保护措施。

由江南船厂建造的 13700t 成品油/化学品船（图 2-8），总长 134.3m，宽 20.8m，型深 11m，载重量 13700t。单甲板、单桨、柴油机推进、冰区加强、双底双壳，设 12 只货舱与 2 只污油舱，可装 6 种品位货油，包括原油/MTBE/UAN/BTX/糖浆等。本船设有 12 台深井货油泵、2 台深井污油泵、惰性气体系统、洗舱系统等，服务航速 14.5kn。

3）液化气船

液化气体船（liquefied gas carrier）是用来载运液化气体的船舶。气体液化的方式有加压式（常温下运输）和冷冻式（低温下运输）两种。液化气体主要是液化石油气（liquefied petroleum gas，LPG）和液化天然气（liquefied natural gas，LNG）。

液化石油气船（LPG carrier，图 2-9）通常分为三类：常温全压式（温度 45℃，压力 1.75～2MPa，舱容＜5000m³）；半冷半压式（温度－48℃，少数运乙烯－104℃，压力 0.5～0.8MPa，舱容量＜3 万 m³）；全冷式（处于常压下的沸腾状态，温度－48℃，压力 0.025MPa，容量 5 万～10 万 m³）。

图 2-8　13700t 成品油/化学品船

图 2-9　液化石油气船（LPG 船）

液化天然气船（LNG carrier）是高附加值（造价 1.6 亿美元，超过波音 747 客机）、高技术难度的船舶。有自撑式和薄膜式两类，自撑式又分棱形和球罐形（图 2-10）两种。薄膜式液货舱要求船体、绝缘箱的制造精度极高,液货舱数万个不同形状的绝缘箱要严丝合缝地组成一个绝缘体。在绝缘箱体上还要覆盖一层0.7~1.5mm厚的耐低温"殷瓦",这种特殊材料含镍30%,不能直接用手接触,因为手上有汗会影响质量。船体使用寿命为35~40年。液化天然气在运输途中会蒸发,为减少损失,可将蒸发的天然气输送到锅炉中去燃烧,故液化天然气船的动力装置多选用蒸汽轮机。

由沪东中华造船公司于2008年4月交付的,我国制造的第一艘LNG船"大腾昊"号(图2-11),总长292m,宽43.35m,型深26.25m,航速19.5kn,装载量14.7万m³。液货舱两层5.5万个绝缘箱内藏珍珠岩,有效隔热;"殷瓦"的焊缝长达100km。入级美国船级社(ABS)和中国船级社(CCS)。

图2-10 LNG船——球罐形

图2-11 LNG船"大腾昊"号——薄膜型

7. 冷藏船

冷藏船(refrigerated ship,图2-12)类似一个能够航行的大冷库,是便于易腐货物处于冻结状态或某种低温条件下载运的专用船舶。例如装运新鲜的鱼、肉、禽、蛋、水果、蔬菜和冷冻食品等。

图2-12 冷藏船

与一般货船相比,冷藏船的吨位要小得多。冷藏船设有冷藏舱,故对制冷、隔热有特殊要求。由于船舶的制冷负荷变化较大,对制冷压缩机能量的要求也比陆地冷库高得多。冷藏船一般航速较高,在20kn以上。

2.2.3 渡船

渡船(ferry)是用于江河两岸、岛屿之间、海峡、河口或城市与岛屿之间的短途运输的交通船,可分为旅客渡船,汽车渡船,旅客、汽车兼运渡船,火车渡船。

渡船航程短,城市里的对江渡船有的一小时往返好几趟,因此船上的设备较为简单。渡船要求甲板面积宽大、稳性好,操纵灵活方便,以迅速靠离码头。

旅客渡船一般没有铺位,只设少量座席,大多数乘客则分布在乘客甲板上。乘客甲板有一到二层。为了避免旅客集中一舷而引起倾覆,设计规范通常规定其横倾角不得超过12°。

汽车渡船主要用来运送车辆过江,通常是首尾对称的扁宽船型,驾驶室设在舷侧高处,便于驾驶人员观察操纵。渡船甲板宽敞平坦,两端有跳板,在靠岸时,放下跳板汽车可方便地开上开下。

由708所设计、上海江南造船公司建造的"粤海铁1"号火车渡船2002年12月交付

（图 2-13），总长 165.4m，宽 22.6m，载重量 4080t，排水量 13000t，抗风 8 级，可同时装载火车、汽车和旅客。可载货车（14m）40 节或客车（26.5m）18 节，载汽车 56 辆，载人最多 1360 人，服务航速≥15kn。造价 2.1 亿元人民币。

图 2-13 "粤海铁 1"号火车渡船

2.2.4 驳船与拖船

1. 驳船

驳船（barge）是指本身无动力依靠拖船或推船带动的平底船，船上设备简单，本身没有起货设备，载重量从几十吨到数千吨，专供沿海、内河、港内载运物资和转运物资。

按装货的方式不同，驳船可分为甲板驳和舱口驳两种，前者货物是装在甲板上，而后者则装在货舱内。现在还有一种叫半舱驳的，其货舱底低于甲板，却又高于一般的货舱底，它兼有舱口驳和甲板驳两者的优点。驳船由于装载的货物种类不同，除一般的货驳外，还有专用的油驳、矿砂驳、泥驳、牲畜驳和化学品驳等。驳船一般由几艘或十几艘组成驳船队来运输货物，驳船队的移泊或航行须由拖船拖带。

驳船结构、设备简单，营运时可按运输货物的种类随时编组，船的利用率高，所以驳船在内河运输中占有重要地位。图 2-14 所示为舱口驳，图 2-15 所示为甲板驳。

图 2-14 舱口驳

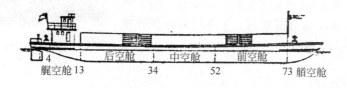

图 2-15 甲板驳

2. 分节驳

分节驳（integrated barge）顶推船队由一艘推船和若干艘分节驳组成，分节驳分为全分节驳和半分节驳两种，前者是船队的首尾驳，具有线型，中间驳呈箱形，整个船队阻力小，适用于远航程直达运输；后者每驳一端有线型，另一端为矩形，这种驳船队适合中途甩挂或增挂驳船。

3. 拖船

拖船（tug boat）是专用于水上拖曳船舶或其他物体的船舶（图 2-16），是水上运输的"火车头"，它具有船体小、功率大和机动性好的特点。拖船上除了一般的航行设备外，还带有包括拖钩、拖柱和卷缆车等在内的拖曳设备，其拖曳能力的大小以主机功率和拖力表示。主机功率越大，拖曳能力越强。拖船通常可分为内河拖船、港作拖船和海洋拖船。

内河拖船主要在内河进行拖曳作业。其尺度较小,多为双机,发动机功率为数十马力至数千马力不等。因为内河拖船经常要通过桥洞和河闸,所以其主尺度及桅杆、烟囱的高度都受到航道的限制。

港作拖船(图 2-17)主要在港内作业,如协助大型船舶靠离码头、出入船坞等拖带作业,所以要求有良好的操纵性。

图 2-16　7200hp 全回转拖船

图 2-17　拖船协助"辽宁"号出港

海洋拖船由于其所工作的航区有时气候恶劣,所以一般舷弧较高,并要求有良好的耐波性和稳性以及较强的抗风能力,海洋拖船常设计成带有长首楼的形式。大型海洋拖轮尾部装有大功率拖缆机,在风浪中能随着拖缆张力的变化而自动收放拖缆。

4. 推船

拖带运输是一种传统的运输方式。作业时拖船在前,驳船在后,拖船的尾流会增加驳船的阻力。同时,每艘驳船还要配备操舵设备和船员,增加了营运费用。用顶推方式就能克服上述缺点。顶推运输时驳船在前推船(push boat)在后,好像一艘机舱在船尾的货船,这样驳船上就不需要有人操舵看管,推船尾流也作用不到驳船上,从而减少船队阻力,能使航速提高 10%～15%,因而使运量增加,单位运输成本降低。

推船与拖船相比,有两个主要特点:推船首端甲板较宽,并设有顶推架;驾驶室抬高一至两层以改善驾驶视线。图 2-18 为长江推船。

图 2-18　长江推船

2.3　工程船

工程船是专门从事水上工程的船舶。工程船上装备有相应的工程机械装置,以完成特定的工程施工,诸如港口建设、航道疏浚、海上救捞、敷设作业等。工程船舶设备复杂,专业性强,船舶种类繁多,主要有挖泥船、起重船、打桩船、浮船坞、海上救助打捞船及海洋调查船等。

2.3.1　挖泥船

挖泥船(dredger)主要用于航道疏浚和港口建设,也可用于开挖水工建筑物(如码头、船坞、闸门等)的基础,开挖运河、修筑堤坝、填海造陆等。挖泥船有机动和非机动之分,按施工特点又可分为耙吸式、绞吸式、抓斗式、铲斗式、链斗式等。

1. 耙吸式挖泥船

耙吸式挖泥船大都是机动的大型挖泥船。作业时泥耙挖起河底泥浆,经啄泥管进入泥

泵后再注入自身泥舱,舱满后航行至卸泥区卸掉。或直接将泥浆排至舱外水域中;或将泥
舱中泥浆用泥泵再行吸出,通过排泥管吹填于陆地。

耙吸式挖泥船能独自完成挖—装—运—卸动作,它的船体大、抗风能力强,特别适合于
开挖航道,在有潮水风浪的水域作业更显示其优越性,对于挖掘淤泥、黏土、沙壤及各种沙土
都能适应。由于它具有自航能力,所以调遣灵活方便,作业面广。

按挖泥耙位置不同,耙吸式挖泥船又可分为中耙型、尾耙型、边耙型和混合耙型4种。
图2-19所示为耙吸式挖泥船。

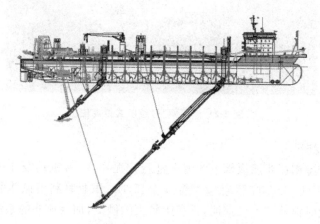

图2-19　3.4万 m³ 耙吸式挖泥船

2. 绞吸式挖泥船

绞吸式挖泥船(图2-20)是目前应用最广的挖泥船之一,船上装有绞刀和泥泵,作业时
用装在前端的绞刀旋转,将水底泥沙不断地绞松绞碎,形成泥浆,用强有力的吸泥泵把泥浆
吸入泥管,再由排泥管排至岸上,它适宜于挖沙质土、淤泥等土质较松的河底。直观来看,绞
吸式挖泥船都拖着一根长长的"脐带",一端连着船体,另一端连接排泥区,具有连续不断工
作的特点,效率高,经济性好,适合内河、湖泊、沿海港口航道和码头等水域施工。

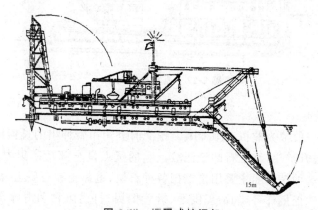

图2-20　绞吸式挖泥船

中国自主设计制造,融合大量当前最新科技的新一代"造岛神器"——"天鲲"号绞吸式
挖泥船(图2-21),体积庞大,船长140m,宽27.8m,最大挖深35m,总装机功率25843kW,设

计挖泥能力6000m³/h;根据地质条件,"天鲲"号配置了通用、黏土、挖岩及重型挖岩4种不同类型的绞刀,绞刀功率6600kW,可以挖开海底非常坚硬的岩石,并将其切成碎片。

"天鲲"号可在1h内将6000m³的海水、碎石、泥沙混合物送至15km之外。这便意味着,以"天鲲"号的能力,用不到一周的时间即可在南海岛礁上搭起一个"水立方"大小的沙石堆。

图2-21 "天鲲"号绞吸式挖泥船

3. 抓斗式挖泥船

抓斗式挖泥船是用抓斗抓取水下的泥土进行挖泥作业,有机动及非机动两种。船上设备简单,主要是挖泥机,装在首部,大多只配一个抓斗。作业时利用抓斗的自重投入水中抓取泥土。由于作业时抓斗在一舷挖泥,常产生较大的倾侧,加上抓斗的系泊点高使船的重心上升,因此对船的初稳性要求较高。抓斗式挖泥船主要用来挖取黏土、泥、砾石等。由于它只能一斗一斗地抓,故效率低,但它造价低,设备简单,换上不同的抓斗就可挖掘不同的泥质,甚至可挖爆破后的较大石块。它特别适用于狭小场所作业。抓斗式挖泥船有向大型化和小型化两个方向发展趋势。图2-22所示为抓斗式挖泥船。

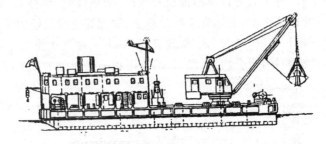

图2-22 抓斗式挖泥船

4. 铲斗式挖泥船

铲斗式挖泥船一般都为非机动单斗式。挖泥时利用吊臂伸出的长柄铲斗插入水底挖掘泥石,然后用绞机提升铲斗,将土石卸于泥驳。它的优点是全部功率集中用在一个铲斗上,以进行特硬挖掘。这种挖泥船主要用于挖掘各种石块、重黏土和石质土壤,也适合于其他挖泥船不能承担的特殊挖掘任务,如清理围堰、拆毁旧堤、打捞沉物和清除水下障碍物等。铲斗式挖泥船还可装置重锤进行碎石施工。图2-23所示为铲斗式挖泥船。

5. 链斗式挖泥船

链斗式挖泥船一般为非机动,箱形船体。挖泥时,一连串链斗在斗桥的滚筒上连续运转,泥斗在水下切挖泥土并被提升至水面上,送至泥阱,并经溜泥槽排入泥驳。

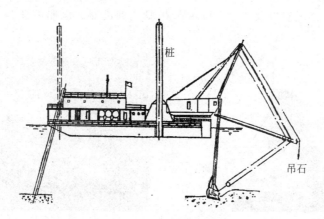

图 2-23 铲斗式挖泥船

链斗式挖泥船的特点是对土质的适应能力较强,能挖掘除岸石外的各种土壤,对挖掘爆破后的碎石也较其他挖泥船有效。另外,挖后水底平整,适用于港口码头泊位、滩地、水工建筑基槽等规格要求较严的工程,图 2-24 所示为链斗式挖泥船。

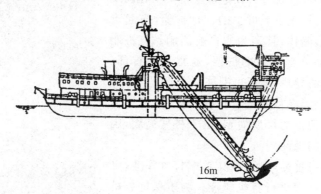

图 2-24 链斗式挖泥船

2.3.2 起重船

起重船(floating crane)俗称浮吊。一般有两种形式:固定式和旋转式。起重船多为非机动船,作业时要拖船配合,大、中型起重船也有用起重用的电站功率带动电机推进自航的。

固定式起重船(图 2-25)的吊杆不能转动,需要转动时靠拖船带动,结构简单。主要用于打捞沉船,或用于钻井平台、大型水下工程施工等。由于吊钩在船首,几乎无横倾角,横向稳性良好。在船体尺度相同时,起重能力大。

旋转式起重船(图 2-26),吊杆可 360°旋转,多用于港口、码头起卸货物,修造船中搬运和安装大型机械。

由振华重工自主建造的起重船"振华 30"号,单臂架 12000t 的起吊能力和 7000t、360°全回转的起吊能力位居世界第一。该船排水量约 14 万 t,具备自航能力和 DP2 动力定位功能,与普通起重船相比,节约了拖轮费用和拖航时间,作业行动更加精准自如,适应海况条件,作业面更广。同时,该船还安装了 12 个推进器,包括 2 个 2750kW 的侧推,6 个 3800kW

的可伸缩式全回转推进器以及4个3250kW吊舱式推进器。该船航速为12kn,能够为380人提供住宿。

图 2-25　固定式起重船

图 2-26　7000t 全回转起重船"振华 30"号

2.3.3　打桩船

打桩船(pile driving barge)在港口及桥梁工程以及其他临水建筑工程中是必不可少的。打桩船,与起重船类似,多使用箱形船体,且多为非自航船舶。打桩船最重要的设备就是设有高大的桩架,通常设在首部。打桩时桩架作为桩的导轨,重锤也沿桩架升落。

固定式桩架,只能在首部进行打桩作业,如图 2-27所示。桩架的高度视桩的尺度而定,由于桩架高大,因此打桩船要有足够的稳性。

桩架全回转式打桩船,既可以在首端打桩作业,又可以在首部的左右两舷进行打桩作业。为了保证打桩的质量和精确度,打桩船要设许多平衡水舱,打桩时要根据需要调节船的纵倾和横倾。

图 2-27　桩架固定式打桩船

2.3.4　浮船坞

浮船坞(floating dock)是指能在一定水域中沉浮和移动、用于修造船的一种工程船舶,亦称浮坞。浮船坞可用于抬起其他船舶进行修理或引渡过浅水区,也可以作为造船时船舶下水、上墩、水上合拢等作业的一种以船载船的浮动工具。

浮船坞本身没有自航能力,其构造特别,有一个巨大的凹字形状船舱,两侧有墙,前后端敞开,是一种构造特殊的槽形平底船(图 2-28)。它是由两侧坞墙与坞底组成的整体结构。墙与底为箱形构造,并分为若干密封的格舱。有的格舱为水舱,用以灌水或泄水使船坞沉或浮。底舱用于提供浮性和支承船舶。坞墙的作用是提供浮坞的整体稳定性和坞修设备及生产所需的工作空间。待修船舶进坞时先向水舱灌水,使坞下沉至坞内水深满足船舶进坞水深要求,用牵引设备牵船入坞,之后排出水舱内水体,使坞上浮至坞底露出水面,便可作业。当船舶修完后,以相反程序操作。浮坞通常为钢结构,也可用钢筋混凝土,设置于船厂附近的水深条件好、泥沙和风浪小的水域中。

浮船坞除了修造船外,还可用于打捞沉船,运送深水船舶通过浅水航道。浮船坞上设有系缆、锚泊、起重、动力和照明等设备和生产设施,如再配备金属加工和焊接等设备,就能成为一个独立的施工工场。

目前,浮船坞正向大型化方向发展,我国已建造13万t举力(50万t级)超大型浮船坞,可以灵活地维修、保养超巨型油轮(图2-29)。

图2-28　"黄山"号浮船坞

图2-29　大型船舶停在浮船坞中

2.3.5　打捞船

打捞船(salvage ship)是对遇难船舶进行抢救或打捞的工程船。打捞船配备有成套救捞设备,如潜水、封舱抽水、大型空压机、除泥清舱、电焊、切割、施绞起重等设备。进行打捞作业时,通常与救助拖船、打捞方驳、工作小艇、打捞浮筒等组成一支打捞船队,如在深海水域,则还要配备深潜器。

1. 打捞方式

打捞方式主要有以下几种。

(1) 浮筒式:将水密浮筒灌水后沉入海底,与沉船连接起来,然后用压缩空气排出浮筒中的海水,利用浮筒的浮力即可将沉船浮起。这是最常用的打捞法。

(2) 起吊式:用几根钢索横过船底,绑住船体,利用浮吊将沉船吊起。由于沉船可能陷在海底泥沙中,就需要用高压水、气管冲出一条通道,以便潜水员进行穿缆工作。起吊式适于较小的沉船。

(3) 充塑式:在沉船的浸水舱内充入发泡塑料,在发泡塑料发泡后,即能将舱内积存的水排出,产生的浮力使船升起。

(4) 金属筒式:将特制的金属筒放入水下,置于沉船的上方,点燃引信后,金属筒和沉船接触部分的助融材料把圆筒与沉船焊接起来,然后用提升装置将金属筒和沉船一起提升到水面。

(5) 分段打捞:对有些无法整体打捞的沉船,可采用水下爆破、水下切割,把沉船分割成几段,然后分段打捞。

2. 救助船

救助船包括救助拖船和远洋打捞救生船。

救助拖船用于对海上失事船舶进行援助抢险,应具有良好的稳性和耐波性,能保证在恶劣的气候和海况下出航营救。航速应在18kn以上,具有大功率的拖曳能力和可靠的拖带设备。为了扑灭失事船只可能发生的火灾,该型船舶还应有良好的消防设备,如泡沫灭火舱、高速喷射灭火装置和液态氮舱,和外界的通信联络应安全可靠。

远洋打捞救生船的设备更为先进,船上装备深水锚、各种打捞救生用的艇和舰载打捞直升机,具有优良的性能和远洋打捞的救生能力。

我国海洋救助船"南海救102"号,具备空中、水面、水下综合搜寻能力,船长127m,宽16m,满载排水量达7300t,续航力达1.6万n mile,航行无限航区,并装配有直升机机库等设备,可搭载中型直升机,具备大型直升机起降并进行加油、救生、搜索等作业能力,可在12级风浪中执行救助任务。该轮还搭载6000m深海拖曳系统、6000m自主式无缆潜航器等深海搜寻设备,可为水下搜寻设备提供可靠作业平台,具备搜救遇险船舶、失事航空器搜寻等深远海综合搜救能力,如图2-30所示。

图 2-30　海洋救助船"南海救102"号

2.3.6　破冰船

破冰船(icebreaking ship)用于破碎水面冰层,开辟航道,保障舰船进出冰封港口、锚地,或引导舰船在冰区航行。破冰船的主要特点是船体宽(纵向短横向宽)、船壳厚、功率大,且船体各区域设有不同的压载水舱。

破冰船常用两种方式破冰,当冰层不超过1.5m厚时,多采用"连续式"破冰法,主要靠螺旋桨的力量和船头把冰层劈开撞碎。如果冰层较厚,则采用"冲撞式"破冰法。冲撞船头部位吃水浅,会轻而易举地冲到冰面上,船体就会把下面厚厚的冰层压为碎块,然后破冰船倒退一段距离,再开足马力冲上前面的冰层,把船下的冰层压碎。如此反复,就开出了航道。

中国自主建造的第一艘极地科学考察破冰船(图2-31),计划在2019年建成。该船为13000t级,总长122.5m,型宽22.3m,结构吃水8.3m,装载能力约为4500t,最大航速16.8kn。可搭载科考人员和船员共90人,续航力为2万n mile,自持力在额定人员编制情况下可达60天。

图 2-31　极地科学考察破冰船

该船结构强度满足PC3要求,可原地360°转动,是世界上首艘双向破冰船,船首船尾均可破冰,艉向能在覆盖有0.2m厚积雪的1.5m厚冰层上以2~3kn的速度连续破冰。该船可同时搭载两架直升机,实现全球无限航区航行。

2.4　渔船

专门从事渔业生产的船舶称为渔船(fishing vessel)。渔船可分为许多类型,按捕鱼的区域分,有远洋渔船、近海渔船和内河渔船;按推进方式分,有机动渔船、机帆渔船;按捕捞方式和捕鱼对象分,有网类渔船(包括拖网渔船、围网渔船和刺网渔船等)、钓类渔船(包括手钓渔船、延绳钓渔船和机械化钓渔船等)、特种渔船(包括捕鲸船、捕兽船等),还有与渔业生产有关的渔业加工船、冷藏运输船及渔政船等。

2.4.1 网类渔船

1. 拖网渔船

拖网渔船主要用于捕捞底层和中下层鱼类,捕鱼效果好。据统计,世界上一半以上的海洋渔获量是用拖网捕捞的。

拖网渔船中,单船作业的称单拖,双船作业的称双拖(或称对拖)。在东海、黄海主要鱼类产品是黄鱼、带鱼等,以双拖效果为好。作业时由一船的尾部放网,当网入水后,另一艘渔船即驶近前来投一引索,把拖网一翼的拖网索拉开,两船各将拖网索放出适当长度,并系在尾部的拖钩上,相距约 4000m,平行向前拖航,见图 2-32。

双拖作业,因网口水平张开面大,能利用两曳网及翼网驱集鱼群入网囊,故对水深不大(100m 以内)、底形平坦的渔场最为适宜,单网产量较高。由于是双船作业,船型尺度小,因此功率要求不大。布置特点是机舱和甲板室集于后部,鱼舱及操作甲板集于前部。

单拖即以一艘渔船拖曳一顶网具的形式作业。网具在水中主要靠船的前进速度和网板在水流的作用下产生的张力,向外伸展一定的距离而使网口张开。单拖网渔船多为尾拖,其主要特征是尾端甲板往下延伸到水面设一斜坡滑道供起、放网和拉上渔获物使用。滑道上方设有一个门形架,用于调整和拖曳渔网入水。甲板落鱼口附近设龙门桅或人字桅,上装吊杆以吊网卸鱼。为扩大甲板作业面积,上层建筑尽量向首部布置。目前世界大型的有加工能力的拖网渔船都是尾滑道形式,有的总长已达 120m 以上。这类渔船吨位大,功率也大。图 2-33 所示为尾滑道拖网渔船。

图 2-32 单船、双船拖网

图 2-33 尾滑道拖网渔船

2. 围网渔船

围网渔船是用围网进行捕捞的渔船,主要捕捞中上层鱼类。按围网方式不同可分为单船围网和双船围网渔船。围网渔船所使用的围网长度主要与渔船性能、渔捞机械能力、船型大小及捞鱼种类有关。围网渔船船型较短,排水量多数在 500t 以下,要求回转性和机动性好,以便发现鱼群后迅速回转放网,及经常调整网形和船的位置。同时还要求稳性好,主机功率大,有宽敞的作业甲板以堆放网具和处理渔获物。

单船围网渔船作业时带一小艇,发现鱼群后立即将小艇放下,网索一端系在小艇上,大船以高速度放网,围成一个大圆圈,与小艇会合后,收紧下端底环中的括网,将鱼群围入网中。双船作业则由两船各载网一半,两船相背航行,各自将网放出,合围后收起。

围网渔船中,有一种用灯光诱捕中上层的趋光性鱼类的围网渔船。作业时由一艘较大的网船和两艘较小的灯船组成一支捕捞队,由灯船将趋光性鱼类诱集在光照区,然后放网围捕,可大大提高捕鱼量。图 2-34 所示为渔船围网作业。

3. 刺网渔船

刺网是一种用网刺挂或缠游鱼的被动渔具,用刺网捕鱼的船即为刺网渔船。刺网的作业方式较简单,它采用悬挂在水中的流网横拦在鱼群游动的水域,当中层以上的鱼类随流游动触网时,鱼头伸入网眼、鱼鳃挂于网上无法逃脱。刺网用尼龙编织。刺网渔船通常在傍晚作业,船低速顺水放网,每船可放刺网数幅,每幅长 80m、高 8m,用串索连接在一起,总长可达 5~6km。

刺网渔船的上层建筑和水线以上的受风面积小,首部干舷不宜过高,使甲板接近水面便于操作。刺网渔船作业机动灵活,不受渔场限制,网具能随水深调节,操作简单方便,同时还不伤害幼鱼,有利于保护渔业资源。图 2-35 所示为刺网渔船正在作业。

图 2-34　渔船围网作业

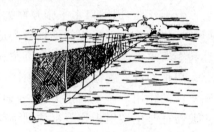

图 2-35　刺网

2.4.2　钓类渔船

钓类渔船包括母子钓、竿钓、延绳钓和机械钓等,对船的要求各不相同。其中最有成效的是延绳钓渔船。

延绳钓的渔具主要由母绳、子绳和钓钩组成,作业时先将钓绳向船后放出,待全部放完后,船再驶回到放绳始端,然后将钓绳慢慢拉起。延绳钓渔船要求操纵性好,主机有良好的低速运转性能,船体受风面积要小。图 2-36 所示为延绳钓渔法示意图。

延绳钓渔船除了单船独航外,也可以母子式船队作业,其捕获量则更大。与同类渔船相比,它受渔场的水深范围和风向、水流等影响小,能充分利用渔场面积,捕到分散的鱼群,且其捕获的鱼类个体大、均匀、鲜度高,有利于保护水产资源。

2.4.3　捕鲸船

捕鲸船是专用于捕鲸的渔船。由于鲸鱼个体大,不能用网具捕捞,捕鲸船用装于船首的捕鲸炮来捕杀鲸鱼,如图 2-37 所示。

捕鲸船的特点是首舷弧大、船首高,首部架设捕鲸炮一座,驾驶室与炮位间有步桥连接,作为炮手通道。前桅顶设瞭望台,捕鲸船要求航速高,通常在 14kn 以上,操纵性好,主机噪声小,有良好的低速运转性能,以便尽可能低速接近鲸鱼而不被发觉,同时还要求有良好的稳性、耐波性和较大的续航力。

捕鲸船作业时先以慢速接近鲸鱼,在 100m 以内放炮射击。鲸叉带着绳索击中鲸鱼后,鲸鱼带叉而逃,渔船紧追不放,待其体力耗尽而死后,用绞车收回,将鲸鱼系于捕鲸船舷边,拖回基地或母船。

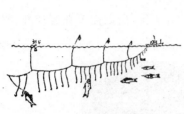

图 2-36　延绳钓渔法　　　　　　　　图 2-37　日本捕鲸船

2.5　军用舰船

军用舰船是指执行战斗任务和辅助军事任务的各类舰船的总称。通常分为战斗舰艇和辅助舰船两大类,前者又有水面战斗舰艇和水下战斗舰艇(潜艇)之分。按其基本任务又可分为不同的舰种,如航空母舰、巡洋舰、驱逐舰、护卫舰(艇)、导弹艇、猎潜艇、反水雷舰艇、登陆舰艇和潜艇等。

一般称排水量 500t 以上为舰,500t 以下为艇。

1. 航空母舰

航空母舰(aircraft carrier)是以舰载机为主要攻击武器并作为其海上活动基地的大型军舰,是海军水面战斗舰中最大的舰种。主要用于攻击水面舰艇、潜艇和运输舰船,袭击海岸设施和陆上目标,以夺取作战海区的制空权和制海权,进行对岸、对舰攻击。

航空母舰有大、中、小型之分,其排水量范围为 1 万～10 万 t,航速为 26～35kn,续航力大。图 2-38 所示为我国 001 型航空母舰"辽宁"号:舰长 304.5m,舷宽 75m(水线宽 38m),吃水 10.5m,正常排水量 54500t,满载排水量 60900t;动力系统:4 台蒸汽轮机、4 轴推进、总功率 20 万 hp;航速 29kn,续航力 7000n mile/18kn,自持力 45 天,舰员 1960 人。

图 2-38　我国首艘航空母舰"辽宁"号

当前世界上吨位最大、综合作战能力最强的是美国尼米兹 10 万 t 级核动力航空母舰。其航速为 30kn,携带各型舰载机近 100 架。

航空母舰有供飞机起落的飞行甲板,以及弹射器、阻拦装置和升降机等。机库设于飞行甲板下面,上层建筑设在中部右侧,为岛形建筑。航空母舰一般以舰载机为主,还装备有导弹、火炮、反潜武器等武备以及十分完善的电子设备。

航空母舰具有强大的攻击力,但目标较大,易遭敌方攻击,所以需要在巡洋舰、驱逐舰等护卫下组成航空母舰编队行动,如图 2-39 所示。

图 2-39 "辽宁"号航空母舰编队

航空母舰的发展动向,目前除了发展大型航空母舰外,有些国家十分注重发展轻型航空母舰,特别是直升机和垂直/短距起降飞机的发展,为研制轻型、多用途航空母舰提供了有利的条件。在动力方面,大型和中型航空母舰趋向采用核动力;轻型航空母舰趋向采用燃气轮机。有人还设想研制航速可达 100kn 以上的侧壁式气垫航空母舰和具有甲板面积大、稳性好的双体航空母舰等。

2. 巡洋舰

巡洋舰(cruiser)是一种具有强大火力、多用途的适于远洋作战的大型水面战舰。巡洋舰航速高、续航力大、耐波性好,具有相当强的独立作战能力和指挥功能,在航空母舰编队时作为护卫兵力,在与驱逐舰协同作战时作为旗舰,也可单独执行战斗任务。巡洋舰主要用于海上攻防作战,保卫己方或破坏敌方的海上交通线,支援登陆或抗登陆作战,袭击港口基地和岸上目标,掩护己方舰艇扫雷或布雷,以及防空、反潜、警戒、巡逻、为舰载机导航等。

巡洋舰的排水量 0.7 万~3.2 万 t,航速 30~35kn。巡洋舰根据其排水量大小和武器装备强弱有重巡洋舰和轻巡洋舰之分。巡洋舰的武器装备过去以大口径火炮为主要武器,并辅以各类副炮和鱼雷。现代巡洋舰都有对舰、对空和反潜导弹及先进的电子设备,船尾通常还带有 1~2 架直升机。以导弹为主要武器的称为导弹巡洋舰。巡洋舰的动力装置一般采用燃气轮机、柴油机和汽轮机的联合装置,也有采用核动力装置的,其攻击和防卫能力亦更加强大,如图 2-40 所示。

由于巡洋舰存在目标大、造价高、航速受限制等因素,因此有些国家以驱逐舰和轻型航空母舰替代巡洋舰。

3. 驱逐舰

驱逐舰(destroyer)是以导弹、鱼雷、舰炮为主要武器的中型水面战斗舰艇,航速较高、耐波性好、战斗力强,并具有多种作战能力,用以攻击敌方潜艇和水面舰船,还承担侦察、巡逻、

图 2-40　核动力导弹巡洋舰

警戒、防空、布雷、袭击岸上目标、封锁海区等战斗任务。驱逐舰的排水量通常为 3000～8500t，航速 30～35kn，续航力 3000～6000n mile。

现代驱逐舰主要武器已由导弹取代了火炮和鱼雷。以导弹为主要武器的驱逐舰称为导弹驱逐舰（图 2-41）。现代驱逐舰一般均装有舰对舰、舰对空导弹武器，反潜导弹武器，反潜直升机以及设备完善的导航通信设备和电子战装备。

图 2-41　导弹驱逐舰"兰州"号（052C 型）

4. 护卫舰

护卫舰（frigate）是以导弹、舰炮和水中武器（鱼雷、水雷、深水炸弹）为主要武器的中小型水面战斗舰艇。其主要任务是巡逻、警戒和护卫海上战斗舰艇、运输船队、登陆作战编队，防止敌潜艇、鱼雷艇和航空兵的袭击，担负防空、对海和反潜作战的任务。护卫舰比驱逐舰武器装备弱，续航力小，同时亦具有轻快、机动性好、造价低、适宜批量生产的特点。

护卫舰的排水量一般为 1000～3000t，航速 25～30kn，动力装置多采用中速柴油机。现代护卫舰装有中小口径火炮，舰对舰、舰对空导弹，反潜导弹，反潜鱼雷以及深水炸弹等武器系统，并装备了性能良好的多种雷达、声呐，有的还配有反潜直升机。反潜、反舰和防空能力有了显著增强，指挥操纵和武器控制日益自动化，能兼负驱逐舰的战斗任务。图 2-42 所示为导弹护卫舰。

5. 导弹艇

导弹艇(guided missile boat)又称为导弹快艇,是以导弹为主要武器的小型高速水面战斗舰艇,主要用于近岸海区作战,在其他兵力协同下对敌方水面舰船实施导弹攻击,也可用于巡逻、警戒和反潜。导弹艇的排水量在数十吨到 500t,航速 30～40kn,水翼导弹艇可达 50kn。

导弹艇主要武器是导弹,艇上装有对舰导弹 2～8 枚以及火炮,有的大型导弹艇还装有鱼雷、水雷、深水炸弹等武器。

导弹艇具有航速高、体积小、机动灵活、攻击力大等特点。但其耐波性较差,续航力较小,自卫能力也差,容易受到敌方航空兵和水面舰艇的袭击。图 2-43 所示为导弹快艇。

图 2-42　导弹护卫舰(054 型)

图 2-43　双体穿浪隐形导弹快艇(022 型)

6. 猎潜艇

猎潜艇(submarine chaser)又称反潜护卫艇,是以反潜武器为主要武备的小型水面战斗舰艇(图 2-44),主要用于近海搜索和攻击潜艇,也可用于巡逻、警戒、护航和布雷等。猎潜艇的排水量在 500t 以下,航速 24～38kn,水翼猎潜艇可达 50kn 以上。续航力 1000～3000n mile。猎潜艇航速较高,搜索及攻击力较强,但耐波性较差。现代猎潜艇装备有性能良好的声呐、雷达、反潜鱼雷、搜索装置、深水炸弹等反潜武器及小口径火炮,有的还装有舰对空导弹。

图 2-44　猎潜艇

猎潜艇航速较高,搜索和攻击潜艇能力较强,但适航性较差,续航力和自给力较小,适于在近海以编队形式与潜艇作战。

7. 反水雷舰艇

水雷是一种重要的海上防御武器,一般布设于水面下 5～10m,可装药 300 余千克,爆炸力强大并专门攻击船底,对于驱逐舰等中小型舰艇,一只水雷即可将其炸入海底。在第二次世界大战中,共有 2700 余艘舰船被水雷击沉。

反水雷舰艇是指专门用于扫除和消灭水雷,以开辟雷区航道保障己方舰船航行安全的各种舰艇的总称,包括扫雷舰、猎雷舰和破雷舰。扫雷舰按其使命不同可分为舰队扫雷舰、基地扫雷舰、港湾扫雷舰和扫雷母舰。扫雷母舰的排水量较大,可达数千吨,航速 12～24kn,配备有完善的扫雷具,扫雷能力强,能扫除触发水雷、磁性水雷、音响水雷、液压水雷等多种形式的水雷。由于水雷的引信种类和反扫雷装置的日趋复杂,促进了反水雷舰艇的迅速发展,相继出现了气垫扫雷艇、水翼扫雷艇、遥控扫雷艇。猎雷舰的排水量约为1000t,舰上装有高分辨力的探雷声呐、磁探仪和灭雷具,待探定水雷位置后,用炸药遥控引爆水雷。破雷舰的排水量在500t以上,能以自身航行时发出的液压场与特种设备所产生的强大磁场和声场引爆液压水雷、磁性水雷和声响水雷。排水量在500t以下的称为破雷艇,也称为艇具合一扫雷艇。图2-45所示为扫雷舰。

图 2-45　扫雷舰

8. 登陆舰艇

登陆舰艇(landing ship,amphibious ship)是运送登陆人员及其武器装备和补给品登陆的舰艇,又称两栖舰艇,有登陆舰、登陆艇、登陆运输舰和登陆指挥舰等。

舰上装载舱内设有斜坡板或升降平台、牵引绞车等。舰上武器有舰炮数门,主要用于防空和登陆时进行火力支援。此外,还有较齐全的观通、导航设备,以保证航行安全和通信联络。

登陆舰的排水量在5000t以上,有大、中、小型之分,用于运送人员、车辆、坦克和物资抢滩登陆。首部设有首门和吊桥装置,供人员和车辆登陆用。尾部设有尾锚以协助退滩和保持船位。

登陆艇航速较低,一般在12kn以下,耐波性也差,故常装在登陆运输舰上,在登陆作战中,作为由舰到岸的换乘转运工具。

登陆运输舰按其装载对象不同可分为登陆兵运输舰、登陆物资运输舰、坦克登陆运输舰、直升机登陆运输舰和综合登陆运输舰。登陆运输舰一般为远洋运输船的船型,不能直接登陆,其排水量大,航速较高,续航力大,耐波性也较好。船坞式登陆运输舰是携带登陆艇和登陆工具的母舰。当航行到敌岸附近时,可将登陆艇从船坞内放出,实行抢滩登陆。直升机运输舰亦称两栖攻击舰,其排水量大,航速较高,舰上装备有火炮、导弹和直升机。综合登陆运输舰载有登陆艇和直升机,可同时实施由舰到岸的平面登陆和垂直登陆。登陆指挥舰是用于登陆作战中对登陆舰艇进行编队和指挥的舰船,多由登陆运输舰增设指挥设备兼任。图2-46所示为船坞登陆舰。

图 2-46　船坞登陆舰

9. 潜艇

潜艇(submarine)是一种能潜于水下活动和作战的舰艇,主要用于攻击敌水面舰船和潜艇、袭击敌沿岸主要设施和岸上的重要目标,破坏敌海上交通线,也可用于布雷、侦察等。潜艇具有隐蔽性好、机动灵活、自给力续航力较大、突袭力较强的特点。潜艇通过向两边的储水箱中注水或排水使自身重力增大或减小,来达到升降的目的。

潜艇种类很多,潜艇按其武备不同可分为鱼雷潜艇和导弹潜艇;按其动力装置不同可分为常规动力潜艇和核动力潜艇;按其战斗使命不同可分为战略导弹潜艇和攻击型潜艇。

1) 战略导弹潜艇

战略导弹潜艇又称为战略潜艇或弹道导弹潜艇,装备有弹道式战略导弹,主要用于对陆上重要目标进行战略核袭击,大多为核动力潜艇,也有常规动力的,其主要武器是潜对地导弹,并装有鱼雷。核动力潜艇(图 2-43),水下排水量通常为 5000~30000t,水下航速 20~30kn,下潜深度 300~500m,自持力 60~90 昼夜,能长期在水下活动。采用常规动力的是用柴油机作为主机,水下潜航时用蓄电池驱动电动机推进,水下排水量 3500t 左右,水下航速 14~15kn,下潜深度 300m,自持力 30~60 昼夜。

2) 攻击型潜艇

攻击型潜艇也分核动力和常规动力两种,艇上主要装备有鱼雷、水雷和导弹。核动力潜艇水下排水量为 3000~7000t,水下航速 30~42kn,下潜深度 300~500m,有的可达 700 余米,自持力 60~90 昼夜。常规动力潜艇水下排水量要小些,一般为 600~3000t,航速 15~20kn,下潜深度 200~400m,自持力 30~60 昼夜。为在水面或水下观察、通信和导航的需要,在艇上装有各种声呐、雷达、无线电、罗经以及其他导航设备,并可用潜望镜进行对空和对海观察。

潜艇具有以下特点:①能利用水层掩护进行隐蔽活动和对敌方实施突然袭击;②有较大的自持力、续航力和作战半径,可远离基地,在较长时间和较大海洋区域甚至深入敌方海区独立作战,有较强的突击威力;③能在水下发射导弹、鱼雷和布设水雷,攻击海上和陆上目标。

潜艇配套设备多样,技术要求高,全世界能够自行研制并生产潜艇的国家不多。潜艇自卫能力差,缺少有效的对空观测手段和对空防御武器;水下通信联络较困难,不易实现双向、及时、远距离的通信;探测设备作用距离较近,观察范围受限,容易受环境影响,掌握敌方情况比较困难;常规动力潜艇水下航速较低,水下高速航行时续航力极为有限,充电式必须处于通气管航行状态,易于暴露。图 2-47 所示为核动力导弹潜艇。

图 2-47 核动力导弹潜艇

10. 辅助舰船

辅助舰船(auxiliary ship)又称"军辅船",主要任务是为战斗舰艇提供各种战勤保障,船型大多为排水型的,其排水量可从几十吨至数万吨不等。船上配备有与其用途相适应的各种设备,有的还装有自卫武器。

辅助舰船按其用途可分为补给舰船、运输舰船、侦察船、医院船和训练船等,它们各自担负着相应的使命,虽不直接参加战斗,但却是海军中一支不可缺少的重要力量。下面介绍几种主要的辅助舰船。

1) 综合补给舰

综合补给舰(integrated replenishment ship)是海军舰艇系列中一个主要的舰种,其用途是作为海上机动作战编队一员,伴随航母战斗编队舰船,在航渡及作战海域以横向补给(舰-舰间)或垂直补给(直升机)等方式为主战舰只补充油料、淡水、食品、弹药、备件等各类消耗物质。补给舰是海军舰艇编队在海上的流动"加油站"。海上补给能力的强弱,决定了一支舰艇编队能走多远、打多久。图 2-48 所示是我国自主研制的综合补给舰"呼伦湖"号。

2) 电子侦察船

电子侦察船(electronic intelligence ship)是用于电子技术侦察的海军勤务舰船(图 2-49)。装备有各种频段的无线电接收机、雷达接收机、终端解调记录设备、信号分析仪器、接收天线、拖曳声呐等,有的还装备有电子干扰设备及少量自卫武器等。

图 2-48　"呼伦湖"号综合补给舰

图 2-49　电子侦察船

电子侦察船能接收并记录无线电通信、雷达和武器控制系统等发出的电磁波信号,查明这些电子设备的技术参数和战术性能,获取对方的无线电通信、雷达配系、导弹发射甚至飞机起飞、舰艇出港、海洋环境和海底地形参数等军事情报。

电子侦察船满载排水量一般为 500t 以上,大型的达到 4000t 左右,航速 20kn 以下,能较长时间在海洋上对港岸目标或海上舰船实施电子侦察。但其侦察活动受海洋水文气象条件影响较大,自卫能力弱,作战易遭海空袭击。为了实现隐蔽,许多电子侦察船伪装成拖网渔船、海洋调查船、科学考察船或商船等。

3) 医院船

医院船(hospital ship)是专门用于对伤病员及海上遇险者进行海上救护、治疗和运送的辅助舰船。大型医院船是现代海军的重要标志之一。

按 1949 年《改善海上武装部队伤者、病者及遇船难者境遇之日内瓦公约》规定,医院船壳体水线以上为白色,两舷和甲板标有红十字图案,悬挂本国国旗和白底红十字旗,在任何情况下不受攻击和捕拿。全船工作人员持有国际上规定的身份证并佩戴特制的臂章。

医院船服务的对象主要是"伤"和"病"两大类人员。战争状态时,其服务对象主要是海上战争的伤员。非战争状态时所服务的对象则是海上事故、自然灾害所造成的伤员,同时它也可为舰艇编队提供卫勤支援、为边远地区驻岛守礁部队提供医疗服务。作为医院船,它首先必须满足战争海上伤员救治的需要,其次才考虑非战争时海上突发事件的处理、国际援救以及其他医疗服务等任务。

目前,世界上共有美国、英国、加拿大、日本、中国等少数国家拥有具有远海医疗救护能力的医院船,这些医院船均为民船改装而成。

由中国自行研制的首艘万吨级医院船"和平方舟"号医院船(图2-50),战时能为作战部伤员提供海上早期治疗及部分专科治疗,平时可执行海上医疗救护训练任务,也可为舰艇编队和边远地区驻岛守礁部队提供医疗服务。医院船的各项硬件设施相当于三级甲等医院的水平,其采用的减振降噪措施,能有效缓解海上航行的振动和噪声问题,堪称一座"安静型"的现代化海上流动医院,被官兵们誉为驶向大洋的"生命之舟"。

图 2-50 "和平方舟"号医院船

2.6 高性能船

常规的排水型船舶,由于船型的限制,受水阻力、波浪的影响大,性能不能满足人类发展的进一步要求。如航速提高,船的兴波阻力将正比于船速三次方以上的关系增大,使主机功率增大到难以接受的程度;又如耐波性,虽然实船上采取了各种减摇措施,但仍无法满足保持航速和平稳作业的使用要求。如何大幅度地减小水阻力及波浪对船舶运动的影响?近几十年来,人类不断探索、研制出了一批超常规的高性能船,如滑行艇、水翼艇、气垫船、冲翼艇和半潜小水线面双体船等。

1. 滑行艇

滑行艇(planing boat,见图2-51)静止及以较慢速度航行于水中时,艇体的重量同常规的排水型船舶一样由浮力支承(静水力支承)。当艇高速航行时,艇进入滑行状态,艇首在水动力作用下脱离水面,仅部分艇底与水面接触,艇体的重量将主要是靠滑行时产生的举力来支持,也就是说,静水浮力几乎完全被水动力所代替。由于浸湿面积随航速的增加而减少,船的阻力减小了,为提高航速创造了条件。

图 2-51 滑行艇

滑行艇,由于可以降低阻力和提高航速,所以被广泛用作运动艇、交通艇、巡逻艇等。当然军用快艇、导弹快艇等也广泛采用滑行艇。

滑行艇的缺点是耐波性较差,不适于在大风浪中航行。滑行时波浪对艇体也有较大的冲击,对结构也有破坏作用,因此,滑行艇的发展受到一定限制。

2. 水翼艇

水翼艇(hydrofoil craft)是由滑行艇演变和发展而产生的新船型,其艇体与滑行艇相近,艇体下方加装水翼,水翼的断面呈机翼形状。

航行开始时有如普通排水船,只是多了前后两个水翼,因而阻力比普通船型大。随着航速的增加,水翼产生的升力也增大,将艇体逐渐抬起。当航速再提高时,两只水翼所产生的升力就足以将艇体完全抬出水面,这时艇体所受到的水阻力只是水翼、水翼支柱和推进器等附体的阻力,航速比滑行艇有很大提高,而且可以避免波浪对艇体的冲击。合理地设计水翼艇的翼形,使其具有较大的升力和较小的阻力,则可以提高艇的航速和载重量。水翼的种类很多,如图 2-52 所示的三种为常用者。

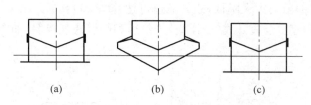

图 2-52　水翼的形式

(a) 浅浸式水翼；(b) 割划式水翼；(c) 深浸式水翼

1) 割划式水翼

割划式水翼通常为 V 形和阶梯形,也有环形的。航行时水翼的上部露出水面,其余部分浸没在水中。升力的大小随船的船速和水翼浸水面积而定。当艇体离水面过高时,水翼浸水面积减少,升力随之下降,所以这种水翼能依靠改变其浸水面积自动调节升力,不需其他附属设备,因此结构简单,但对波浪比较敏感。割划式水翼广泛地用于小型水翼艇上,适用于内河等风浪较小的航区(图 2-53)。

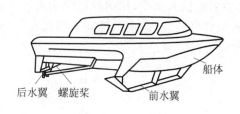

图 2-53　割划式水翼艇

2) 全浸式水翼

这种水翼的特点是水翼全部浸没在水中。较早的全浸式水翼浸深较小,称为浅浸式水翼(图 2-54)。这种水翼接近水面,易受波浪的影响。深浸式水翼离水面较深,受波浪的影响较小,它的升力调节是靠改变水翼的攻角来实现的,一般都装有自动控制机构,适用于耐波性要求较高的海洋军用水翼艇,水翼艇的航速一般为 45～50kn。

图 2-54　全浸式水翼艇

3. 气垫船

气垫船(hovercraft)是通过鼓风机把空气送到船底下面,在船底形成空气垫以支持船体重量的一种高速船舶。气垫的压力高于大气压,可将船体全部抬出水面。航行时气垫将船体与水面隔开,使船的阻力大大降低,故其航速可达 80～100kn。

气垫船有两种类型:全垫升式(全浮式)气垫船和侧壁式气垫船,如图 2-55 所示。

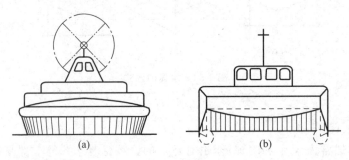

图 2-55　气垫船形式

(a) 全浮式;(b) 侧壁式

全垫升式气垫船(图 2-56)的船底四周用柔性围裙封闭,用空气螺旋桨推进。这种气垫船具有两栖能力,可以在水面、陆地、沼泽地、冰面和沙滩上行驶,但耐波性和机动性较差。

侧壁式气垫船(图 2-57)是在两舷侧有刚性的侧壁插入水中,船的首尾端用柔性气幕封闭。采用水动力螺旋桨或喷水推进,有较好的操纵性和稳定性,船只能在水面航行,无两栖能力。这种形式的气垫船经济性较好,可向大型化方向发展。

图 2-56　"慈平"号全垫升式气垫船

图 2-57　"鸿翔"号侧壁式气垫船

4. 冲翼艇

冲翼艇(wing surface effect ship,亦称地效翼船)是一种利用空气表面效应的高速艇。它在航行时并不与水面接触,而只是贴近水面飞行。当艇高速运动时,迫使气流进入艇与水面之间,空气被强烈地阻滞,使翼面下的压力增高,形成了动态气垫,从而使艇体支持在水面以上一定距离的空气中,完全脱离水面,使航速进一步提高,可达 150kn 以上。冲翼艇与其说是船,倒不如说更像超低空飞机。冲翼艇只能在表面效应区域内飞行才显示出它的优越性。图 2-58 所示为我国试制的"信天翁"冲翼艇,在 1989 年第三届布鲁塞尔世界发明博览会上获得发明金奖。

5. 小水线面双体船

小水线面双体船(small waterplane area twin hull,SWATH)是 20 世纪 70 年代发展起

来的一种高速新船型。它是半潜船型中研究得最多的一种船型。研究实践表明,这种船型不仅耐波性优越,而且其他性能也较常规单体船型为佳,已日益引起人们的重视。

小水线面双体船由水下体(潜体)、上体(包括桥体结构)和支柱三大部分组成。水下体做成鱼雷状,上体是水面以上的平台结构,可按需要布置各种设备。上下体由截面为流线型的支柱连接。鉴于水下体没入水中,支柱的水线面较瘦削(所以叫小水线面),在航行时能大大降低波浪的扰动力和兴波阻力。另外,小水线面支柱使船的自摇周期显著延长,降低了对波浪的运动响应。因而小水线面双体船具有耐波性好、在波浪中失速小、高速航行时阻力小、上甲板宽广、有效空间开敞等优点;但它吃水较深、船宽较大,故易受航道的限制。这种船型在军用、民用方面都具有广阔的发展前景。图 2-59 所示为小水线面双体海关监管艇。

图 2-58 "信天翁"冲翼艇

图 2-59 我国第一艘 SWATH 海关监管艇

复习思考题

1. 简述民用船舶的分类。
2. 军用舰船包括哪些类型? 舰和艇是如何划分的?
3. 运输船舶主要包括哪些?
4. 客船设计的主要要求有哪些? 旅游船与客船的主要差别何在?
5. 多用途型与普通型杂货船有哪些不同?
6. 杂货船、散货船及油船三者在载重吨位上有何差别? 为什么?
7. 工程船主要有哪些? 各自的用途是什么?
8. 什么是渔船? 主要种类有哪些?
9. 以排水量大小为序,写出军用舰船的名称;并说明各自的主要使命和武备配置。
10. 高性能船主要有哪些种类? 各自的特点是什么?

第 3 章

船舶的尺度和形状

　　船舶,一般是两头尖瘦、中间肥胖、左右对称的狭长几何体,其大小、形状与船舶性能有密切关系。通常,我们用船舶的主尺度与船型系数来表示船体的大小与肥胖程度,而用船体型线图来完整地表示船体的表面形状。

3.1　船舶主尺度和排水量

1. 船舶主尺度

　　船舶主尺度是表示船舶外形大小的基本量度,通常有船长、型宽、型深、吃水等,这些特征尺度的定义如下(图 3-1)。

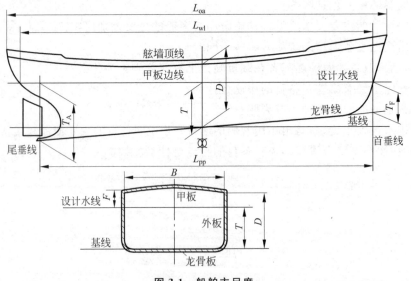

图 3-1　船舶主尺度

　　(1) 船长 L(length of a ship):船舶长度方向的量度。一般有 3 种,即总长、垂线间长和设计水线长。习惯上,如不特别说明船长是指垂线间长。

总长 L_{oa}（length over all）：自船首最前端至船尾最后端之间的最大水平距离。

垂线间长 L_{pp}（length between perpendiculars）：首垂线（forward perpendiculars，FP）与尾垂线（aft perpendiculars，AP）之间的水平距离。首垂线是指通过设计水线与首柱前缘的交点所作的垂直于设计水线面的垂线；尾垂线一般指舵杆中心线，对军舰通常指过尾轮廓与设计水线的交点所作的垂直于设计水线面的垂线。

水线长 L_{wl}（length of water line）：平行于设计水线面或基平面的任一水线面与船体型表面首尾端交点间的水平距离。一般指设计水线长。

总长 L_{oa} 在船舶进坞、停靠码头、过船闸和航行弯曲航道等时用到，垂线间长 L_{pp} 在进行船舶静水力性能计算和结构强度计算校核时用到，水线长 L_{wl} 在分析船舶阻力性能时用到。

（2）型宽 B（breadth，molded of ship）：指船体两侧型表面（不计船体外板的厚度）之间垂直于中线面的最大水平距离，一般指船长中央处的宽度。设计水线宽是指对应于设计水线处的型表面间的宽度；最大宽度是指包括外板厚度和伸出两舷的永久性固定凸出物如护舷板、舷伸甲板等在内的垂直于中线面的最大水平距离。

（3）型深 D（depth，molded of ship）：在甲板边线最低处（通常在船长中央处）的横剖面上，自龙骨板上表面即基线处至甲板边线之间的垂直距离。

（4）吃水 T（draught）：船舶平浮时是指基线至设计水线间的垂直距离；当船舶有纵倾时，是指首吃水 T_F 和尾吃水 T_A 的平均值即平均吃水，$T=(T_F+T_A)/2$。T_F 为首垂线处设计水线至基线间的距离，T_A 为尾垂线处设计水线至基线间的距离。

（5）干舷 F（freeboad）：型深 D 与吃水 T 的差值加上船舶上甲板的厚度 t，即 $F=D-T+t$。

2. 排水量 Δ（displacement）

船舶漂浮于水面上（或浸没于水中，如潜艇），由水作用于船体表面上的压力在垂直方向上的分量的合力即浮力。根据阿基米德原理应等于船体所排开的水的重量。这个由船体所排开的水的重量就称为排水量，用 Δ 来表示。显然，$\Delta=\omega\nabla$，这里 ω 为水的重量密度（对淡水 $\omega=1t/m^3$，对海水 $\omega=1.025t/m^3$），∇ 为船体水下型表面所围成的体积，称做型排水体积（m^3）。由于型表面是指船体壳板的内表面，故严格地讲，壳板厚度对排水量的影响也应计入（特别对大型船舶），这样，$\Delta=k\omega\nabla$，k 称为附体系数。

3.2 船型系数与船体型线图

1. 船型系数

船型系数就是表示船体水下部分面积或体积肥瘦程度的无因次系数，船型系数有水线面系数、中横剖面系数、方形系数、棱形系数等。

（1）水线面系数 C_w（waterplane-coefficient）：与基平面相平行的任一水线面的面积 A_w 与由船长 L_{pp} 和型宽 B 所构成的矩形面积之比（图 3-2(a)），即 $C_w=A_w/(L_{pp}\times B)$，它的大小表示了水线面的肥瘦程度。

（2）中横剖面系数 C_m（midship section coefficient）：中横剖面在水线以下的面积 A_m 与由型宽 B 和吃水 T 所构成的矩形面积之比（图 3-2(b)），即 $C_m=A_m/(B\times T)$，它的大小表示了水线以下的中横剖面的肥瘦程度。

（3）方形系数 C_b（block coefficient）：船体水线以下的型排水体积 ∇ 与由船长 L_{pp}、型宽 B、吃水 T 所构成的长方体体积之比（图 3-3），即 $C_b=\nabla/(L_{pp}\times B\times T)$，它的大小表示了船

体水线以下体积的肥瘦程度。

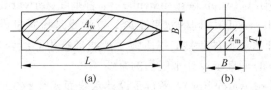

图 3-2　水线面系数和中横剖面系数

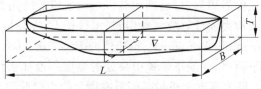

图 3-3　方形系数

（4）棱形系数 C_p（prismatic coefficient）：船体水线以下的型排水体积 ∇ 与由相应的中横剖面面积 A_m、船长 L_{pp} 所构成的棱柱体积之比（图 3-4），即 $C_p = \nabla/(A_m \times L_{pp})$，它的大小表示了排水体积沿船长方向的分布情况，也称纵向棱形系数。

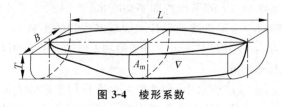

图 3-4　棱形系数

如无特别说明，船型系数是对设计水线而言的；在计算其他水线处的船型系数时，其船长和船宽常用垂线间长和设计水线宽，也可用相应各水线处的长和宽，但需加以注明。当中横剖面不是最大横剖面时，C_m 值应取最大横剖面处的数值。

表 3-1、表 3-2 所示为我国建造的一些船舶的主尺度、船型系数以及主尺度比。

表 3-1　我国建造的部分船舶的主尺度、船型系数及主尺度比

船舶类型		12000t 货船	7500t 远洋客货船	25000t 散装货船	4500m³ 耙吸式挖泥船	24000t 油船	16000t 矿煤船
主尺度	L/m	147.0	124.0	172.0	107.0	170.0	153.0
	B/m	20.4	17.6	23.2	18.4	25.0	22.0
	D/m	12.4	10.9	14.2	9.0	12.6	13.0
	T/m	8.2	6.0	9.8	7.2	9.5	8.8
船型系数	$C_b(\delta)$	0.678	0.571	0.809	0.807	0.776	0.765
	$C_m(\beta)$	0.984	0.948	0.994	0.996	0.992	0.993
	$C_p(\phi)$	0.689	0.603	0.814	0.812	0.782	0.770
	$C_w(\alpha)$	0.804	0.780	0.856	0.858	0.852	0.852
主尺度比	L/B	7.20	7.05	7.41	5.81	6.80	6.95
	B/T	2.49	2.93	2.37	2.55	2.63	2.50
	L/D	11.85	11.37	12.11	11.89	13.49	11.78
	D/T	1.51	1.82	1.45	1.25	1.33	1.478

表 3-2 船舶主尺度的范围

船舶类型		主尺度比			船型系数		
		L/B	B/T	D/T	$C_w(\alpha)$	$C_m(\beta)$	$C_b(\delta)$
民用船舶	远洋客船	8~10	2.4~2.8	1.6~1.8	0.75~0.82	0.95~0.96	0.57~0.71
	沿海客货船	6~7.5	2.7~3.8	1.5~2.0	0.7~0.8	0.85~0.96	0.5~0.68
	远洋货船	6~8	2.0~2.4	1.1~1.5	0.8~0.85	0.95~0.98	0.7~0.78
	拖船	3~6.5	2.0~2.7	1.2~1.6	0.72~0.8	0.79~0.9	0.46~0.6
	渔船	5~6	2.0~2.4	1.1~1.3	0.76~0.81	0.77~0.83	0.5~0.62
	油船	4.8~7.5	2.1~3.4	1.1~1.5	0.73~0.87	0.98~0.99	0.63~0.83
军舰	巡洋舰	8~11	2.8~3.3	1.7~2.0	0.69~0.72	0.76~0.89	0.45~0.65
	驱逐舰	9~12	2.8~4.5	1.7~2.0	0.7~0.78	0.76~0.86	0.4~0.54
	炮艇	6.5~9	2.8~3.3	1.65~2.8	0.7~0.8	0.8~0.9	0.52~0.64
	导弹快艇	5~6.5	2.5~4.5	—	—	—	0.3~0.4
	潜艇	8~13	1.4~2.0	—	—	—	0.4~0.55
	猎潜舰	7.9~8.5	2.5~4.5	1.6~2.0	0.74~0.78	0.75~0.82	0.45~0.5

2. 船体型线图

为了满足船舶航海性能的需要,船体外板所构成的表面是一个具有双向曲度的曲面。要表达这样复杂曲面的形状,仅有船的主尺度和船型系数是不行的。要描述它,目前主要有两种方法:船体型线图表达和数学船型表达。所谓数学船型,就是用一些数学函数来表达船体曲面的形状。这种方法随着计算机运用的普及和深化,得到了较大的发展。本节介绍目前常用的船体型线图表达法。

船体型线表示的船体外形为船体型表面。对钢质船,型表面为外板的内表面;对水泥船和木船则为船壳板的外表面。型线图是应用一系列平行于 3 个基本投影面(中线面、中横剖面、基平面)的剖平面去切船体,并将这些平面与船体的交线投影在 3 个基本投影面上得到的。这 3 个基本投影面如下所述。

(1)横剖线图。沿船长方向平行于中横剖面取 11 个或 21 个等间距的横剖面把船长等分,该间距称为站距。将各横剖面所截得的船体型表面曲线(称为横剖线)投影叠置在中横剖面上,即得横剖线图。各横剖线从船尾至船首依次编号,称为站号。习惯上民用船从尾向首编,军用船从首向尾编。由于船体绝大部分是左右对称的,故每一横剖线只需画半边。通常将船舶尾半段横剖线画在左边,将船舶首半段横剖线画在右边,从而构成完整的横剖线图。横剖线及其投影见图 3-5,图中,H 面为基平面、V 面为中线面、W 面为中横剖面。

(2)半宽水线图。沿吃水方向平行于基平面取若干个等间距(不等间距也可以)的水平剖面,将各水平剖面所截得的船体表面曲线(称为水线)投影叠置在基平面上,即得半宽水线图。由于船体形状的对称性,水线图也只需画一半(习惯画出左舷),故称半宽水线图。各水线自龙骨基线向上依次编号或根据各水线距基线的高度值进行标注。水线及其投影见图 3-6。

(3)纵剖线图。沿船宽方向平行于中线面取若干个纵剖面,将各纵剖面截得的船体型表面曲线(称为纵剖线)投影叠置在中线面上,得纵剖线图。各纵剖线自中线面向船舷依次编号或根据各纵剖面至中线面的宽度进行标注。纵剖线及其投影见图 3-7。

型线图的视图布置一般如图 3-8 所示,比例尺依船舶大小,通常采用 1:100、1:50、1:25 等。由于图纸易变形,在图上直接量取数据不精确,故型线图上除了 3 个视图外,还要给出型值表和主要尺度。

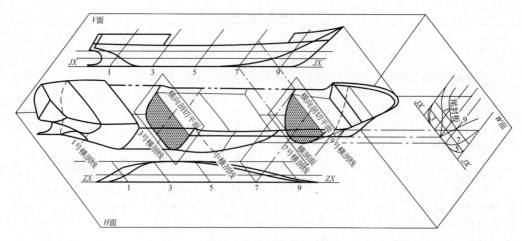

图 3-5　横剖线及其投影

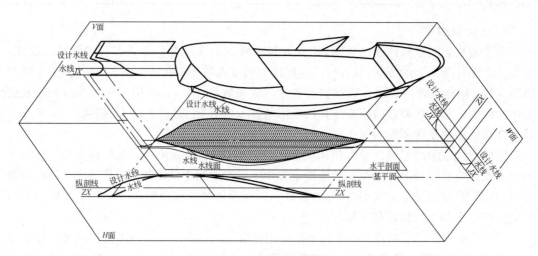

图 3-6　水线及其投影

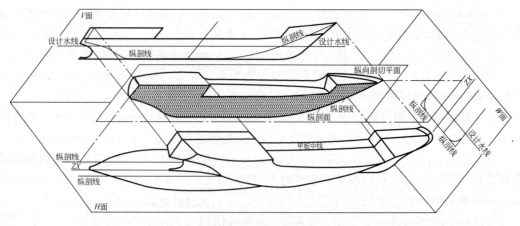

图 3-7　纵剖线及其投影

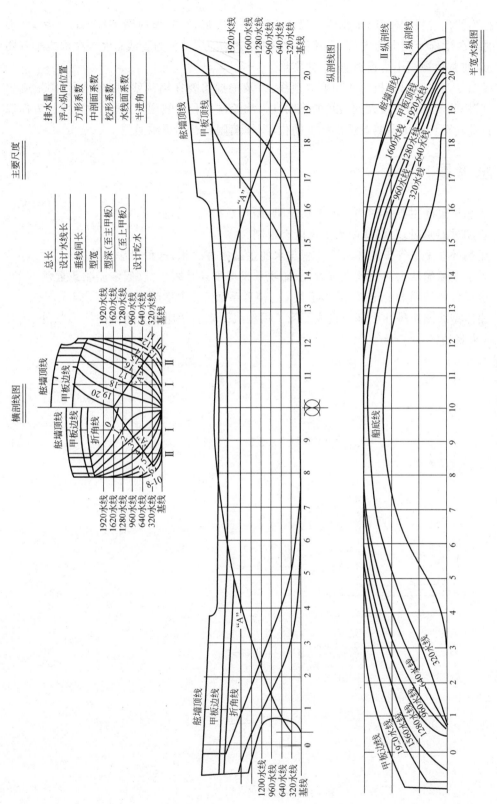

图 3-8 船体型线图

主要尺度

总长
设计水线长
垂线间长
型宽
型深（至主甲板）
（至上甲板）
设计吃水

排水量
浮心纵向位置
方形系数
中剖面系数
棱形面系数
水线面系数
半进角

横剖线图

舷墙顶线
甲板边线
折角线

舷墙顶线
甲板边线
折角线
"A"

1920水线
1620水线
1280水线
960水线
640水线
320水线
基线

1200水线
960水线
640水线
320水线
基线

舷墙顶线
甲板顶线

1920水线
1600水线
1280水线
960水线
640水线
320水线
基线

"A"

纵剖线图

舷墙顶线
甲板顶线
船底线

II 纵剖线
I 纵剖线

半宽水线图

舷墙顶线
甲板顶线
1600水线-1920水线
960水线-1280水线
320水线-640水线

甲板边线
1920水线
1600水线
1280水线
960水线
640水线
320水线

根据型线图的投影特征,纵剖线在纵剖面图中为实形,在其他视图中投影成直线,非实形;横剖线在横剖面图中为实形,在其他视图中为非实形,投影为直线;水线在水线半宽图中为实形,在其他视图中为投影直线,非实形。

型线图中还应画出甲板边线和舷墙顶线,以及根据需要在横剖线图和纵剖线图上画出斜剖线,以检验舯部曲率较大处型线的光顺性。为绘制肋骨型线图,型线图中沿船长方向以一定的肋骨间距自船尾向船首依次标注肋位号(军船则自首向尾编号)。

复习思考题

1. 船舶主尺度主要有哪些? 如不加说明,船长是指哪个船长?

2. 船舶过船闸时,对哪些船舶主尺度有限制?

3. 船舶的总重量等于船体水下体积与水的重量密度之积,这种说法正确否?

4. 当一条船舶从内河驶入大海时,船舶吃水是增加还是减小?(假定船舶载重量不变)

5. 根据各船型系数的定义,方形系数 C_b、棱形系数 C_p、中横剖面系数 C_m 间有何关系?

6. 船体型线图由哪几个部分组成? 除了用型线图来表达船体复杂的空间形状外,还有什么方法来表达?

第 4 章

船舶性能

船舶本身应具备一些特定的性能,才能在波涛汹涌的海洋或湍急的江河中航行,这些性能我们称为船舶航行性能。研究它的学科叫船舶原理,其研究内容包括以下几方面。

(1)浮性:船舶在一定装载情况下浮于水面一定位置的能力。

(2)稳性:在外力作用下,船舶发生倾斜而不致倾覆;当外力的作用消失后,仍能回复到原来平衡位置的能力。

(3)抗沉性:当船体破损、海水进入舱室时,船舶仍能保持一定的浮性和稳性而不致沉没或倾覆的能力。

(4)快速性(或称速航性):船舶在给定的主机功率下以较快速度航行的能力。与之相对应,通常有船舶阻力和船舶推进两门课程,前者研究船舶航行时所遭受的阻力;后者研究克服阻力的推进器及其与船体之间的相互作用。

(5)操纵性:船舶能在航行中保持既定航向(即航向稳定性)及根据驾驶人员的要求改变航向的能力(即回转性)。

(6)耐波性(或称适航性):船舶在风浪海况下的航行能力,主要研究船舶的横摇、纵摇、升沉等摇摆运动。

(7)隐身性:设法降低船舶的可探测性,使之不易被发现、跟踪和攻击。

船舶原理通常可分为船舶静力学和船舶动力学两大部分。前者以流体静力学为基础,研究船舶在不同条件下的浮性、稳性及抗沉性等问题;后者以流体动力学为基础,研究船舶的阻力、推进、操纵及摇摆等问题。

4.1 浮性

船舶浮性研究的是船舶重力、重心和浮力、浮心之间的相互关系。

重力由船舶本身各部分的重量组成,如船体结构、机电设备、货物、人员及行李等。这些重量形成一个垂直向下的合力即船舶的重力 W,合力的作用点 G 称为船舶的重心。

$$W = \sum_{i=1}^{n} w_i$$

若已知各项重量 w_i 及其重心位置 (x, y, z)，则很容易求出船舶的重力和重心位置：

$$X_G = \sum_{i=1}^{n} w_i x_i / W$$

$$Y_G = \sum_{i=1}^{n} w_i y_i / W$$

$$Z_G = \sum_{i=1}^{n} w_i z_i / W$$

船体漂浮于水面上，作用其上的浮力，实质上是船体浸水表面的每一点处所受的静水压力在垂直方向上分力的合力。此合力等于 $k\omega\nabla$，合力的作用点 B 称为船舶的浮心，见图 4-1。为了确切表达浮心 B 和重心 G 的位置，通常采用如图 4-2 所示的随船 $Oxyz$ 直角坐标系。

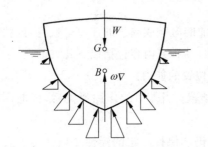

图 4-1　作用在船体上的浮力

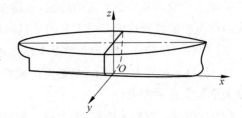

图 4-2　随船坐标系

船舶浮力和浮心坐标的计算可归结为船体排水体积和体积形心的计算。通过计算得到的排水体积曲线 $\nabla = f(z)$、浮心纵向坐标曲线 $X_b = f(z)$、浮心垂向坐标曲线 $Z_b = f(z)$、水线面积曲线 $A_w = f(z)$、水线面形心即漂心纵向坐标曲线 $X_F = f(z)$ 等，称为浮性曲线。

当船舶静置于水中且处于平衡状态时，有下面几种可能。

(1) 正浮状态。此时重力等于浮力，重心和浮心均在中纵剖面上且处于同一垂线上。有

$$W = k\omega\nabla$$

$$X_G = X_b$$

$$Y_G = Y_b = 0$$

(2) 横倾状态。此时船舶由正浮状态向左舷或右舷方向倾斜且处于平衡，重心和浮心不在中纵剖面上。即

$$W = k\omega\nabla$$

$$X_G = X_b$$

$$Y_G \neq Y_b$$

(3) 纵倾状态。此时船舶由正浮状态向首或尾方向倾斜且处于平衡，重心和浮心不在

同一个平行于中横剖面的平面上。即

$$W = k\omega \nabla$$

$$Y_G = Y_b = 0$$

$$X_G \neq X_b$$

（4）任意状态。此时船舶既有横倾又有纵倾，即

$$W = k\omega \nabla$$

$$X_G \neq X_b$$

$$Y_G \neq Y_b$$

实际营运中，正常使用的船舶一般处在正浮状态或稍有尾倾状态。

4.2 稳性

船舶受到外力作用（如风、浪、人员集中一舷、船舶回转、急牵和火炮发射等）就会产生倾斜，当外力消失后，船舶在复原力矩的作用下回复到原来的平衡位置，并不会倾覆。

如图 4-3 所示，船舶在外力矩 M 作用下，缓慢地倾斜 ϕ 角，水线由正浮时的 WL 变成倾斜后的 W_1L_1。船的重量在倾斜前后无改变，故其排水体积也无变化。假定船上的载荷没有变动，因而船的重心仍保持在原来位置。虽然船在倾斜过程中排水体积不变，但其水下体积形状改变了，故浮心从 B 点移到 B_1 点。此时浮心和重心不再位于同一铅垂线上，因而浮力和重力形成一个力偶，其方向与外力矩相反，促使船回复到原来的平衡位置。这力偶就叫复原力矩，通常以 M_R 表示。即

$$M_R = \Delta \times GZ$$

式中，GZ 为复原力臂，也称静稳性臂。

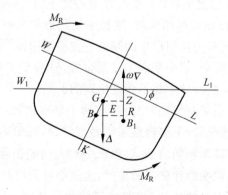

图 4-3　复原力矩

所以，船舶的稳性就是船在外力作用下偏离其平衡位置而倾斜，当外力消失后仍能回复到原来平衡位置的能力。

为方便稳性研究，常将稳性按其倾角的大小分为小倾角稳性（又称初稳性，横倾角一般

都小于 $10°\sim15°$)和大倾角稳性(横倾角大于 $10°\sim15°$或甲板边缘入水)。前者由静力作用引起,后者由动力作用引起。

对于初稳性问题,假设船舶出水与入水楔形体积相等,稳心 M(B_1Z 与 BG 的交点)在倾斜过程中固定不变,这时 $M_R=\Delta\times GZ=\Delta\times GM\times\sin\phi$,$GM$ 称初稳性高,为船舶重心与稳心间的距离。该值越大,稳性就越好。但 GM 过大,船舶横摇周期短,在海上遇到风浪时会产生急剧的摇摆,所以 GM 也是决定船舶横摇快慢的一个重要特征数。各类船舶的初稳性高 GM 数值根据其用途、航区等因素均有一合适的范围。表 4-1 所示为各类船舶在设计排水量时 GM 的大致范围。

表 4-1　各类船舶初稳性高的取值范围

船舶类型	GM/m	船舶类型	GM/m
客船	$0.3\sim1.5$	航空母舰	$2.7\sim3.5$
干货船	$0.3\sim1.0$	巡洋舰	$0.9\sim1.8$
油船	$1.5\sim2.5$	驱逐舰	$0.7\sim1.2$
拖船	$0.5\sim0.8$	快艇	$0.5\sim0.8$
渔船	$0.5\sim1.0$	潜水艇 (水上)	$0.3\sim0.8$
		(水下)	$0.2\sim0.4$

大倾角稳性与初稳性问题的区别在于:一是船舶在倾斜过程中,稳心 M 是变动的,即不能认为浮心 B 以稳心 M 为圆心作圆弧运动;二是必须考虑船舶的惯性作用和干舷、上层建筑的影响。

合格船舶的稳心 M 一定在重心上面某个位置上,这时船舶具有正的回复力矩且摇摆性能正常,这种平衡状态称为稳定平衡;当稳心在重心之下时,回复力矩为负,船舶若受到横向外力作用则会加速横倾以致使船舶倾覆,这种平衡状态称为不稳定平衡;当稳心与重心重合时,回复力矩为零,只要外力作用产生的倾斜不使船舶倾覆,当外力消失后,船舶不会回复到原来位置,也不会继续倾斜,而会平衡于任意位置,这种平衡状态称为中性平衡或随遇平衡。上面后两种情况在实船设计中是不允许出现的。

由上面叙述可以看出,要提高船舶的稳性,有两个基本途径:一是降低重心,如使设备和载荷尽可能地布置在较低位置,上层建筑采用轻型材料,底舱内加固体压载或压载水等;二是提高稳心,稳心距基线高与船舶的 B/T 和 C_w 有关,当船舶建造好后,稳心就难以改变了。当采用降低重心方法,船舶稳性仍不满足时,实践中可采用舷边加附加浮体的方法来提高稳心,但必须指出这是不得已的方法,将影响船舶的快速性。故在设计时就必须对 B/T 给予足够的注意。此外,增加型深和减小受风面积可提高大倾角稳性,减小自由液面的影响也可提高船舶的初稳性和大倾角稳性。

在船舶设计中,常将船舶浮性、稳性及船型系数等随吃水变化的规律绘制成曲线图,称为静水力曲线图,见图 4-4。

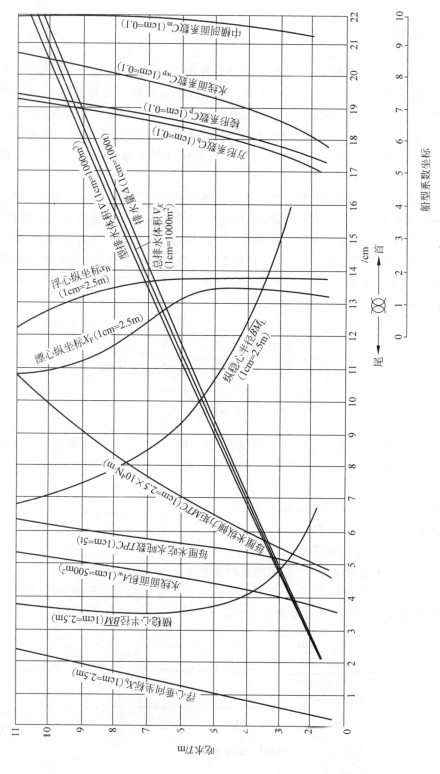

图4-4 静水力曲线

4.3 抗沉性

1912 年 4 月 10 日,号称永不沉没的英国大西洋邮船"泰坦尼克"(Titanic)号于首航的第四天夜晚,在纽芬兰岛附近与冰山相撞,10s 后,冰山把船壳撕裂了 100m 长的破洞,船首部 5 个舱进水,2h 后,该船沉入冰海之中。由于救生艇只能容纳乘员的半数,致使 2500 多乘员中 1320 人死于非命。这一巨大海难事件使航运界大为震惊。不久主要航海国家签订了《国际海上人命安全公约》,后来经几次修改和完善,明确规定了船舶的抗沉性要求。

抗沉性是指船舶在一舱或数舱破损进水后仍能保持一定浮性和稳性的能力。各类船舶对抗沉性的要求是不同的:军舰要求最高,客船次之,货船又次之。要保证船舶的抗沉性,是在船舶设计时用水密舱壁将主船体分隔成适当数量的舱室。当一舱或数舱进水后,船舶的下沉不超过规定的极限位置,并保持一定的稳性。我国船级社规定:船舶破损后的水线不得超过舱壁甲板边线下 76mm,且剩余 GM 不小于 0.05m。这条与舱壁甲板边线相距 76mm 的平行线叫安全限界线,见图 4-5。

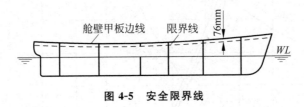

图 4-5 安全限界线

若船舶任一舱破损后能满足抗沉性要求,称为一舱制船;若相邻两舱破损后也能满足抗沉性要求,就称为两舱制船;同理,三舱制船就是相邻三个舱破损进水后,仍能满足抗沉性要求。

抗沉性包括下面两个方面的问题:

(1) 船舶进水后浮态和稳性的计算;

(2) 可浸长度即分舱的极限长度计算。

问题(1)是要计算船舶进水后,船舶的初稳性值和浮态(横倾、纵倾);

问题(2)是要计算可浸长度,并根据各舱室的渗透率 μ 绘成可浸长度曲线,如图 4-6 所示,图中 l 值即为 $\mu=1.00$ 时允许分舱的最大长度。

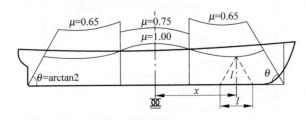

图 4-6 可浸长度曲线

船舶的储备浮力,对应于吃水线以上主船体的体积。改善抗沉性最有效的措施是增加船舶的储备浮力。通常采用的方法有以下几种。

（1）增加干舷值。通过增加型深 D 或减小吃水 T 得到。干舷越大,当船舶破损进水后,可供增加的吃水值越大,或船舶可提供的储备浮力越多,抗沉性就越好。

（2）合理分舱。合理地在船上设置横向、纵向的水密舱壁,当船舶破损进水后,可将进水限制在一定的范围内而不致漫延全船,使船舶浮力的损失小些,从而提高船舶的抗沉性。当然分舱还要考虑使用要求和船体强度等因素。

（3）增加首尾舷弧、采用 V 形横剖面及加大水线以上型线的外飘度。

这些措施均可增加船舶的储备浮力。

4.4　快速性

船舶在水中航行时会受到水和空气的阻力,要使船舶维持一定的速度航行,必须提供推力以克服阻力。推力由船舶推进器(通常为螺旋桨)吸收船舶主机功率供给。船舶快速性就是研究船舶尽可能消耗较小的机器功率而能维持较快速度航行的科学,它包括船舶阻力和船舶推进两大部分。

4.4.1　船舶阻力

船舶阻力研究的主要问题是:各种阻力成分的成因和性质;阻力随航速、船型、外界条件的变化规律;减小阻力的方法及寻求阻力最低船型;阻力近似估算方法等。

1. 船舶阻力的成因和分类

当船舶在水面上航行时,船体在空气和水两种流体介质中运动,必然遭受空气和水对船体的反作用力。这种与船体运动方向相反的流体作用力称为船舶阻力。

为研究方便起见,船体总阻力按流体种类可分成空气阻力和水阻力。空气阻力是指空气对船体水上部分的反作用力。水阻力是水对船体水下部分的反作用力,进一步把水阻力分成船体在静水中航行时的静水阻力和波浪中的汹涛阻力(也称为波浪中阻力增值)两部分。

静水阻力通常分成裸船体阻力和附体阻力两部分。所谓附体阻力,是指凸出于船体之外的附属体如舵、舭龙骨、轴支架等所增加的阻力。

根据这种处理方法,船舶在水中航行时所受到的阻力通常可分为两大部分:一是裸船体在静水中所受到的阻力,这是船舶阻力中的主要部分,也是要着重研究的内容;而另一部分阻力包括空气阻力、汹涛阻力和附体阻力,统称为附加阻力。为叙述方便裸船体阻力简称船体阻力。船舶阻力分类如下。

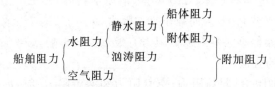

船体在静水中运动时所受到的阻力与船体周围的流动现象密切相关。根据观察,船体周围的流动情况是相当复杂的,主要有以下三种现象。

（1）船体在运动过程中兴起波浪。由于波浪产生,改变了船体表面的压力分布情况,使首部压力增加,尾部压力降低,于是产生首尾动压力差。这种由兴波引起的压力分布的改变所产生的阻力称为兴波阻力 R_w。从能量观点看,船体掀起的波浪具有一定的能量,这能量必然由船体供给。由于船体运动过程中不断产生波浪,就不断耗散能量,从而形成兴波阻力。

(2) 当船体运动时,由于水的黏性,在船体周围形成"边界层",从而使船体运动过程中受到黏性切应力作用,在船体表面产生摩擦力,它在运动方向的合力便是船体摩擦阻力 R_f。

(3) 在船体曲度变化大处,特别是较丰满船的尾部常会产生旋涡。旋涡处的水压力下降,从而改变了沿船体表面的压力分布情况。这种由黏性引起船体前后压力不平衡而产生的阻力称为黏压阻力 R_{pv}。习惯上也叫旋涡阻力。

这样,船体阻力 R_t 由兴波阻力 R_w、摩擦阻力 R_f 和黏压阻力 R_{pv} 三者组成,其公式为

$$R_t = R_w + R_f + R_{pv}$$

2. 各种阻力成分的特点及减阻方法

大量研究表明:

(1) 摩擦阻力 R_f 大约与航速 v 的 1.825 次方成正比,黏压阻力 R_{pv} 与 v^2 成正比,兴波阻力 R_w 与 $v^{4\sim6}$ 成正比。

(2) 各阻力成分占总阻力的百分数随航速或弗劳德数 $Fr = v/\sqrt{gL}$ 的变化有很大差别。一般,中低速船($Fr < 0.3$)摩擦阻力和黏压阻力占总阻力的 60% 左右甚至更多;中高速船($Fr > 0.3$),兴波阻力 R_w 可占总阻力的 50% 甚至更多。在整个航速段,黏压阻力占总阻力的比例与 R_f 和 R_w 相比总是次要的。由上可知,阻力性能的优良是对应某一航速段而言的。

(3) 不同的船型,其各阻力成分所占比例也不相同,即船体阻力与船型有关。

由上述船体阻力的特点,总结出减小船体阻力的方法和思路如下。

(1) 对中低速船着重于减小 R_f 和 R_{pv},对中高速船着重于减小 R_w。

(2) 对摩擦阻力 R_f,由于 R_f 正比于 $C_f S$(C_f 为摩擦阻力系数,S 为湿表面积),故欲减小 R_f,一是设法减小 C_f,如表面光滑、柔性的壳体和表面涂抹润滑的高分子聚合物(如同海豚的皮肤),均可带来有益的效果;二是降低湿表面积 S,在船舶主尺度中船长 L 对 S 的影响最大,故减小 L 有利于减小摩擦阻力,这就是中低速船短肥的原因。

(3) 对黏压阻力 R_{pv},由于其产生的原因是船体曲率过大而产生流体分离或排挤,故要减小它,就应减少船体表面沿水流方向的曲率变化,不发生突变。一般黏压阻力多发生在尾部,故中低速船需要有合理的去流段长度以保证流线平顺。

(4) 对兴波阻力,减小的方法有两个基本途径:一是通过理论方法优化线型,使船体的兴波阻力减小;二是通过加装附体,如球鼻首、消波水翼等,使之产生的波谷正好与船本体的波峰叠加,降低实际兴波高度,从而减小兴波阻力(R_w 与波高 H^2 成正比)。

当然,船体主尺度及船型系数对船体阻力有极重要的影响,必须首先给予足够重视。

3. 确定船体阻力的方法

不考虑船舶的附加阻力(附体阻力、空气阻力和汹涛阻力)时,确定船体阻力有 3 种方法:理论分析法、阻力近似估算方法、模型试验法。

(1) 理论分析法是根据观察实际现象,进行力学抽象,利用流体力学的基本理论和数学工具来分析船舶阻力。由于船体形状及其运动情况极为复杂,且为便于理论研究引入了一些与实际情况有出入的假设,使理论方法只能定性地估算阻力,定量上尚有一些距离。

（2）阻力近似估算方法是根据船模系列试验结果或者是在总结、分析大量船模试验和实船试验的基础上得出的一种近似方法。所得结果的精度取决于设计船与母型船或图谱所依据的系列船模的相似程度，故要有针对性地选择估算方法。阻力近似估算方法很多，如以船模系列试验资料为基础的泰勒法、陶德法（系列 60），以分析大量船模试验和实船试航结果为基础的艾亚法、兰泼-凯勒法、以母型船的数据为基础的海军常数法、引申比较定律法，以及回归分析得到的 H-M 方法等。

（3）借助船模试验来确定船舶的裸体阻力是最精确的方法，设计新船时，往往要进行船模试验。船模试验就是将实船按一定比例（称缩尺比）缩小，在试验水池中测出船模的阻力，然后再按有关相似准则换算到实船。

4.4.2　船舶推进

1. 螺旋桨推进

船在水面航行，受到水与空气的阻力，船要保持一定的航速，必须不断地用推力克服阻力，如图 4-7 所示。

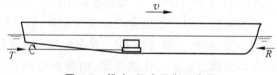

图 4-7　推力、阻力平衡示意图

推力 T 与阻力 R 大小相等方向相反且在同一作用线上。

船上的推力从何而来？通常是由人力、风力或机器马力转换而来的。为了实现这种转换，船上必须装有相应的推进器，否则即使有人力、风力或机器马力也无法推船前进。

对应于人力的推进器有桨、篙、橹等。

对应于风力的推进器有帆、旋筒等。

对应于机器马力的推进器有螺旋桨、明轮、喷水推进器等。

现今靠人力、风力推进的船仍然存在，但大多是小船，使用范围受到局限。可以说绝大部分船都安上了机器，凡是靠机器推进的船统称为机动船。

机动船上的推进器使用最多的是螺旋桨，因为螺旋桨结构简单、制造方便、操作可靠、效率较高。因此，本节仅限于介绍螺旋桨。

螺旋桨俗称"车叶"，样子像电风扇，如图 4-8 所示。它的结构可分为两部分：一是位于四周几片形状和大小都一样的桨叶；二是位于当中的圆锥形壳体，称为桨毂。桨叶和桨毂通常都是整体浇铸而成，有时也可用螺栓把桨叶分别固定在桨毂上组合而成。

桨叶的作用是吸收转矩发出推力，因此是螺旋桨的主体；桨毂起固定桨叶和连接螺旋桨轴的作用。

螺旋桨和主机通过轴系连在一起，有直接传动和减速传动两种方式，如图 4-9 所示。

船用主机无论是蒸汽轮机或是柴油机都是以转矩形式输出功率的，螺旋桨的作用是吸收主机传来的转矩，并把它转换成推船前进的推力。因此螺旋桨输出的功率是以推力做功的形式体现的。实现这种转换必然伴随能量的损失，因此引出推进效率的概念。所谓推进

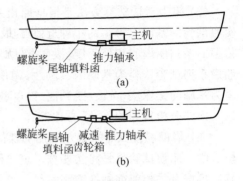

图 4-9　轴系示意图

(a) 直接传动；(b) 减速传动

图 4-8　螺旋桨外观

效率就是推进器发出的有用功率与吸收功率之比,如下式所示:

$$\eta_D = P_E / P_D$$

式中,P_E 为船体有效马力,它和螺旋桨发出的有效推马力相等；P_D 为螺旋桨收到马力,即主机传到螺旋桨处的马力,$P_D = \eta_S P_B$；η_D 为推进效率；P_B 为制动马力,即从柴油机输出轴处用制动器测得的机器马力。如果主机是蒸汽轮机,由于出轴处不能用制动器测马力而改用扭力仪测功率,则称为轴马力 P_S。现今大部分机动船的主机都用柴油机,蒸汽轮机通常用在大马力船上；η_S 为传递效率,由轴系中轴承、联轴节、离合器、尾轴填料函等的机械摩擦损失引起。如果主机与螺旋桨不是直接传动而是通过减速齿轮传动,还要考虑减速齿轮箱的效率。

机舱在船的中部,η_S 在 $0.95 \sim 0.97$ 之间；机舱在尾部,轴系较短,η_S 在 $0.97 \sim 0.98$ 之间。齿轮箱的效率约 0.96。这样

$$PC = \frac{P_E}{P_B} = \frac{P_E}{P_D} \cdot \frac{P_D}{P_B} = \eta_D \eta_S$$

式中,PC 为推进系数,它是推进效率与传递效率的乘积。PC 越高,船的推进性能越好。

因此,人们致力于提高推进系数,使机器马力尽可能多地转换成有用的功率。由于 η_S 已经接近于 1,提高的幅度有限,因此人们将花更多的精力研究如何提高推进效率 η_D。

进一步分析可知

$$\eta_D = \eta_0 \eta_h \eta_r$$

式中,η_0 为螺旋桨敞水效率,主要与螺旋桨要素相关；η_r 为相对旋转效率,主要与船尾桨盘处来流的不均匀性相关；$\eta_h = (1-t)/(1-\omega)$,为船身效率,是螺旋桨与船体间相互作用的影响项。其中 t 为推力减额,它表示螺旋桨对船体的影响,它将桨发出的推力 T 与船舶的阻力 R 联系起来($R = T(1-t)$)；ω 为伴流分数,它表示船体对螺旋桨的影响,它将船速 v_s 与桨的进速 v_a 联系起来($v_a = v_s(1-\omega)$)。

有时,当螺旋桨转速过快,叶片面积过小时,会产生推力发不出而达不到预定航速的现象,这时螺旋桨可能发生了空泡现象。所谓空泡现象是因为桨叶片上(通常为叶背)某处压力降至该温度下水的饱和汽化压力,使水产生空气泡从叶片上溢出的物理现象。空泡对螺旋桨是不利的。空泡现象有两个阶段:在第一阶段中,螺旋桨效率不降低,因为形成的空泡在叶片上是局部的,但会使叶片产生剥蚀；第二阶段中,空泡布满大部分($60\% \sim 70\%$)以至

整个叶背,使叶片在蒸汽和空气的混合气体中运动,因而性能降低,螺旋桨的效率下降。

螺旋桨设计时为避免和延缓空泡,最普通的方法是增加叶片面积或加大螺旋桨直径。如果有些高速舰艇因螺旋桨荷载过大,无法避免产生空泡现象,则一般将螺旋桨设计在第二阶段空泡中工作,宁肯降低一些效率,但使螺旋桨免除了剥蚀危险。

2. 特种推进器

1)导管螺旋桨

它是在螺旋桨的外围套上一个纵剖面为机翼型或类似于机翼剖面的折角线型套筒(图 4-10)。导管螺旋桨推进器可以提高重负荷螺旋桨的效率,其主要原因是导管内外部的压差产生一个附加推力以及能减小螺旋桨后水流的收缩,同时又能减少叶片本身在叶梢部分的效率损失。导管推进器又可分为固定式和转动式两种。前者称为定导管螺旋桨推进器,后者称为转动导管螺旋桨推进器。转动导管是导管可绕垂直轴转动,能起舵的作用,增加使船回转的力矩。

螺旋桨负荷过重时,采用导管推进器,其效率较普通螺旋桨高,因此它主要用于拖船、推船、拖网渔船等。

2)可调螺距螺旋桨

它是利用设置于桨毂中的操纵机构,能使桨叶绕垂直于桨轴的轴线转动,以改变叶片的螺距角的螺旋桨。由于桨叶的螺距可根据需要进行调节,因此在不同工作状态时,主机均能充分发挥其功率,但可调螺距螺旋桨机械复杂、造价和维修费较高,多用于桨的负荷有较大变动的船舶。

3)对转螺旋桨

对转螺旋桨又称双反桨。它由装在同心的两个轴上、以等速或不等速反向旋转的普通螺旋桨组成。单个的普通螺旋桨后的水流是旋转的,对螺旋桨来说就存在一个尾流旋转的能量损失,利用双反桨则可减少尾流旋转的损失并提高推进器本身的效率,但其机构复杂。鱼雷采用双反桨可以避免雷体滚动,保持航态。

图 4-10 导管螺旋桨

4)串列螺旋桨

它是装在同一轴上以同速同向旋转的两个螺旋桨所组成的推进器。这种推进器多数使用在主机功率很大,但受吃水的限制,螺旋桨的直径受限制而效率很低的情况下。同时,利用前后两桨桨叶之间合适的角度差也可提高推进器本身的效率。

5)360°回转式螺旋推进器

这种推进器的特点是推进器可绕垂直轴作360°的旋转,通常都带有导管,见图 4-11。

这种推进器能在水平面360°内任意方位上发出推力,使船舶能获得良好的操纵性。尤其突出的是它能使船舶后退的推力基本上和使船前进的推力相同。因而,这种推进器很适合在一些拖船和港口工作船上使用。其缺点是机构复杂,因主机轴与推进器轴之间不能直线相连接,必须经过两个 90°转向,呈 Z 形,故又称 Z 形推进器。

6)直翼推进器

直翼推进器也称竖轴推进器或平旋轮推进器,由 4~8 片垂直的叶片组成。叶片在圆盘上等间距布置,圆盘与船体底部齐平,如图 4-12 所示。圆盘绕垂直轴在水平方向旋转,各叶片以适当的角度与水流相遇,因而产生推力。通过偏心装置可以调节叶片与水流的相遇角度,故能发出向前、后、左、右任何方向的推力。装有直翼推进器的船舶具有良好的操纵性能,在船舶倒航时也不用主机反转。此外,直翼推进器的效率也比较高,约与普通螺旋桨相当。多数安装在操纵性要求良好的港口工作船上。由于结构复杂、造价昂贵、叶片的保护性差,因而这种推进器的推广就受到了限制。

 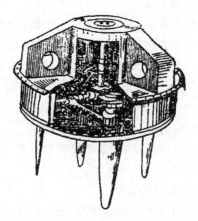

图 4-11　360°回转式螺旋推进器　　　　　　图 4-12　直翼推进器

7) 喷水推进器

它是一种依靠水的反作用力推船前进的推进器,由布置在船体内的水泵、吸水管、喷射管组成。喷口有在水上、水下和半水下几种形式。喷水推进器结构简单、工作可靠、船尾振动小,它还可使机器保持固定转速,而通过水泵或喷管出口面积的变化进行速度控制。还可用喷水方向的变化进行回转和倒航,甚至可使船原地回转,故其操纵性良好。由于推进器在船体内部,因而具有良好的保护性。图 4-13 所示为装在某水翼船上的喷水推进装置。

喷水推进器的主要缺点是水泵及喷管中水的重量均在船内,减少了船舶的有效载重量;管中水力损耗大,推进效率低,一般只有 0.45～0.55。

随着科学的发展,在吸收 Z 形推进器特点的基础上,还有一种 360°全回转式喷水推进器。它除了具有 Z 形推进器的优点外,其沉没深度只有 25～30cm,单位功率的推力在 118～186N 之间,适用于内河小型浅吃水船舶,也可用作大型船舶和顶推船队的首部助推装置。

正由于喷水推进器的水泵功率有限,加之它会减少有效载量,因此最适宜用在内河浅水小型船舶上。如我国自行设计建造的双节轴流泵喷水推进高速滑行艇,航速可达 55.5km/h以上。

8) 现代风帆

帆是最古老的一种推进器,后被螺旋桨所取代。随着现代船舶的大型化和节能需要,风帆又重新被重视起来。现代风帆利用机翼原理配以计算机自动调整风帆迎风的最佳角度,以获得最大的推力。现代风帆在海洋船舶上作为一种辅助推进装置使用,据报道可节省主机功率 10%～20%,它称作风帆助航节能船。图 4-14 所示为装有现代风帆的远洋运输船。

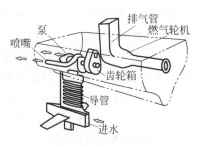

图 4-13 喷水推进装置

图 4-14 装有现代风帆的远洋运输船

推进器的种类不少,当前效率最高的仍属螺旋桨,只要精心设计,与船体合理配合,推进效率可达 0.7 以上。一般,海船比内河船高些。

为了提高船舶的推进效率,人们做了很多努力,提出了种种办法,例如在螺旋桨之前装置导流管(称前置导管),在螺旋桨后装置整流鳍、推力鳍等。

4.5 操纵性

远洋运输船舶长时间航行时,保持航向稳定非常重要。短程航行船舶,如港作拖船、港口工作船和拖船以及在内河狭窄航道中航行的船舶,经常要靠、离码头,需经常回转及改变其航向,因而船舶的回转性和转首性就显得重要了。

船舶的航向稳定性、回转性和转首性是船舶操纵性的三方面内容。

所谓航向稳定性,是表示船舶在水平面内的运动受扰动而偏离平衡状态,当外界扰动消除后能回复到其原有平衡状态的性能。

所谓回转性,是表示船舶在一定舵角作用下,能迅速改变航向并作回转运动的性能。

所谓转首性,是表示船舶应舵转首的性能。

船舶的操纵性与航行的经济性、安全性密切相关。如海上直航,若航向稳定性较好的船,就用不着经常操舵即能维持航向,且航迹也较接近于直线。而航向稳定性较差的船舶,则要频繁操舵以纠正航向偏离,故需经过一个曲折得多的航迹。这一则增加了实际航程,再则由于校正航向偏差而增加了操纵机械和推进机械的功率消耗。通常由于上述原因而增加的功率消耗约占主机功率的 2%～3%,而航向稳定性很差的船甚至可高达 20%。由此可见船舶的操纵性对船舶营运的经济性有重要影响。

据国外资料统计,每年失事船舶约 200 艘,总吨位约为 120 万总吨,约占世界船队的 0.4%,这相当于每 15 天失事一条 5 万 t 级的船舶。1984 年第十七届国际船模试验池会议(ITTC)操纵性委员会提出的对美国海岸警卫队提供的 835 起船舶碰撞、触底事故进行统计分析的报告表明,35% 是由于操纵性欠佳而引起的。

不论是保持航向稳定或者是改变航向,都须依靠船舶的操纵装置来实现,而应用最广、效率较高的操纵装置就是舵。

图 4-15 表示了舵的转船力矩和对船的回转作用。当舵向右转动一舵角 α 后,由于水流的作用,根据机翼原理产生一个舵力 F_n,垂直于舵叶,此舵力可分解为纵向分力 F_x 和横向分力 F_y。F_x 有增加船的阻力的作用;F_y 对船舶重心 G 产生一个力矩,使船绕重心 G 向右

回转。此时船体纵中剖面与船舶的运动速度 v 的方向之间形成一个漂角 β,同时船舶具有绕重心 G 的回转角速度 ω。船体可看作一个机翼,β 就相当于机翼的攻角。因此,船体本身也产生一个向右舷的力 P_n 和阻力 P_T。它们在 y 方向的投影为 P_y,由于 P_y 的存在对重心 G 也形成一个使船向右回转的转船动矩,使 β 角增大,也使回转角速度 ω 增加。然而水流给船一个阻止回转的阻力,对重心 G 构成一个阻尼力矩 M_ω,随着 ω 增加,M_ω 也增加。当 M_ω 与舵力 F_y、船体作用力 P_y 所构成的转船力矩相等时,船舶的漂角 β 不再增大,船舶就进入稳定的回转状态。若保持舵角不变,也无其他外力干扰时,船舶航行的轨迹就是一个圆,这个圆称为船舶的回转圈。回转圈直径越小,表示船舶的回转性能越好。通常用回转直径除以船长的倍数来表示船舶回转性的好坏。一般民用船舶的 D/L 值见表 4-2。

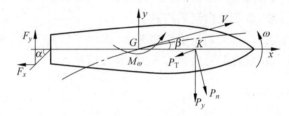

图 4-15　船舶回转时的受力分析

表 4-2　民用船舶的 D/L 值

船 舶 类 型		最大舵角时稳定回转直径/船长(D/L)
海船	油船	3.5～7.0
	货船	4.0～6.0
	客货船	3.0～5.0
	拖船	1.5～3.0
内河船	客货船	1.5～3.5
	油船	2.5～4.0
	推船、拖船	1.0～2.0
	顶推船队	4.0～6.0
	30m 以下小船	1.5～3.5

船舶操纵性好坏还可用两个操纵性指数 K 和 T 来表示。它们的物理意义为

$$K = \frac{\text{单位舵角的回转力矩}}{\text{单位回转角速度时的黏性阻尼}}$$

$$T = \frac{\text{船舶惯性}}{\text{单位回转角速度时的黏性阻尼}}$$

相对回转直径 D/L 与 K 成反比,K 值越大,则相应的回转直径越小,意味着回转性好。

从操舵到船舶进入稳定回转的时间与系数 T 值相关,T 值越小,表示操舵到进入稳定回转的时间越短,这意味着对操舵的响应特性越好。而且,较小的 T 值将使外界的扰动运动较快衰减,即产生的偏航就小,故 T 值为小正值,船舶的航向稳定性就好。

显然,对于操纵性良好的船,应具有大的正 K 值和小的正 T 值。由于船舶的回转性和航向稳定性之间互相矛盾,所以往往 K 大 T 也大,K 小 T 也小。从其物理意义上可见,若增加单位回转角速度的黏性阻尼,则可使 K 值下降,即意味着回转性变差,航向稳定性改善,可见这种措施必将在回转性和航向稳定性之间产生矛盾的结果。若能设法在不改变黏性阻尼条件的情况下增加舵效,提高单位舵角的回转力矩,则可有效地改善其回转性能,而又不损害航向稳定性。

为了改善船舶的操纵性,尤其是小舵角时的操纵性,提出了不少具有较高舵效的舵,如襟翼舵、转柱舵、组合舵等,它们可提高舵力 1.5～2.5 倍,其形状分别见图 7-7、图 7-10、图 7-9。

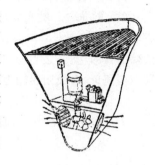

操纵装置除了应用舵,及 4.4 节介绍的传动导管螺旋桨推进器、Z 形推进器、直翼推进器和 360°回转式喷水推进装置外,还可应用首部横向喷水转向装置。喷水转向装置在操纵性差的大吨位肥大船上使用较多。它是利用喷射出去的水柱的反作用力,使船舶得到一定的侧向推力,以提高船舶的操纵性。这种装置又称首部侧推器。图 4-16 所示为喷水转向装置的一种形式,其侧向推进器由电动机带动,螺旋桨叶片角度由液压操纵,可使水流向左舷或右舷,整个系统由驾驶室控制。

图 4-16 首部侧推器

4.6 耐波性

船舶在波浪的作用或其他因素影响下会产生横摇、纵摇和升沉运动。通常在风浪中见到的摇摆,实际上是上述 3 种基本运动的叠加。图 4-17 所示为船舶的横摇及其摆幅。

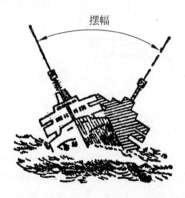

摆幅

图 4-17 船舶的横摇及其摆幅

剧烈的摇摆会引起以下后果。

（1）由于剧烈的横摇和产生额外惯性力的结果,使固定不良的或散装的货物移动,可能迫使船舶过分倾斜而倾覆。

（2）由于纵摇和升沉运动产生的附加应力导致船体折断或局部损坏。

（3）由于船舷或船舶首、尾淹没在波面下而使甲板上浪。

（4）由于摇摆尤其是纵摇和升沉运动,不仅使阻力增加,而且使推进器的效率降低,导致航速降低。严重的纵摇运动会使推进器露出水面,因负荷猛然减小、主机转速突增（称为"飞车"）,而可能损坏主机。为避免飞车现象的发生,往往人为地降低主机转速而使航速大大下降,称为船舶失速。

（5）引起乘员晕船,工作条件恶化。

（6）由于摇摆运动而影响机器设备及航海仪器的正常运转和使用。

耐波性研究的目的就是要设法减少船舶在波浪中的摇摆运动幅度,避免船舶剧烈摇摆运动的发生。摇摆及升沉运动越缓和,摆幅越小,船舶的耐波性能越佳。对于海船来说,耐波性是一项重要的航行性能。

横摇是船舶耐波性的重要内容,具有良好耐波性的船舶,其横摇一定是缓和的,其摆幅也很小。横摇缓和的程度常以船舶的横摇周期来表示。所谓横摇周期是指完成一个全摇摆过程所需的时间,就是图 4-17 中船舶从原始正浮位置向左、右舷摆动到最大倾斜位置 ϕ_m,再摆回到正浮位置所需的时间。

横摇周期越大,横摇就越缓和,通常认为沿海船舶的横摇周期应在 8s 以上。但横摇与初稳性是矛盾的,初稳性好的船,其横摇周期短。可见,为了保证横摇的缓和性,海船的初稳性高度不能过大。

为了改善船舶的横摇性能,通常在船上装设减摇装置。

(1) 舭龙骨。舭龙骨是在舭部安装的长板条,见图 4-18。舭龙骨的宽度为 $0.3\sim1.2m$,或取船宽的 3%～5%,其长度为船长的 25%～75%。舭龙骨能增大横摇阻尼,以达到减小摆幅的目的,尤其是当船舶的周期性摇摆与波浪的周期发生共振摇摆时效果最显著。由于其结构简单,在民用船舶上广泛采用。舭龙骨有整体型的,也有间断型的,后者多用在快速船上。

为了减小舭龙骨对船舶前进运动的阻力,舭龙骨要顺着舭部水流流线方向安装。

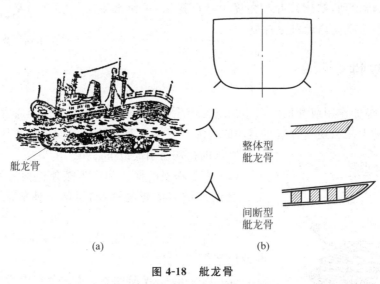

舭龙骨

整体型
舭龙骨

间断型
舭龙骨

(a)　　　　　　　　　　　　(b)

图 4-18　舭龙骨

(a) 舭龙骨示意图;(b) 舭龙骨形式

(2) 减摇鳍。减摇鳍也称侧舵,见图 4-19,它是装在舭部可操纵的机翼,有的装一对,也有的装两对。它可绕轴转动。船舶在摇摆过程中,通过控制机构自动调整减摇鳍机翼相对于水流的角度,使左右两个减摇鳍产生最大的与摇摆方向相反的力矩,达到减摇的作用。这种减摇装置效果较好,对航速较高的客船尤为显著。但机构复杂、造价高,因为考虑进港靠码头时,要将它收缩到船体内部去。

(3) 减摇水舱。减摇水舱是在船体内部设置的左右连通的水舱,当船舶发生横摇时,该水舱里的水也随之从一舷移到另一舷,通过控制连通管道截面尺寸或配以调节装置,调节控制两侧的水位差及摇荡周期,使左右水舱中水的重量差产生与摇摆方向相反的力矩达到减摇的目的。前者称为被动式减摇水舱,后者称为主动式减摇水舱,见图 4-20。此外,还有陀螺减摇装置。

减摇鳍、主动式减摇水舱和陀螺减摇装置造价高,多在军用舰艇和远洋客船上应用。其中陀螺仪减摇装置目前很少采用。

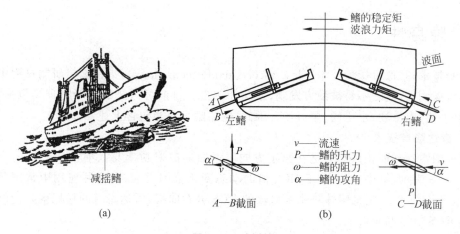

图 4-19　减摇鳍

（a）减摇鳍示意图；（b）减摇鳍的作用原理

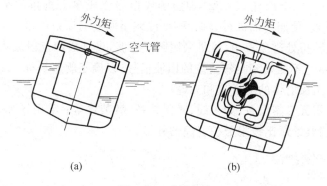

图 4-20　减摇水舱

（a）被动式；（b）主动式

表 4-3 所示为一些减摇装置的减摇效果和主要优缺点。

表 4-3　各类减摇装置的性能及效果

性能及效果	可收缩式 减摇鳍	非收缩式 减摇鳍	主动式 减摇水舱	被动式 减摇水舱	舭龙骨
减摇效果/%	90	85	60	50	35
低速有效性	无	无	有	有	有
占排水量百分数/%	1	0.6	1~4	1~2	0
对初稳性不利影响	无	无	有	有	无
对阻力不利影响	工作时有	有	无	无	很小
所需动力	小	小	大	无	无
占据船体内空间	一般	少	一般	一般	无
被损坏可能性	收进时无	有	无	无	有
造价	较高	一般	一般	低	极低
维修费	一般	高	一般	低	低

4.7　隐身性

隐身技术即"低可探测技术"(low ascertainable technology),指在舰船研制过程中设法降低其可探测性,使之不易被敌方发现、跟踪和攻击。目前可探测的舰船物理场包括雷达、声呐、红外线、电磁场、水压场、尾流场。因此,舰船隐身应当包含上述几方面。

1. 雷达隐身技术

目标的雷达截面积(RCS)是在给定方向上返回的散射功率与入射功率之比的一种量度,用符号 σ 表示,单位 m^2。由于 RCS 值的动态变化范围很大,在实际应用中常用其分贝值 dB 表示。图 4-21 是某船体一中部区段的 RCS 分布曲线,雷达隐身的目标就是使舰船各方向的 RCS 值尽可能小。

1) 外形隐身技术

通过改变目标外形降低目标的 RCS,主要措施有:

(1) 船体水线以上、上层建筑外壁、烟囱的线型修整成多个折角的平面,并适当倾斜。避免与水面相互垂直,使照射面进行异向反射,以减小回波的反射能量。

(2) 上层建筑转折处避免直角,尽量采用圆弧过渡,设计成使反射波集中于水平面内的几个窄波束,致使雷达不能得到足够连续的回波信号,以确定舰船目标。

(3) 消灭形成角反射体的通道口和夹缝。

(4) 尽量减少露天暴露设备,如天线、武器装备、舾装件等;采用导弹垂直发射技术等。如图 4-22 所示为瑞典维斯比级隐身护卫舰的外形。

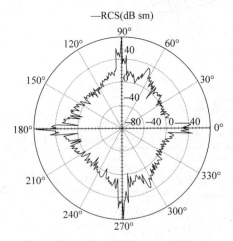

图 4-21　某船体中部段的 RCS 分布

图 4-22　瑞典维斯比级隐身护卫舰

2) 材料隐身技术

采用吸收雷达入射电磁波能量的材料制作舰体。理想的吸波材料应具有吸收能力强、厚度薄、重量轻、频带宽,能承受日晒、风雨、盐雾、振动等恶劣环境,有良好的施工工艺性,坚固耐用和价格便宜等优点。但实际上上述要求不可能都同时达到。

采用材料隐身的实用原则是在形状复杂、可能产生角反射体及关键部位处涂覆吸波材料,使用隐身玻璃做舷窗,以显著降低强反射区域的 RCS,又不过多增加造价。

按吸收电磁波的方式,分为谐振型吸波材料和吸收型吸波材料;按其成形工艺和承载能力,分为涂覆型吸波材料和结构型吸波材料。

涂覆型吸波材料:羟基铁吸收剂、铁氧体吸收剂、金属及其氧化物磁性超细粉末、耐高温陶瓷、手性材料、导电高聚物材料、纳米隐身材料、多晶铁纤维吸收剂等。

结构型吸波材料:是以非金属为基体(如环氧树脂、热塑料等)填充吸波材料(铁氧体、石墨等),并用低介电性能的特殊纤维(如石英纤维、玻璃纤维等)增强的复合材料,它既能减弱电磁波散射又能承受一定的载荷。与一般金属材料相比,其重量轻、刚度大、强度高。

3) 电子对抗技术

电子对抗可以有许多方法。例如,通过远距离的干扰机使敌方雷达显示器饱和,以掩藏真目标;用箔条、欺骗性干扰机造成假目标,以破坏雷达对目标的跟踪等。

不管是哪种类型的电子对抗,作为一个完整的对抗系统,总是由三部分组成的,即传感器、计算中心和执行部分。现代舰船雷达对抗系统的传感器就是雷达侦察机,计算中心是系统控制操作系统,执行部分是雷达干扰设备(有源的和无源的)。

2. 声隐身技术

声隐身是为了躲避声呐探测和音响水中兵器的攻击。

声呐是舰艇的耳目,是进行水中探测、跟踪、定位、识别、导航、通信、遥感、遥控和遥测的设备。"二战"后声呐技术得到迅速发展。主动声呐作用距离发展到几百链;被动声呐的作用距离发展到近千链(1 链$=0.1$n mile$=185.2$m)。测向精度也提高 10 倍以上。

采用气幕降噪技术,在舰壳水下及螺旋桨部位向水中喷射压缩空气,形成一定厚度的气幕能有效屏蔽、衰减、散射舰艇的水下宽频带辐射噪声,大幅降低水下辐射噪声($6\sim10$dB)和本舰声呐的自噪声($3\sim5$dB),改变水下辐射噪声特征,衰减敌主动声呐信号的反射。由于该技术降噪效果显著、造价低廉,因而广受各国海军青睐,美国除航空母舰外的护卫舰以上所有舰艇都装有气幕降噪系统。

采用七叶大侧斜低噪声螺旋桨,延迟空泡产生,提高临界转速,避免螺旋桨唱音,减小螺旋桨噪声。或采用泵喷推进方式,降低推进器水下噪声。

在舰体内采用浮筏技术,解决多机组强振动的隔振问题。一般振级浮筏的落差为(35 ± 5)dB,舱筏振级落差为(40 ± 5)dB。管道改用弹性支撑和挠性连接,减低管路噪声。在舰体表面敷设消声瓦,可以使目标强度衰减 $7\sim12$dB。此外,还可采用水声对抗技术。

3. 红外隐身技术

红外技术在军事上用于成像、跟踪、侦察、制导、预警、遥感、探测、测量等。红外系统有精度高、抗电磁干扰强、保密性好等特点,受到世界各国的高度重视。

红外热成像技术实质是一种波长转换技术,把红外辐射转换为可见光,利用景物各部分辐射的差异获得图像的细节。通常采用 $3\sim5\mu$m 和 $8\sim14\mu$m 的两个波段。

未来海战要求导弹具备对抗任何一种干扰、在极其复杂的背景和众多目标下识别和选择攻击目标的能力。红外成像导引头可感受十几千米远处目标温度的微小差异(0.2℃),形成分辨率极高(0.1mrad)的红外辐射图形,提供制导信息。其命中精度在有效作用距离内可达 0.5m 左右,是当前最先进的导引技术之一。

在舰船红外场中,烟道表面和烟气的辐射能,在中红外区达到全船辐射信号的 99%,在远红外区达到全船辐射信号的 48%;而烟道表面积和排气烟流的投影面积还不到上层建筑和主船体的 2%。红外抑制的主要任务是冷却排气烟筒的可见部分,同时也冷却烟气本身。如采用双层烟筒,让冷空气进入烟道降低烟筒和排气温度;在烟道上加水套,用水带走热量;用红外吸波涂料覆盖烟筒,用隔热材料对烟道隔热;采用矮于周围建筑的烟筒,以遮挡、消散排气温度;采取舷侧排气;柴油机水下排气等。

在燃料中加入特殊元素,在燃烧过程中直接吸收红外波;或利用化学元素的特殊性质,通过吸热反应降低红外辐射;或改变红外辐射波长,避开敏感波长带。

采用喷淋水幕,将舰艇"笼罩"起来,使之与环境融为一体,达到降温、屏蔽的效果。如俄罗斯的"现代"级驱逐舰、美国的"杜鲁门"航空母舰、印度的"德里"驱逐舰、英国的"海幽灵"护卫舰都采用了该技术。

使用红外诱饵和红外烟幕,如烟火剂类红外诱饵、凝固油类红外诱饵、红外气球诱饵、红外综合箔条等实施欺骗。

4. 磁隐身技术

磁隐身是为了减少(或消除)舰船遭受磁性水雷、鱼雷和其他水中兵器的攻击和防止空中高灵敏度磁性探测器探测水下的潜艇,使其丧失隐蔽性。

磁隐身主要是消磁,对舰船磁场进行抵消和补偿。抵消是指舰船磁场通过强大电流进行磁性处理,从某种初始状态变化到另一种预期状态,或使舰船磁场及舰船磁场梯度减小接近于零。补偿则是指对舰船磁场进行中和的措施,它可以在舰船上安装消磁线圈,产生线圈磁场进行中和,也可通过临时性线圈磁处理,产生固定磁场进行中和。

5. 水压场隐身技术

中型以上舰船正常速度航行时,在数十米深的海底引起的压力变化的峰值,通常可达数百帕甚至数千帕的可观数值。由于舰船水压场与舰船磁场、舰船声场不同,其辐射功率通常在数百万瓦以上,极难人工模拟,因此,舰船水压场一经发现,就引起了广泛的重视。

早在第二次世界大战末期,德、美、苏等国就先后研制成了利用舰船水压场作用而动作的水压水雷,并投入实战,收到良好效果。同时,为保障己方舰船的航行安全,还研究了舰船对水压水雷的防护措施——限速航行,这些措施在盟军诺曼底登陆等战斗行动中受到实战考验。

6. 尾流场隐身技术

舰船在海洋中航行时,会在其尾部留下踪迹,称为尾流。尾流是由大量气泡组成的,这些气泡的回波信号具有非平稳随机过程的特征。当主动声呐发射窄带信号时,其回波的相位与时间的倒数,即"瞬时频率"含有较为丰富的目标信息。尾流自导鱼雷就是采用交替转向,反复穿越尾流的方式来跟踪目标的。舰船尾流的范围大,持续时间长,不容易消除,不容易伪装,进行人工干扰检测更困难。研究尾流场的主要目的是为了探测潜艇和鱼雷等水中兵器。目前,尚无有效的控制尾流场的方法。

复习思考题

1. 船舶的航行性能有哪几个方面的内容?
2. 船舶漂浮于水中,有可能出现哪几种浮态? 其最基本的平衡条件是什么?
3. 船舶受到外力作用横倾时,当外力消失后,船舶要满足什么条件才能回复到正浮状态?(不考虑船舶惯性影响。)

4. 初稳性高 GM 值是否越大越好？

5. 提高船舶稳性的方法有哪些？

6. 静水力曲线是表征船舶静水力性能很重要的一张图纸，它包括哪些内容？

7. 什么叫安全限界线？两舱制船是什么含义？

8. 改善船舶抗沉性有哪些方法？

9. 船舶快速性包括哪两个部分的内容？

10. 船舶阻力可分为裸船体阻力和附加阻力，它们各由哪些阻力项组成？

11. 确定船体阻力有哪些方法？

12. 船舶推进器的作用是什么？试列出 5 种类型的推进器。

13. 对螺旋桨推进而言，主机的功率要经过哪些损耗才能转化为推动船舶前进的有效推马力？

14. 什么是空泡现象？它对螺旋桨有何影响？

15. 喷水推进器有哪些优缺点？

16. 船舶操纵性有哪几个方面的内容？内河船和远洋海船对操纵性的要求是否相同？

17. 操纵装置有哪些？（举出 3 例）

18. 船舶在波浪中航行时，会产生哪几种基本运动？

19. 改善船舶横摇性能的措施有哪些？

20. 现代舰船隐身技术有哪些？简述其基本原理。

第 5 章

船体结构

5.1 船体的构成和形式

船舶从建造到下水、航行直至最后报废的整个过程中,均要受到许多不同外力的作用。研究船体结构的目的,是使船舶在这些外力的作用下:

(1) 保证船体不被破坏而具有足够的强度;

(2) 保证船体不致有过度变形而影响其使用,具有足够的刚度;

(3) 设计出合理用料、尺寸最小、重量最轻、建造成本低、经济性好且安全可靠的船体。

船体结构是由板材和骨材组成的,包括主船体和上层建筑结构两部分。前者习惯指上甲板及其以下的部分,由船底、舷侧、甲板、首尾端、舱壁等结构组成;后者为上甲板以上部分。

船体结构的作用是使船体具有一定的外形、漂浮能力和强度,并分隔成各种舱室的水密的内部空间。船体是由板和骨架组成的长箱式结构,它由船底板架、舷侧板架、甲板板架和舱壁板架等构成。各个板架相互连接,相互支持,使整个主船体构成坚固的空心的水密体。

板架由板和焊在板上的纵横交叉的骨架组成。尺寸较小的型材叫骨材,数目多,间距小;尺寸较大的型材叫桁材,数目少,间距大。板架结构见图 5-1。

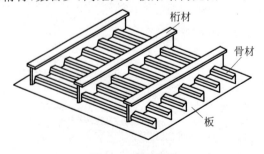

图 5-1 板架结构

骨架的形式可分为纵骨架式、横骨架式和纵横混合骨架式三种。

（1）纵骨架式。骨架主要沿纵向布置；只设数量少而间距较大的强横向骨架，将板材分隔成长边沿纵向的矩形板格。

（2）横骨架式。骨架主要沿横向布置，数量多且间距密；沿纵向只设少量且间距较大的强桁材，把被支承的板材分隔成许多长边沿横向的矩形板格。

（3）纵横混合骨架式。在纵、横两个方向上布置的骨架其数量、尺寸和间距值相差不多，被分隔成的板格接近正方形。这种骨架形式在船体结构中很少采用。

纵骨架式和横骨架式结构各有优缺点。纵骨架式结构的优点是：多数纵骨纵向布置，参加船的总纵弯曲，故提高了船体的总纵强度；同时由于纵骨布置较密，因此也提高了板的稳定性。这样相应地可减小板的厚度，减轻结构的重量。缺点是施工比较麻烦。

横骨架式的优点是：多数骨架横向布置，横向强度较好；结构简单，建造方便。缺点是在同样受力情况下，板的厚度要比纵骨架式大，结构总重量较大。

根据强度和使用要求，通常横骨架式多用于内河船、小船；纵骨架式多用于海船、油船和军舰。即使在同一条船上其骨架形式也不尽相同，如有的货船，上甲板和船底采用纵骨架式，舷侧和下层甲板采用横骨架式，首尾端多采用横骨架式。根据船体上正应力的分布特点，这样的选择是合理的。

5.2 船体强度

5.2.1 作用在船体上的力

1. 船体的总纵弯曲

在静水中船舶受到的外力有重力和浮力。重力包括船体本身的重量，如船体结构、各种设备等，这些重量是固定不变的；而货物、旅客、燃料、水等，这些重量是可变的。浮力等于船体排开水的体积和水的重度 ω 的乘积。重力向下，其合力 W 通过船舶的重心 G。浮力向上，其合力通过浮心 B 点。若船舶在静水处于平衡状态，则其重力与浮力应大小相等方向相反（见图 5-2）。

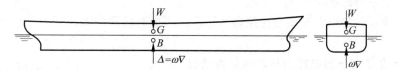

图 5-2　静水中船的平衡状态

以上是指总体而言，在不同横剖面处，重力与浮力并不相等。因为重力和浮力沿船长方向分布不一致，故作用在每一段上的重力与浮力并不相等。设想将船体沿长度方向分割成若干段，并假定段与段之间可以上下自由移动。则每段在力 $q(x)=p(x)-v(x)$ 作用下，段与段之间要产生上下移动，这里 $p(x)$ 是重力分布曲线，$v(x)$ 是浮力分布曲线。

事实上船体是一个整体结构，当然不可能发生如图 5-3 所示的那种移动，因此在船体结构内部就会有内力发生，使船体产生弯曲。其弯矩在船舯最大，向首尾逐渐减小。

船舶在波浪上，船体内产生的弯矩要比静水中大。如果船舶遭遇的波浪长度等于船长，

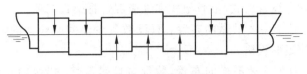

图 5-3　船体变形趋势

而且波浪传播的方向又与船的航行方向一致或相反(正对着船)时,由于船与波浪相对运动的结果,必然有时候波峰在船舯,有时候波谷又在船舯。当波峰在船舯时,船舯的浮力大大增加而船两端的浮力却大为减小,于是船舯浮力大于重力而两端重力大于浮力。这样船舯就要向上拱起而两端下垂,这种状态称为"中拱",此时船的甲板受拉伸而船底则受压缩。同理,当波谷在船舯时,船舯吃水减小,重力超过浮力;船的首尾吃水增加,浮力大于重力。于是船舯下垂而首尾两端上翘,这种状态叫作"中垂"。显然,中垂时船的甲板受压而船底受拉,如图 5-4 所示。

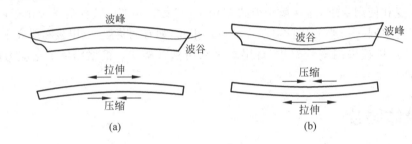

图 5-4　中拱和中垂

(a) 中拱弯曲;(b) 中垂弯曲

由于中拱与中垂是交替作用的,于是船的甲板和船底就会反复地受到拉伸和压缩,这比单纯的受拉伸或压缩要严重得多。我们在折断钢丝时总是反复地折扭,自然能体会到这种交替作用比单纯弯曲更容易将物体折断的道理。事实上,船体由于强度不够以及某些结构上的不合理和工艺上的缺点等原因,而被完全折断的情况并不少见。

此外,船舶在波浪中航行,还因船体升降、纵摇、横摇等运动而产生惯性力,它们对船体结构都会产生不利的影响。

船舶在静水和波浪中因重力与浮力不平衡而产生的纵向弯曲遍及整个船体,我们称为"总纵弯曲"。

2. 作用在船体上的局部力和其他受力情况

船体在静水或波浪中除了产生总纵弯曲外,它的部分结构如船底、船舷水下部分还受到局部水压力,内底、甲板受到货物等横向载荷作用,产生局部的弯曲,如图 5-5 所示。

此外,船尾还会受到螺旋桨旋转所产生的脉动压力;机器运转不平衡引起的振动力;进坞时墩木的支反力;碰撞时的撞击力,搁浅时的支反力;冰区航行时冰块挤压力以及军舰上火炮、导弹发射时的后坐力等局部力。无论从大小还是作用范围来看,这些力都要比全局性的重力和浮力小得多。

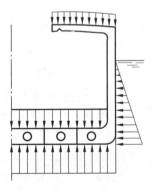

图 5-5　船体的横向载荷

5.2.2　船体总强度和局部强度

1. 总纵强度

船舶在外力作用下产生总纵弯曲。若船体结构的强度和刚性不足,就有可能使船体总体或局部的结构发生断裂或严重变形。船体结构抵抗纵向弯曲不使整个结构遭受破坏或严重变形的能力称为总纵强度。一旦船体结构遭到破坏或严重变形,船舶和人员的生命财产安全将会受到严重威胁,所以,船舶的总纵强度是船舶设计、制造和使用过程中必须高度重视并密切关注的问题。

在研究船体的总纵强度时,将船体看作是变断面的空心梁(即船梁)。它抵抗总纵弯曲的能力是由船梁的横剖面模数决定的。通常最大总纵弯曲正应力出现在船舯约占 1/4 船长区域内的上甲板和船底板,见图 5-6。所以上甲板和船底板总是较厚。

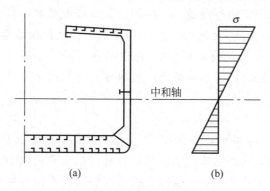

图 5-6　弯曲正应力在船梁上的分布
(a)船梁横剖面;(b)弯曲正应力

2. 横向强度和局部强度

船舶在水中除了产生总纵弯曲外,也会产生横向弯曲。横向强度是指横向构件(如肋骨框架和横舱壁)抵抗横向载荷不至破坏和永久变形的能力。

船体的局部强度是指个别构件对局部载荷的抵抗能力。有时船体的总强度能得到保证,但局部强度不一定能保证。如船舱破损进水时,船内的某些局部构件在水压力作用下可能发生破坏或严重变形。

在讨论强度问题时,还必须保证船体骨架和板的刚性。所谓刚性,是指变形的大小,我们说船体结构的坚固性就是指既要有足够的强度又要有足够的刚性。有时船体结构并未破坏,但其变形过大或丧失稳定性同样是不允许的。两端受压的细长杆和受平面压缩力的薄板都非常容易丧失稳定性,失稳的构件是不能继续受力的。所以,船上有些构件的尺寸并不是根据受力会不会断裂来决定,而是根据刚性要求来确定的。

5.3　主船体结构

5.3.1　主船体的组成

主船体结构由众多的板和构架组成。板包括外板和甲板,外板根据其在船体上的位置不同,分别称为船底板、舭部板和舷侧板。构架则分别有船底、舷侧、甲板和舱壁构架等。

1. 外板和甲板板

外板和甲板板是船体结构的主要构件。外板又称"船壳板",是构成船体外壳的板材之统称。甲板是指位于内底板以上、用于封盖室内空间或将其分割成层的大型板架。上甲板(主船体最上层的连续甲板)和船底板是船梁的上、下翼板,舷侧板是船梁腹板的组成部分。它们是船体承受总纵弯曲、保证总纵强度的主要构件,也是承受横向载荷的重要构件。此外,外板还起着形成船舶外形,保证船舶的水密性使之具有浮力和运载能力的作用;上甲板作为船体水密顶板,起着遮蔽舱室空间的作用;上、下甲板还供安置各种设备和载货等。

甲板上通常有各种大小不同的开口,如货舱口、机舱口、梯口等,以供人员、机器设备及货物等出入船舱之用。

不同部位的外板和甲板板厚度是不一样的。上甲板板和船底板较厚,因为它们作为船梁的上、下翼板所受的应力最大。船底板中又以中间一列龙骨板最厚,因为龙骨板还要承受进坞时坞墩的反力和磨损。所有的板沿船长方向,在船舯 0.4 船长区域内较厚,并保持不变,然后逐渐向船的两端减薄,过渡到端部的板厚度。这是由于船舯的总纵弯曲力矩最大,而两端趋于零的缘故。

2. 船底结构

船底位于船体最下部,对于保证船体的总纵强度和局部强度起着重要作用。

船底有单底和双层底两种结构。单底结构只有一层船底板,结构简单,施工方便,多用在小型船舶上。双层底比单底多了一层内底板。双底结构不仅强度好,而且万一外底破损进水后还有内底防止水漫延,提高了船舶安全性。另外,双层底舱还可用来装载燃油、滑油、淡水或作压载水舱(改善船舶航行状态、提高稳性)。几乎所有海船均设置双层底,一些内河船和小型船舶在机舱等重要部位也采用双层底。

船底结构有下列四种形式:横骨架式单底结构、横骨架式双层底结构、纵骨架式单底结构(主要用于小型军用舰艇)和纵骨架式双层底结构。

3. 舷侧结构

舷侧结构是指船舶主体两舷的侧壁结构。舷侧结构不仅起着船梁的腹板作用,还承受舷外水压力,舱内货物的重力,波浪冲击力,冰块的撞击挤压力等作用。其上端与上甲板、下端与船底牢固地连接形成一个坚固的框架,以相互支持、相互传递作用力,保证船舶的强度和刚性。

舷侧结构有横骨架式和纵骨架式两种形式。前者多用于民船,后者多用于军舰和油船。横骨架式的优点是制造方便,横向强度好。纵骨架式的优点是船体的总纵强度好,外板稳定性好。

4. 甲板结构、舱壁结构

甲板结构由甲板板和甲板骨架组成,起着提供船舶使用面积和保证船体强度的作用。舱壁是将船内空间分隔成舱室的竖壁。横向布置的称为横舱壁,纵向布置的称为纵舱壁。舱壁在主船体中与甲板、船底、舷侧结构相互支持,形成闭合的立体结构,是保证船体强度和刚性的重要部件。

船舶根据需要沿船长设置若干道水密横舱壁,该舱壁不透水(油)。当船舶的一舱或数舱破损进水后,它限制进水向全船漫延,提高了船舶的生命力和抗沉性。另外,船舶被分隔成若干水密舱后,也有利于满足使用要求。在水密舱壁上敷以各种隔热材料构成各种防火分隔,起到隔断和防止火焰及烟气漫延的作用。油舱和水舱用纵舱壁分隔,还能起到限制液体摇荡,减小自由液面对船舶稳性的影响等作用。

舱壁由舱壁板、垂向扶强材或水平扶强材构成,有时还加设与扶强材正交的水平桁材或垂直桁材。

5.3.2 典型横剖面结构

船体结构是非常复杂的,沿船长不同部位的结构往往不一样。因此,每一条船都必须设计和绘制若干个典型的横剖面结构图,如货(客)舱剖面结构图、机舱剖面结构图等。在典型横剖面结构图上,可清晰地看出船体结构的骨架形式,各种构件的型号、尺寸、位置等。这是一张非常重要的图纸,不仅船体专业用到,轮机专业在考虑主、辅机布置时也一定要用到机舱的横剖面结构图。下面介绍几种船舶的典型剖面结构。

1. 杂货船

图5-7所示为杂货船横剖面结构,其舷侧为横骨架式,甲板为纵骨架式,船底为双层底纵骨架式。

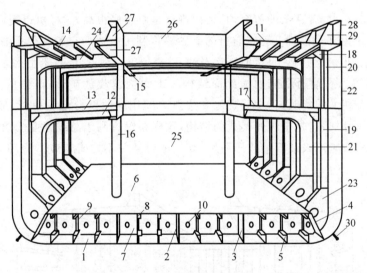

图 5-7 杂货船横剖面结构

1—船底板;2—中底桁;3—旁底桁;4—内底边板;5—船底纵骨;6—内底板;7—肋板;8—内底纵骨;9—加强筋;10—减轻孔;11—上甲板;12—强横梁;13—横梁;14—甲板纵骨;15—甲板纵桁;16—支柱;17—下甲板;18—梁肘板;19—肋骨;20—甲板间肋骨;21—强肋骨;22—舷侧外板;23—舭肘板;24—舱口端横梁;25—横舱壁;26—舱口围板;27—肘板;28—舷墙;29—扶强肘板;30—舭龙骨

2. 散货船

图5-8所示为装运谷物和煤的散货船的货舱结构,甲板和舷顶部、双层底和舷侧下部是纵骨架式结构,舷侧中部是横骨架式结构。

3. 矿砂船

矿砂船用于装载铁矿石等比重较大的矿砂,其结构要求与普通散货船不同。重矿砂对

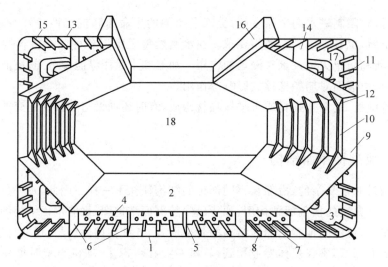

图 5-8 散货船横剖面结构

1—船底板；2—内底板；3—船底肋板；4—内底纵骨；5—中底桁；6—旁底桁；7—肋骨；8—船底纵骨；9—舷侧外板；10—肋骨；11—舷侧纵骨；12—肘板；13—甲板；14—甲板纵桁；15—甲板纵骨；16—舱口围板；17—舷顶边舱；18—横舱壁

货舱的容积要求不大，有富余的舱容，其结构特点是双层底很高，这样可以提高船舶的重心，增大摇摆周期，有利于适航性。专线航行的矿砂船可利用舷边的空舱装载石油，设计成矿砂、石油两用船，出港时装运矿砂，回港时装运石油，以避免单程运货，提高船舶营运的经济性。

图 5-9 为矿砂、石油两用船的横剖面结构。中间货舱装载矿砂，两侧的边舱可装载石油。甲板中央有高大的货舱口，中间货舱和边舱之间用纵舱壁分隔。甲板、舷侧、船底和纵舱壁有密集的纵骨加强，是全纵骨架式的结构，这样布置有利于总纵强度。肋骨采用大尺寸的框架结构。舷边舱用来装石油或压载水，高大的骨架并不妨碍装液体货，但横向强度却可以得到加强。

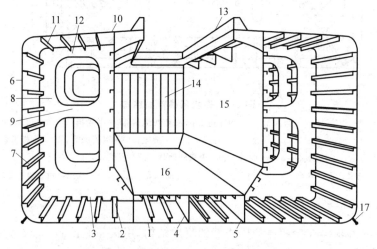

图 5-9 矿砂、石油两用船横剖面结构

1—船底板；2—船底纵骨；3—肋板；4—中底桁；5—旁底桁；6—舷侧外板；7—舷侧纵骨；8—强肋骨；9—撑杆；10—甲板；11—甲板纵骨；12—强横梁；13—舱口围板；14—横舱壁；15—纵舱壁；16—内底板；17—舭龙骨

4. 油船

油船有两类,一类专门运载成品油,其载重在 1 万～3 万 t 之间,它的油舱数目较多,可以载运多种规格的成品油,其结构和货油泵系统较复杂;另一类专门装载石油原油,这种油船的载重量可达几十万吨。

早期油船的货油舱都是单层甲板和单层底结构,甲板和船底采用纵骨架式,舷侧和舱壁可用横骨架式,也可用纵骨架式。但大型油船则多数采用全纵骨架式结构。

图 5-10 所示为全纵骨架式油船横剖面结构。两道纵舱壁将货油舱分成中间油舱和左右两个边油舱。为保证总纵强度及加强甲板和外壳板的刚性,所有板架上都装置密集的纵骨。甲板和船底的中线面上还装有高大的纵桁。横向有环形的肋骨框架来增强船体的横向强度和刚性。大尺寸的纵桁和肋骨框架并不影响液体货物的装卸,但能减小液体在舱内晃动和缓和液体在舱内的冲击。

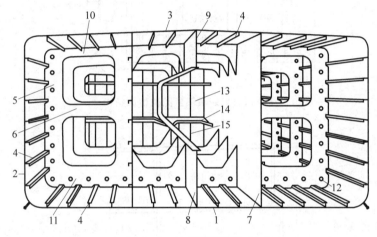

图 5-10　油船横剖面结构

1—船底板;2—舷侧外板;3—甲板;4—纵骨;5—强肋骨;6—撑杆;7—纵舱壁;8—中内龙骨;
9—甲板纵桁;10—强横梁;11—肋板;12—流水孔;13—横舱壁;14—水平桁;15—垂直扶强材

5. 集装箱船

集装箱船的结构与一般货船不同,它的货舱口与货舱一样宽,舷边只留下一条宽度不大的甲板边板。这样大的开口对船体的抗弯、抗扭转和横向强度都很不利。为了补偿强度的不足,在结构上常采取以下加强措施:

(1) 采用具有水密舷边舱的双层舷侧;

(2) 增加甲板边板和舷顶列板的厚度;

(3) 加强两个货舱口之间的舱口端横梁和甲板横梁等。

图 5-11 为集装箱船货舱的横剖面结构,图示的水密舷边舱内有加强的桁板肋骨,中间有两道平台甲板,桁板肋骨上开有人孔或减轻孔,人孔的四周用扁钢加强,图中只绘出横剖面的一半。

6. 客货船

客货船的特点是甲板层数多、房间多、围壁多,甲板两旁及房舱间设有走廊。旅客和船员舱室大部分设在水线以上的甲板上。图 5-12 为全横骨架式沿海小型客货船的横剖面结构。

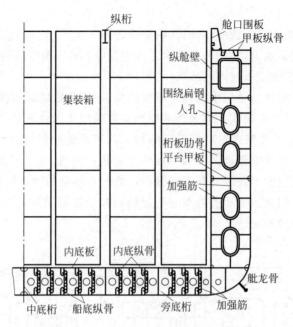

图 5-11 集装箱船货舱横剖面结构

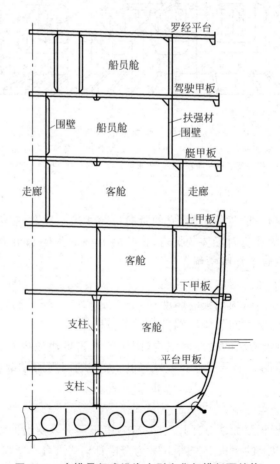

图 5-12 全横骨架式沿海小型客货船横剖面结构

7. 军舰

军舰的结构与民船的结构要求不同。军舰要完成战斗任务,船的主机功率大、航速高、武备强,要多装燃油、弹药、储备品以及装甲防护等。船体结构要求轻而强,所以军舰的船体都采用高强度钢材建造。船体的钢板较薄,为了保证其总纵强度和外板的稳定性,就需要采用纵骨架式结构。

图 5-13 为护卫舰的横剖面结构,甲板和舷侧装有密集的纵骨,并用尺寸较大的强横梁和强肋骨。底部除纵骨外,还有数量较多的旁底桁。底部结构采用向上倾斜的内底板,有利于舰船的安全。肋骨下端加宽,保证了舭部处可靠的连接。底纵桁与肋板上装有加强筋,人孔和减轻孔四周也都用扁钢加强,这些都与民船结构不同。

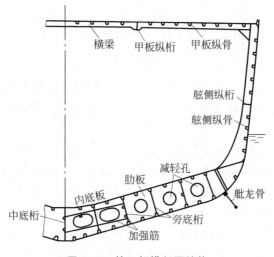

图 5-13　护卫舰横剖面结构

5.4　上层建筑结构和主要造船材料

5.4.1　上层建筑结构

上层建筑包括船楼和甲板室。其中,船楼的两侧伸至船的两舷,或距舷边的距离小于船宽的 4%;不符合上述条件的围蔽建筑即为甲板室(deck house)。根据所在位置不同,船楼和甲板室又可分为首楼(forecastle)、桥楼(bridge)、尾楼(poop)、中甲板室和尾甲板室等,见图 5-14。

设立上层建筑与船舶的航海性能及居住条件密切有关。在上层建筑内可设客舱及船员生活舱室,有的地方如首楼的甲板间还可以作为部分货舱用,或存放缆绳、灯具及油漆等。驾驶室设置在船中部或尾部上层建筑的顶部,有利于扩大驾驶人员的视野。上层建筑还能增加船舶的储备浮力;首楼可减小甲板上浪。设于机舱上方的上层建筑,可围蔽机舱开口。此外,当上层建筑具有足够长度时,它可以全部或部分地参与主体的总纵弯曲,这样也就提高了船体的总纵强度。

上层建筑主要承受如下各种力的作用。

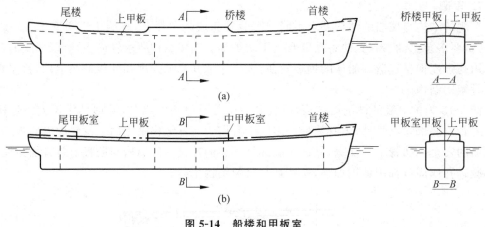

图 5-14　船楼和甲板室

(a) 船楼；(b) 甲板室

（1）波浪冲击。船舶航行遭遇恶劣的海况时，上层建筑可能受到波浪的冲击，特别在首部承受载荷最大。当船舶迎着风浪行驶时，在中部上层建筑的所有围壁中，又以前端壁承受载荷最大。

（2）总纵弯曲。中部较长的上层建筑，尤其是长桥楼，因其侧壁作为舷侧板的延续部分，将随着主体一起弯曲，承受很大的总纵弯曲应力，中甲板室长度如果很大，且又支持在主体的三道横舱壁或强肋骨框架之上，也会随着主体一起弯曲。首楼、尾楼和尾甲板室受到总纵弯曲的影响较小，但若长首楼向船中延伸较长时，也承受一定的总纵弯曲应力。

船舶主体沿船长方向是连续的，而上层建筑却是间断的，船体在上层建筑端部附近，结构发生突变。当船舶总纵弯曲时，在船中的上层建筑端部将会产生严重的应力集中现象。如果不采取相应的结构措施，船舶航行时就有可能使该处的上甲板、舷顶列板和上层建筑侧壁产生裂缝，这必须引起充分注意。

5.4.2　主要造船材料

造一艘较大型的船舶所需的材料有很多种，其中最主要的有钢板、型钢、铝合金、木材、塑料等。现分别叙述如下：

（1）钢板。是制造船体的主要材料，大量使用在外板、甲板、舱壁以及 T 形构件上。它可根据厚度和重量（每平方米的重量）来分类，厚度在 4mm 以下的称为薄板，4～25mm 的称为中厚板，25mm 以上的则称为厚板。

（2）型钢。品种很多，可分成简单断面和复杂断面两种。简单断面的型钢有圆钢、方钢、扁钢、六角钢、角钢（等边或不等边）和球扁钢。复杂断面的型钢有槽钢、工字钢和钢轨等，见图 5-15。型钢中的不等边角钢和球扁钢广泛用于船体结构的骨架部分，作为制造横梁、肋骨以及扶强材的主要材料。

对于一些巨大的复杂结构，则直接用铸钢或锻钢，如首柱、尾柱、人字架、舵扇、舵柄和锚等。

（3）铝合金。单位重量轻，有极强的防锈性能，不易氧化，而且无磁性。因此，它是造船的理想材料，目前在船上多用于制造上层建筑、舱面属具及家具等。

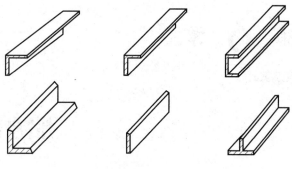

图 5-15 型钢

（4）木材。船用木材使用最广的有松、杉、橡、桦、槐及枫木等，但需要干燥，以免日后干裂或变形，影响强度。木材在船上多用作木质围壁、甲板敷料、家具及门窗等。

（5）纤维增强塑料。俗称玻璃钢（FRP），在造船中的应用日益广泛，是一种很有发展前景的造船材料。这种材料在很多情况下可以代替有色金属和胶合板、橡皮等。现代船舶上很多房间内的设备、装置甚至船体都采用玻璃钢。

复习思考题

1. 何谓船体结构？主船体结构由哪些板架组成？

2. 骨架的形式有哪几种？一般内河小船采用何种骨架形式？为什么？

3. 船舶在水中航行时可能受哪些外力的作用？

4. 以满足船体强度（总纵强度、横向强度及局部强度）为基准来确定船体构件的尺寸，可能会发生什么问题？

5. 主船体结构可视为一变截面的空心梁，该船梁的上、下翼板及腹板分别由哪些构件组成？

6. 参看油船的典型横剖面图，如果取消纵舱壁（图5-10中7）可能会产生什么影响？

第6章

船舶动力装置

6.1 船舶动力装置的组成与分类

船舶动力装置,是产生船舶推进力的一套机械、设备和系统的总称,俗称"轮机"。

6.1.1 船舶动力装置的组成

(1)主机:推动船舶航行的动力机械,有蒸汽轮机、内燃机(柴油机、燃气轮机)、推进电机组以及核动力装置等。

(2)传动设备和轴系:主机到螺旋桨之间的传动设备的总称,主要有减速箱、离合器、推力轴承和轴系等。

(3)辅助机械设备:包括保证主机正常工作所需的各种辅机与装置,如空压机、发电机组、燃油泵、滑油泵、冷却水泵等。

(4)动力管路系统:包括燃油系统、滑油系统、冷却水系统、压缩空气系统及排气管路系统等。

(5)机舱自动化设备:为实现主机、辅机遥控、集控的设备,它包括自动控制和调节系统、自动操纵和集中监测及报警系统。

广义地讲,动力装置还包括甲板机械、特种机械和船舶系统。

6.1.2 船舶动力装置的分类

在船舶动力装置中,主机是产生船舶推进力的动力源。主机功率比辅机功率大得多,各种辅机、设备及系统的选型与配置常常是与主机的类型及功率相匹配的。因此,船舶动力装置一般以主机的形式来分类。船舶主机的作用是把燃料燃烧所产生的热能转化为机械能,以推动船舶前进。根据主机采用燃料的性质、燃烧场合、使用工质及工作方式,船舶动力装置可分为蒸汽、内燃及核动力三大类。

1. 蒸汽动力装置

舰船动力装置的发展已有一百多年的历史。在船上首先采用的是往复式蒸汽机,由于它的热效率低(只有 10%～12%),已经被淘汰了。而新造的蒸汽机船采用旋转式蒸汽轮机。蒸汽轮机动力装置的基本工作原理如图 6-1 所示。

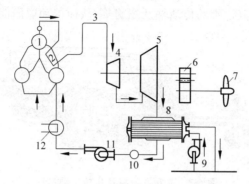

图 6-1 蒸汽动力装置原理图

1—锅炉;2—过热器;3—蒸汽管路;4—高压汽轮机;5—低压汽轮机;6—减速齿轮;7—螺旋桨;
8—冷凝器;9—冷却水循环系统;10—凝水泵;11—补给水泵;12—给水预热器

燃料在锅炉 1 中燃烧产生饱和蒸汽,饱和蒸汽在蒸汽过热器 2 中吸热成为过热蒸汽,过热蒸汽经过蒸汽管路 3 进入高压汽轮机 4 和低压汽轮机 5 膨胀做功,推动汽轮机叶轮旋转,再通过减速齿轮 6 带动螺旋桨 7 旋转。做过功的废气在冷凝器 8 中将热量传给冷却水,同时本身凝结成水,然后由凝水泵 10 抽出,并经补给水泵 11,通过给水预热器 12 打入锅炉 1 中的水鼓内,从而形成一个工作循环。冷凝器的冷却水循环系统 9 由舷外打入,在冷凝器内吸热后排出舷外。

蒸汽轮机动力装置主要由蒸汽锅炉和蒸汽轮机两大装置组成,下面简要介绍蒸汽锅炉、汽轮机的基本结构和工作原理。

1) 蒸汽锅炉

蒸汽锅炉是利用燃料在其炉膛内燃烧所产生的热量加热水并蒸发成具有一定温度和压力的蒸汽的设备。

蒸汽锅炉按其结构形式,可分为烟管锅炉和水管锅炉两大类。最早应用到船上的是烟管锅炉。它是由燃料在炉膛内燃烧,形成的烟气经燃烧室进入烟管,水包围在烟管外边以吸收烟管内烟气的热量,被加热。水管锅炉,是烟气包围水管来对其供热以产生蒸汽,然后烟气经烟道、烟囱排出。

水管锅炉与烟管锅炉相比,有了很大进步:由于水管锅炉盛水量少,循环快,蒸发效率高,从生火到供汽的时间可大为缩短;由于水和蒸汽的压力作用在圆筒形的水鼓、汽水鼓内壁和小直径的水管内,因此能承受较高的压力;结构较为轻巧,单位受热面积质量约 200kg/m^2,比烟管锅炉轻 40% 以上。因此,多采用水管锅炉。

2) 蒸汽轮机

蒸汽轮机是将蒸汽的位能转换成机械功的动力机。来自锅炉的高温高压蒸汽,进入若干固定的喷管并在其中膨胀,在膨胀过程中压力降低而流速增加,这就意味着将蒸汽的位能(高温高压)转换成动能(高速)。当高速的气流从喷管中流出,冲向安装在转轮上的叶片时,可推动轮轴转动,这样,蒸汽的动能再转换成汽轮机的机械功。

为了充分利用蒸汽热能,汽轮机往往做成多级式。图 6-2 为多级汽轮机及齿轮传动装置简图。来自锅炉的新鲜蒸汽,通过一组喷管以提高蒸汽的流速,使蒸汽冲击到叶轮的叶片上,使叶轮旋转。蒸汽由高压汽轮机导出后可进入中压汽轮机,继而进入低压汽轮机,即所谓多级式。汽轮机经减速后,带动传动轴及螺旋桨,从而推动船舶前进。

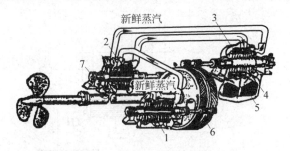

图 6-2　多级汽轮机及齿轮传动装置
1—高压汽轮机;2—中压汽轮机;3—低压汽轮机;4—低压倒车汽轮机;
5—主冷凝器;6—减速齿轮;7—高压倒车汽轮机

蒸汽轮机的优点是:单机功率大,可达 7 万 kW 以上,适于大型船舶(如 30 万 t 以上的油轮)、快速大功率船舶(如 30kn 以上的集装箱船);在大功率范围,蒸汽轮机的单位质量较轻,一般为 13.6~20.4kg/kW,比柴油机动力装置轻许多;汽轮机工作平稳,振动、噪声和磨损都较小,维修保养简便;可使用廉价的劣质燃料,与柴油机相比,滑油耗量极少。

蒸汽轮机的缺点是:启动时间较长,从锅炉点火开始到产生足够压力的蒸汽至少需要 15~20min(应急时);附属设备多、装置复杂、初始投资高于柴油机装置;热量损失大(损失于锅炉、管路、冷凝器)、热效率低、单位功率油耗率高(一般为 232~313g/(kW·h))、经济性较差。因而限制了它的发展和广泛应用。

2. 内燃机动力装置

以内燃机作为船舶主机的推进装置,称为内燃动力装置。燃料直接在发动机汽缸内或燃烧室中燃烧将高温高压燃气的热能转化为机械功。

根据内燃机的工作方式和特点,可分为往复式船舶柴油机和回转式燃气轮机两种。

1) 往复式船舶柴油机

柴油机作为船舶主机,得到极为广泛的应用。从每年完成的造船量来看,柴油机船占造船总数的 98% 以上,柴油机总功率占造船总功率的 99% 以上。这是因为它有以下显著优点。

(1) 具有较高的经济性。首先表现在具有最低的耗油率。如大型低速船用柴油机 RTA 系列,最低耗油率达到 166g/(kW·h);LMC 系列的最低耗油率达到 160g/(kW·h);中速柴油机的耗油率低于 180g/(kW·h)。这是其他类型的发动机无法相比的。

其次,由于柴油机的燃料燃烧后直接在汽缸内形成高温高压的燃气而膨胀做功,且燃烧及排气的温差大,因此柴油机的热效率高,一般可达到 35%~46%。而蒸汽轮机动力装置的热效率一般为 25%~33%。

柴油机不仅在全负荷时(通常为设计工况)具有良好的经济性,而且在低速、部分负荷时,也具有较高的经济性。

(2) 机型多、功率范围广。随着航运事业的发展,有各种类型的船舶,排水量小到几十吨,大到几十万吨;对航速和功率也各有不同的要求。因此,作为船舶推进的柴油机的功率,从几十千瓦到数万千瓦,而且有大、中、小型和高、中、低速的各种船用柴油机之分,可满足各类船舶的需要。

(3) 具有良好的机动性。操纵简便,启动迅速,正倒车灵活而简单。一般从准备启动到启动结束只需 10min;从冷态启动到全负荷运行也只需 10min 多一点;在应急时,不超过 3~4min;停车只需数秒钟。

当然,柴油机动力装置也有其缺点:

(1) 低速大功率柴油机的尺寸和重量较大。由于柴油机的尺寸和重量在一定的转速下随功率的增长而成比例的增加,因此单机组的功率受到一定的限制。

(2) 柴油机是往复式运动的机械,工作时运动的不均匀性和惯性力的作用,使噪声和振动都较大。

(3) 柴油机在低速运转时,常常由于燃烧不良引起工作不稳定,一般在额定转速的 30% 以下就不能稳定工作。它的过载能力也较差,一般仅能超过 10%,而且连续工作不能超过 1h。

2) 回转式燃气轮机

回转式燃气轮机也称燃气透平,是 20 世纪 50 年代后期发展起来的一种舰船用机型。回转式燃气轮机的基本工作原理与汽轮机大致相似,所不同的是前者使用蒸汽推动叶轮工作,而后者利用具有一定温度和压力的燃气推动叶轮工作。

图 6-3 所示为最简单的回转式燃气轮机动力装置基本工作原理图。供燃烧的空气首先进入压气机 3,经过压缩后温度升高到 100~200℃,然后再送到燃气发生器 4 中去。高温高压空气与燃油混合后点火即开始燃烧,这时温度可高达 2000℃左右。一般用掺入压缩空气的方法降温至 600~700℃。燃气进入动力涡轮 5 使之旋转,随后通过减速齿轮箱 2 带动螺旋桨 1 工作。装置的启动靠电动机 7 带动,电动机用特殊联轴节 6 与压气机连接。

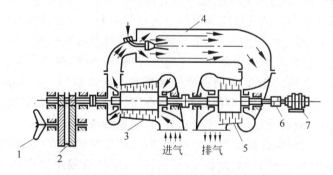

图 6-3　回转式燃气轮机动力装置工作原理

1—螺旋桨;2—减速齿轮箱;3—压气机;4—燃气发生器;5—动力涡轮;6—联轴节;7—启动电动机

目前所用的几种船舶动力装置中,燃气轮机通常属于重量最轻、体积最小的一种。例如轻型燃气轮机本身质量仅为 0.1~0.43kg/kW,整个装置的质量也不过为 22kg/kW 左右。这个特点对舰用动力装置的高速轻型化具有重要意义。它不仅应用于高速轻型快艇,而且也用于护卫舰、驱逐舰等大中型舰艇。

回转式燃气轮机启动迅速,变工况容易。只要 2~3min 即可冷态启动,启动后只要几分钟可达到全负荷。这对军舰缩短备战时间、迅速投入战斗、提高作战机动性方面具有重要作用。此外,回转式燃气轮机使用可靠、振动摩擦小、便于管理和维修、可整体换修,所以在舰艇上首先得到推广采用。但是,回转式燃气轮机耗油率高,对燃油要求较高,效率较低,经济性差,使用寿命短,因此在民船上应用尚不普遍。

3. 核动力装置

核动力装置是以原子核的裂变反应所产生的巨大热能,通过工质(蒸汽)推动汽轮机工作的一种装置。现有的核动力舰艇或民船,几乎全部采用压力水型反应堆。

什么叫压力水型反应堆?在正常气压下,水的沸点是100℃,而反应堆内部的温度则远远超过此温度,如不采取措施,作为载热剂的水就会完全汽化。采用加压的办法来防止载热剂汽化(一般压力高达100~200个大气压)的这种反应堆就称为压力水型反应堆。图6-4为压力水型反应堆原理简图。

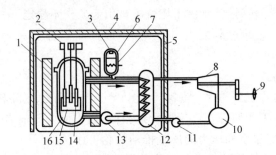

图6-4　压力水型反应堆原理简图

1——次屏蔽物;2—控制棒驱动装置;3—高压气注入口;4—密封外壳;5—二次屏蔽物;6—加压器;
7—电加热器;8—汽轮机;9—推进器;10—冷凝器;11—二回路泵;12—热交换器;13——回路泵;
14—控制棒;15—活性区;16—反应堆容器

从图6-4可以看出,压力水型反应堆一般有两个回路。一回路系统中通过反应堆形成密闭循环的水被活性区中核裂变反应放出的巨大热量加热后通过热交换器,使二回路的水加热成蒸汽并供汽轮机使用。这种间接循环的方式,使具有放射性的一回路,在万一发生事故时也能安全密闭。反应堆用极为耐压的密封外壳(称压力壳)包住。

为了防止射线对人体的伤害,设有一次屏蔽物和二次屏蔽物。一次屏蔽物是对反应堆起屏蔽作用,而二次屏蔽物指对整个回路起屏蔽作用。铅元素能限制射线通过,所以屏蔽物一般由铅块组成,为了减轻重量,也有用聚乙烯、石墨和铅块组合而成。

一般使用铀235及铀锆合金作为反应堆活性区(核反应的地方)的核燃料。在舰用反应堆中,通常使用高浓度的核燃料,浓度在20%~40%,这样可缩小活性区尺寸,整个装置也较轻、较小。但是高浓度核燃料较贵,对于民船来说经济性是一项重要指标,因而往往采用较便宜的低浓度核燃料,浓度在5%以下。

核动力装置之所以在船舶中得到迅速的发展,主要因为它有如下优点。

(1)消耗极少的核燃料能释放出巨大的能量并产生极大的功率,可获得足够高的航速和续航力。一艘新型核动力航空母舰可以航行10多年而不必加燃料。一条30000t油船在不补充燃料条件下航行10000n mile,仅消耗1kg铀235。如果这条油船采用柴油机动力装置,航行同样距离则要消耗1200t柴油。

(2)核裂变过程中不需要空气助燃,这对潜艇有特别重要的意义,它给潜艇提供了在水下长期航行的可能,大大提高了潜艇的隐蔽性及水下作战能力。核动力装置首先应用于潜艇上的原因也在于此。

核动力装置的缺点是:

(1) 由于放射性物质对人体有严重的杀伤作用,对水、码头、港口也有一定污染,因此必须备有质量尺寸大的防护层。一般民船的铅屏蔽物重达 2000t 左右,而核潜艇铅屏蔽物的质量约为 400t。

(2) 操纵管理及检测系统复杂。

(3) 核动力装置造价昂贵。一艘 20000hp 核动力油船,其造价是常规动力船的 1.8 倍左右。

四种动力装置的综合比较见表 6-1。

表 6-1　四种动力装置的综合比较

项目	蒸汽轮机	核动力	燃气轮机	柴油机
单机功率	大	大	较大	较小
重量、尺寸	大	最大	轻、小	较轻、小
启动性	较差	较差	优	优
加速性	尚可	尚可	优	优
操纵性	尚可	尚可	优	优
续航力	尚可	大	尚可	较大
振动及噪声	小	小	小	大
维护保养	尚可	较差	优	优
自动化程度	较差	较差	优	优

6.2　船用柴油机

柴油机是一种动力机械。它的用途十分广泛:铁路线上作牵引机车的动力;重型汽车上的发动机;农用动力机械和军用坦克的原动机;船舶上作推进主机和发电机的原动机等。

6.2.1　船舶柴油机的分类

按柴油机的工作方式和结构特点可作如下分类。

1) 按工作循环分

按工作循环分为四冲程柴油机和二冲程柴油机两大类。前者为曲轴回转两转(720°)完成一个工作循环;后者为曲轴回转一转(360°)完成一个工作循环。例如我国自行设计、制造的船用柴油机 6135、6250、6300、6350 等为四冲程,12V300、ESDZ43/82B、6ESDZ76/160 等为二冲程。

2) 按结构特点分

按结构特点分为筒状式和十字头式柴油机,见图 6-5。

图 6-5(a)所示为筒状式柴油机。活塞 1 直接与连杆 4 相连接,活塞的导向作用由活塞本身下部的筒状部分(裙部)来承担,柴油机运转时,活塞与汽缸壁之间产生侧压力 N。

图 6-5(b)所示为十字头式柴油机。活塞 1 通过活塞杆 2 以及十字头 3 与连杆 4 相连接,活塞的导向作用主要由十字头承担。当柴油机工作时,十字头上的滑块 5 在导板 6 上滑动,侧压力 N 作用在滑块与导板之间。

筒状式柴油机的活塞上下运动时,产生侧推力由其裙部来承担,因此活塞与缸套的磨损较大。但它结构简单、紧凑、轻便,适用于高、中速柴油机。十字头式柴油机,由于活塞不需起导向作用,活塞与汽缸之间没有侧推力 N 的作用,因此它们之间的磨损较小,且不易擦伤和卡死。但其高度和重量都较大,结构也较复杂。一般大型低速柴油机几乎都采用十字头式柴油机。

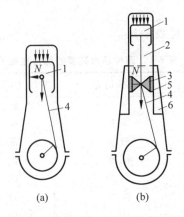

(a)　　　　(b)

图 6-5　筒状式和十字头式柴油机

1—活塞;2—活塞杆;3—十字头;4—连杆;5—滑块;6—导板

3) 按汽缸排列形式分

图 6-6 为柴油机汽缸多种形式的排列简图。其中:

图 6-6(a)为单列式柴油机,是应用最广和最常见的一种柴油机。

图 6-6(b)为 U 形柴油机,相当于两个单列式柴油机共用一个机身底座。

图 6-6(c)为 V 形柴油机,该机的二列汽缸共用一根曲轴,形成 V 字形。这种发动机的外形结构尺寸较紧凑,长度短,高度也较低,但宽度稍大,在船上广为采用。

其他还有 W 形(图 6-6(d))、X 形和星形排列的柴油机,一般体形都不大,但结构复杂,船上极少采用。

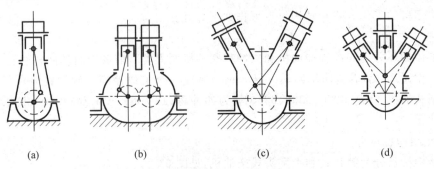

(a)　　　　(b)　　　　(c)　　　　(d)

图 6-6　柴油机汽缸排列形式

(a) 单列式;(b) U 形;(c) V 形;(d) W 形

4）按柴油机速度分

柴油机的速度用活塞平均速度 C_m 和曲轴转速 n 作为指标。

高速柴油机 $n>1000r/min$；$C_m=8.0\sim14.0m/s$；

中速柴油机 $n=250\sim1000r/min$；$C_m=6.0\sim8.0m/s$；

低速柴油机 $n<250r/min$；$C_m=3.5\sim6.0m/s$。

如果柴油机的转速为 nr/min，活塞的冲程为 sm，则活塞平均速度为

$$C_m=s\times n/30(m/s)$$

高速柴油机的重量轻、体积小，占船舶舱容和排水量都较小，在船上拆装检修方便。但燃油耗量大，且一般用优质轻柴油，故燃料成本费用较高；因转速高，故活塞平均速度高，导致机件磨损大，使用寿命短，维护保养费用高，对生产材料和加工安装的要求较高，运转时振动、噪声较大。这种机型多用作小型船舶的主机或大中型船舶的辅机。

低速柴油机的特点与高速柴油机相反。还可以用劣质价低的重柴油或燃料油，故燃料费用低。因低速柴油机的速度低，故磨损小，使用寿命长，维护保养费用省，运转时振动与噪声也较小，对生产材料及加工安装工艺要求较低。但它重量、体积大，占用船舶舱容和排水量的百分比大。这种机型多用在海洋和长江大型船舶上作主机。

6.2.2　船舶柴油机的基本结构

船舶柴油机的基本结构可参见图 6-7。

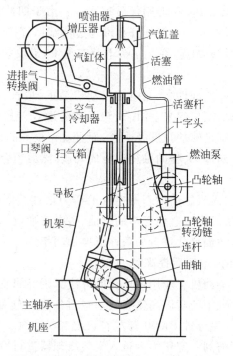

图 6-7　6ESDZ76/160 柴油机结构简图

1）机座

机座用钢板焊成，它除了支承柴油机的全部重量之外，还必须承受运动部件的惯性、气

体冲击等各种作用力。船舶在风浪中颠簸前进时,由于船体变形,更增加了机座受力的复杂性。因此,要求机座不但要有足够的强度,而且要有足够的刚性。机座上有轴承孔用来安装主轴承,在机座尾部安装推力轴承。推力轴承用来传递螺旋桨产生的轴向推力,并把此推力传给船体。

2) 机架

因机架的形状像"A"字,故又称 A 形架,它是汽缸的支架,坐落在机座上,组成封闭的曲轴箱空间。

3) 汽缸

汽缸由汽缸体及汽缸套组成,汽缸体为单体铸造,然后用螺栓连接为一整体。汽缸套内表面承受燃气的高温,为使材料避免过热而损坏,并使汽缸套表面建立起正常的油膜,必须用水在缸套外面进行冷却。由于缸套在内表面处于高温高压、外表面又受到冷却水腐蚀的恶劣条件下工作,所以汽缸套采用优质合金铸铁制作。

汽缸、机架和机座由贯穿螺栓连成一体,形成坚固的机体构件。

4) 活塞

活塞顶端在高温高压燃气的作用下作往复运动,并通过曲柄连杆机构变成曲轴的旋转运动。为了保持汽缸气密,活塞的头部设有五道密封环。活塞裙部有两道青铜减磨环,可减少活塞裙部与汽缸内壁之间的摩擦。

5) 连杆

连杆是传递动力的重要部件,一般用优质钢锻成。由于四冲程与二冲程柴油机连杆受力情况不同,其结构也有所不同。前者连杆小端通过活塞销直接与活塞相连,大端与曲轴相连;后者的连杆小端与十字头相连,在十字头上装有滑块,滑块起导向作用。

6) 曲轴

曲轴是柴油机上最主要的部件之一,也是发动机最重、最长、最贵重的部件。曲轴的作用是将柴油机各缸所做的功汇集起来,并以回转运动的形式传递出去。因此要承受很大而复杂的负荷。曲轴不仅要有足够的强度及刚性,而且要有很高的加工精度和光洁度,以提高使用寿命。为了便于加工制造,大型曲轴往往分成几段,然后组合而成。

7) 增压器

所谓"增压",就是使进入汽缸前的新鲜空气的压力增加。因此,在同样的汽缸容积下,可以吸入更多的空气量,从而可以燃烧更多的燃油、提高柴油机的做功量。或采用"增压"方法可以使柴油机在几乎不增加尺寸重量的条件下增加功率50%以上。例如 6350 型非增压柴油机的有效功率为 600hp,增压后提高到 900hp。

废气涡轮增压是增压柴油机上应用最广泛的方法。废气涡轮增压器由废气涡轮和同轴的离心式压气机组成。汽缸中的高温高压废气通过排气阀后转动废气涡轮,废气涡轮则驱动同轴的压气机高速旋转(每分钟 10000 转左右),废气经废气锅炉最后由烟囱排出。新鲜空气被增压器吸入并被压缩到一定压力后进入空气冷却器进行冷却。因为空气经压气机压缩后其温度随压力提高而急剧升高,高温增压空气会使汽缸充气量减少,并使有关部件热负荷增加,有损于柴油机的寿命和可靠性。在压缩过程中,由于活塞上行的抽吸作用,扫气箱中压力不断下降,从而使单向口琴阀开启,冷却后的增压空气进入扫气箱。当活塞下行时打开汽缸下部的扫气口,扫气箱中的新鲜空气冲入汽缸并将废气吹扫挤走,而后进入压缩、燃烧与做功工况。

6.2.3 柴油机的工作原理

柴油机是以柴油作为燃料,并在柴油机汽缸内部燃烧而产生动力做功的。

要使燃油在发动机汽缸中燃烧和做功,必须使空气和燃油进入汽缸内部,并使其发火燃烧。在柴油机中燃油不是靠外界火源点燃的,而是在高温下自己发火燃烧的。那么柴油机工作汽缸内的高温又从何而来呢? 原来是空气经过压缩之后,提高了压力和温度。此时将燃油喷入高温高压的空气中,燃油即可自行发火燃烧。

燃油燃烧后放出大量热量,使汽缸内部燃气的压力和温度急剧升高,此时燃气在汽缸中膨胀做功。膨胀终了时,废气从汽缸中排出,新鲜空气再次被吸入汽缸,重复上述过程。

综上所述,柴油机做功必须通过进气、压缩、燃烧、膨胀和排气五个过程,并通过活塞、连杆、曲轴等机件相互配合才能实现,我们把整个过程称为一个工作循环。

我们把活塞在汽缸的最高位置,也就是活塞离曲轴中心最远位置称为上止点。活塞下行到最低位置,也就是活塞离曲轴最近位置称为下止点。从上止点下行到下止点或由下止点上行到上止点称为一个冲程,柴油机一般有四冲程及二冲程之分。

1. 四冲程柴油机的工作原理

四冲程柴油机具有四个各不相同的冲程,见图 6-8。一个工作循环是在曲轴回转两周(720°),即活塞往复运动两次中完成的。

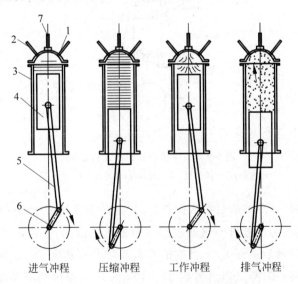

进气冲程　　压缩冲程　　工作冲程　　排气冲程

图 6-8　四冲程柴油机的工作原理

1—进气阀;2—排气阀;3—汽缸;4—活塞;5—连杆;6—曲轴;7—喷油嘴

(1) 进气冲程。此时进气阀开启,排气阀和喷油嘴关闭,当活塞由上止点附近向下运动时,汽缸容积增大,压力降低,新鲜空气由于缸内外的压力差而进入并逐渐充满汽缸(实际上进气阀是在上止点稍前开启,至下止点稍后关闭)。

(2) 压缩冲程。活塞由下止点向上运动时,进排气阀均已关闭,汽缸中的空气被压缩,其压力与温度不断升高,达到上止点时,汽缸压力已达 $30\sim50\mathrm{kgf/cm^2}$,温度升到 $600\sim$

700℃。这个温度保证燃料喷入能自行发火。

（3）工作冲程。在此冲程内进行燃烧和膨胀两个过程。活塞运动至上止点稍前位置时（即压缩终点），由高压油泵将燃油通过喷油嘴以很细的雾化状喷入汽缸内，它与汽缸中高温高压的空气混合后，便自行燃烧。这时压力已高达 $50\sim80\mathrm{kgf/cm^2}$，温度高达 $1400\sim1800℃$。由于气体膨胀，就迫使活塞向下运动，当活塞达到下止点时（实际在下止点前），气体压力已降低到 $2.5\sim4.5\mathrm{kgf/cm^2}$，温度降至 $600\sim750℃$。

（4）排气冲程。当汽缸内的燃气膨胀终了时，活塞由下止点向上运动，排气阀打开，汽缸中废气通过排气阀排出，活塞到达上止点时（实际是上止点稍后）排气阀关闭。

上述四个冲程中，只有工作冲程是做功的，对于单缸柴油机来说，其余三个冲程都要由曲轴通过连杆而使活塞运动，因此反而要消耗部分能量，它由飞轮的动能提供。

2．二冲程柴油机的工作原理

二冲程柴油机的工作原理与四冲程柴油机相似，见图 6-9。其差别在于进气、压缩、燃烧、膨胀、排气这样一个循环不是在四个冲程，而是在两个冲程中完成（即曲轴旋转 $360°$）。二冲程柴油机只有扫气压缩和燃烧膨胀排气两个冲程。

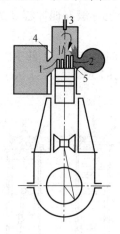

图 6-9　二冲程柴油机的工作原理
1—扫气箱；2—排气管；3—喷油嘴；4—进气口；5—排气口

（1）排气及压缩冲程。当活塞在下止点时，扫气口和排气口全部开放，经过扫气泵或增压器增压的具有一定压力的新鲜空气通过扫气箱进入汽缸内，并把废气驱出，活塞上行时，先关闭扫气口，排气口随后逐渐关小，此时有少量新鲜空气随废气一起泄出。然后排气口关闭进行压缩，在压缩终点时空气压力达到 $35\sim40\mathrm{kgf/cm^2}$，温度增至 $700\sim800℃$，这就保证了燃油喷入时能自行发火燃烧。

（2）燃烧、膨胀及排气冲程。当活塞到达上止点时（实际是上止点前），燃油从喷油嘴射入燃烧室与高温空气混合，燃油即自行燃烧。活塞离开上止点后，燃气即进行膨胀，推进活塞下行，到排气口露出时就开始了汽缸的自由排气，汽缸压力急速下降。当扫气口被打开时，扫气过程就开始。由于扫气口是倾斜的，气流沿切线方向进入，形成回旋，把已经做过功的废气从排气口（或排气阀）挤出去，起到清扫汽缸的作用，这过程一直继续到下一工作循环开始为止。

二冲程柴油机的优缺点如下。

(1) 二冲程柴油机在两个冲程内(曲轴每转一圈)完成一个做功行程。这就提高了柴油机的做功能力。对于两台汽缸尺寸及转速相同的柴油机,二冲程的功率似乎应比四冲程大一倍,但实际上由于二冲程柴油机热负荷比四冲程柴油机重,加上气口损失以及扫气所消耗的功率影响等,所以功率只为四冲程的 1.6～1.8 倍。显然,如果发动机功率相同,则二冲程柴油机的重量就较轻。

(2) 在结构方面,二冲程柴油机较四冲程简单,特别是横流扫气式二冲程柴油机,完全省去了气阀及其传动机构,所以它的维护和保养就简单得多。

(3) 由于二冲程柴油机活塞在两个行程内就完成一个工作循环,做一次功,因而它的回转性能要比四冲程柴油机均匀。

但二冲程柴油机也存在一些缺点:换气过程远没有四冲程进行得那样完善,汽缸内废气的清除和新气的充入都比四冲程困难得多;此外,二冲程柴油机进入汽缸的新气在排气口开启的时候,要随同废气一起泄出一部分,这就增加了新气的消耗量,从而损失了柴油机的一部分功率。

由于二冲程柴油机换气质量较差,且转速越高换气质量越难以保证,所以,二冲程为大型低速柴油机所采用,而小型高速柴油机多为四冲程型;至于中型、中速柴油机,目前二冲程、四冲程均有采用。

6.2.4　柴油机的型号识别

各种柴油机都有自己的代号和表示方法。其中每个数字和字母都表示柴油机的某项技术规格和技术特征。我国一般用数字表示柴油机的主要技术规格(如汽缸数、汽缸直径和活塞行程),用汉语拼音字母表示柴油机的技术特征。现举例说明如下。

1. 中、小型柴油机型号表示法

例:6135ZCaB

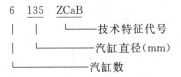

2. 大型低速柴油机型号表示法

例:6ESDZ43/82B

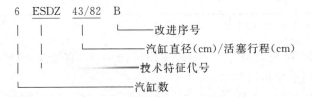

表 6-2 为若干型柴油机技术特征代号的含义。

表 6-2　若干型国产柴油机的型号及其含义

柴油机型号	汽缸数	汽缸直径/cm	活塞行程/cm	二冲程	高增压	增压	船用	可倒转	十字头	第一次改进	第二次改进	V形排列
12V135ZC	12	13.5					Z	C				V
6250GZC	6	25.0			G		Z	C				
6ESDZ43/82A	6	43	82	E			Z		D	S	A	
6ESDZ75/160B	6	75	160	E			Z		D	S		B

3. 几种常见的国外柴油机型号表示法

(1) 瑞士苏尔寿(SULZER)公司船用低速柴油机型号表示法。

瑞士苏尔寿公司船用低速柴油机先后有 TD、TAD、RSAD、SD、SAD、RD、RND、RNDM、RLA 和 RLB 等系列产品,一般后者均为前者的改进型。

例:6RND68M

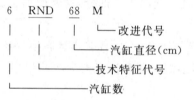

技术特征代号的含义:

R——焊接结构、二冲程、十字头式;

D——直接倒转、有推力轴承;

N——新型;

L——长行程。

(2) 德国曼恩(MAN)公司船用低速柴油机型号表示法,如表 6-3 所示。

表 6-3　德国曼恩公司船用低速柴油机型号

柴油机型号	十字头	汽缸数	二冲程	汽缸直径/cm	活塞行程/cm	非增压	低增压	中增压	改进型80%	维护管理方便
K5Z60/105A	K	5	Z	60	105	A				
K6Z70/120C	K	6	Z	70	120		C			
K8Z70/120D	K	8	Z	70	120			D		
K9Z70/120E	K	9	Z	70	120				E	
K10SZ90/160	K	10	Z	90	160					S

注:KSZ 系列是 KZ 系列的改进型。

(3) 丹麦 B&W 公司制造的二冲程单作用、十字头、直流阀式扫气型的船用大功率低速柴油机型号表示法,举例说明如下。

例 1:6L67GF 表示 6 缸、缸径 67cm,L 为长行程,G 为设计特征,F 为船用。

例 2:1284—VT2BF—180 表示 12 汽缸、缸径 84cm、行程 180cm,VT 为二冲程、单作用、十字头式,B 为废气涡轮增压,增压度 35%,2B 增压度为 65%,F 为船用。

（4）日本 UE 船用柴油机型号表示法。

UE 是日本三菱重工业公司设计制造的二冲程、直流扫气、废气涡轮增压柴油机系列产品。其系列有 A、C、D、E 型，现已发展到 H 型。UEC 为十字头式；UET 为筒状活塞式。其型号表示如下。

例：6UEC85/160C

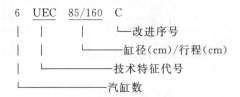

技术特征代号的含义：

U——直流扫气；

E——废气涡轮增压；

C——十字头式；

T——中型筒状活塞（如 9UET44/55）；

V——V 形（如 12UEV30/40）。

6.3 动力装置的传动

将主机发出的功率传递给螺旋桨以产生推进力称为动力装置的传动，所采用的设备称为传动设备。

舰船根据任务使命的不同需要配备不同的主机和推进器。这些形式繁多的舰船主机除低速柴油机外，其他形式的主机转速都比较高，特别是燃气轮机和汽轮机转速每分钟可高达几千转。在这样高的转速下，如果主机与螺旋桨直接连接，则螺旋桨的效率将大大下降。同时，高速柴油机和燃气轮机由于本身不能倒车，因此传动的方式不只是解决功率的传递，还要解决减速和离合倒顺问题。现将目前舰船常用的几种典型传动方式和传动设备介绍如下。

1. 直接传动

在主机与螺旋桨之间，除了传动轴系之外，无其他传动功率的设备，直接用轴系将主机输出轴和螺旋桨连接起来。这时主机转速和螺旋桨转速相等，见图 6-10。它是一种最简单的传动方式，舰用低速大型柴油机都采用这种传动方式。这种传动方式具有耗油省、维修工作量小、工作可靠、寿命长、推进效率高、振动噪声小等优点。但它的重量、尺寸较大，在浅水内河船舶上使用受到一定限制，因而多用于远洋和沿海的舰船上。

2. 间接传动

如图 6-11 所示，在主机与螺旋桨之间除了传动轴系之外，还有减速齿轮箱和离合器装置。

当采用高、中速柴油机做主机时，配合以减速比适宜的减速齿轮箱，可以降低螺旋桨的转速，提高推进效率。该类主机为不可逆式，免去了倒车机构，其正倒车由离合器装置来实现。

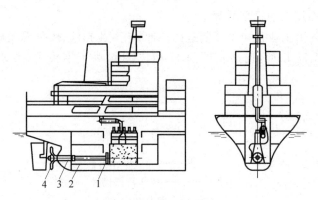

图 6-10　直接传动装置

1—联轴器；2—轴系；3—尾管；4—螺旋桨

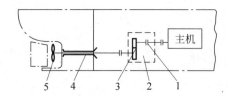

图 6-11　间接传动装置

1—离合器；2—传动设备；3—减速齿轮；4—尾管；5—螺旋桨

由于高、中速柴油机单位功率的重量和尺寸较小，因而易于布置。此种传动形式广泛应用于沿海及内河的中小型船舶上。

离合器主要用来脱开或接通主机与传动轴系的联结，有的还担负着倒顺车的任务。

船用离合器，根据控制离合的方法不同，有机械式、液力式和电磁式等形式。机械式离合器结构简单，多被应用。液力式离合器（也称液力式耦合器或液力式联轴器）有对冲击载荷进行缓冲的作用，当螺旋桨露出水面或被卡住时，主机可受到保护。由于液力式离合器的这一特点，所以在救助拖船、挖泥船、破冰船等工程船舶中得到较广泛的应用。

3. Z形传动

图 6-12 是 Z 形传动装置原理图。该装置分功率传递部分和螺旋桨绕竖轴的回转部分。

功率传递部分：柴油机 1 发出的功率经弹性联轴节 2、带万向接头的传动筒 3、上锥齿轮 4、竖向传动轴 6、下锥齿轮 9 传给螺旋桨 12，从而推动船舶航行。

螺旋桨绕竖轴的回转部分：由电动机驱动蜗杆 5、通过蜗轮 13，使尾管 7 在支架 14 中回转，同时也使螺旋桨 12 绕竖向传动轴 6 的轴线在 360°范围内作平面旋转运动，用于控制船的转向。舵叶 10 起着辅助控制船舶转向的作用。

该传动装置的特点是：螺旋桨可绕垂直轴线作 360°回转，可以使船舶原地回转、紧急停止、急速转弯、快速进退、横向移动以及微速航行等。

由于该装置功率传递过程较复杂，因此传动效率低。因为该推进装置具有操纵性好的突出优点，所以多用于港口作业船和航行于狭窄航道的小型运输船舶上。

为适应农用和小型快艇的需要，有时采用挂桨传动装置，其传动原理与 Z 形传动相近。即将发动机挂在舷外直接与竖轴相连，这样就省去了 Z 形传动装置上面的那对锥齿轮。整

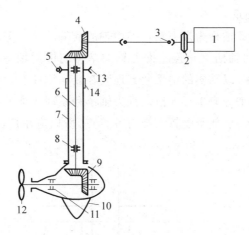

图 6-12 Z 形传动装置

1—柴油机；2—联轴节；3—带万向接头的传动筒；4—上锥齿轮；5—蜗杆；6—传动轴；
7—尾管；8—滚动轴承；9—下锥齿轮；10—舵叶；11—滚动轴承；12—螺旋桨；13—蜗轮；14—支架

机和螺旋桨可绕托架衬套的中线回转，并起到舵的作用。

直接传动、间接传动和 Z 形传动是动力装置传动中最常见的三种形式。除此之外，还有电力传动、液力传动和可调螺距螺旋桨传动等形式。

6.4 船舶轴系

船舶轴系的作用是将主机的功率传递给螺旋桨，同时又将螺旋桨产生的轴向推力传递给船体。

6.4.1 轴系的组成

图 6-13 表示直接传动装置的轴系，它的组成如下。

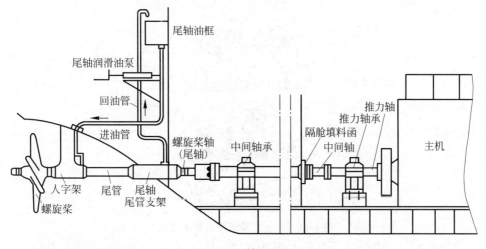

图 6-13 轴系组成

1. 推力轴与推力轴承

与主机相连的第一节轴称为推力轴。推力轴的前端法兰与主机(或齿轮箱)的输出法兰相连,后端法兰则与中间轴法兰相连。推力轴的结构与中间轴不同,在轴上有突出的推力环,配以相应的推力轴承,以结实的构架紧紧地装在船底构件上,承受轴向推力。

推力轴承按其结构来分有单环式滑动推力轴承和滚动式推力轴承两种。单环式滑动推力轴承具有体积小、重量轻、能承受较大推力等特点,所以应用广泛。单环式滑动推力轴承的工作原理如图 6-14 所示。

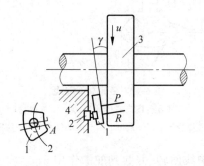

图 6-14 单环式滑动推力轴承工作原理
1—推力块;2—顶块;3—推力环;4—轴承壳体

从图 6-14 中可见,当轴转动时,推力轴上推力环的转动端面和推力块的端面之间构成 γ 角,形成楔形油膜,推力块背面的顶头抵在固紧于轴承壳体的顶块上。推力环按箭头方向旋转时,滑面由推力环引导至推力块,滑油对推力块的压力中心与支点间有偏心距 A。均匀作用的滑油压力 P 和它大小相等方向相反的作用力 R 形成力矩,将推力块保持在倾斜的位置上形成楔形油膜,油膜压力可达 20kgf/cm^2 以上。这种润滑要比一般润滑优越得多,单环式滑动推力轴承之所以能承受较大推力的原因就在于此。

图 6-15 是单环式滑动推力轴承的结构简图。从图中可看出推力轴的轴向推力是由推力环通过推力块、座圈等传给轴承座,再由轴承座传给船体。

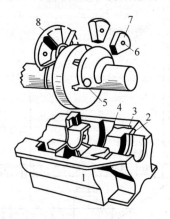

图 6-15 单环式滑动推力轴承结构
1—轴承座;2—填片;3—后座圈;4—座圈;5—推力环;6—凸销;7—推力块;8—球面座圈

目前低速柴油机多数将推力轴承安装在柴油机壳内,使柴油机动力装置长度缩短、重量减轻、安装方便;中高速柴油机采用减速齿轮箱时,推力轴承多放在齿轮箱内,故现代船上单独安装的主推力轴承已不多见。中小功率的推力轴承,特别是用于快艇的推力轴承常常采用滚动式。滚动推力轴承的摩擦损失小,重量及尺寸也小,可装于齿轮箱内部,但也有单独设置的。

2. 中间轴与中间轴承

(1)中间轴。用于连接推力轴和尾轴(桨轴)。中间轴的数目和长度是根据船舶性质和大小、机床的加工能力和原材料等条件决定的。

(2)隔舱填料函。轴系通过水密隔舱时,为了防止水的渗入,常在传动轴穿过隔舱壁时装隔舱填料函,用于保持该处的水密。

(3)中间轴承。承受中间轴的径向负荷和重量,以减小传动轴的挠度。

中间轴承的结构形式主要有滑动式和滚动式两种。滑动式中间轴承,轴瓦上浇有轴承合金,采用自润滑。滑动轴承拆装和修理比较方便,是广泛使用的一种中间轴承。

军用舰艇和小型船舶多使用滚动式中间轴承。滚动式中间轴承摩擦系数小、重量轻、体积小、适合高速运转,而且轴颈不会磨损,维护方便;缺点是采用滚动式中间轴承的中间轴两端必须采用可拆式联轴节,拆装比较麻烦,运转时噪声较大。

3. 尾轴与尾轴管

(1)尾轴(或螺旋桨轴)。一端与中间轴相连,另一端与螺旋桨轴(或螺旋桨紧固在此端)相连。一般中小型船舶的尾轴即为螺旋桨轴,有的较大型船舶在尾轴后还设有一段轴,螺旋桨装配在此轴上,称螺旋桨轴。

(2)尾管支承。用于支承尾轴管。

(3)尾轴管。用于支承尾轴及螺旋桨重量;承受尾轴回转运动所产生的激振力;并在其前后两端装设密封元件以防止船体外的水通过尾轴管进入船体。

单轴系船的尾轴管,均位于纵中剖面上。尾轴管穿过尾柱,末端车有外螺纹,用螺母固紧,螺母上装有防松制动块,尾轴管前端用法兰固定于水密隔舱壁的焊接座板上,法兰与座板间有铅质垫片或浇以青铅,见图6-16。

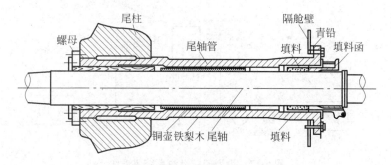

图6-16　单轴系尾轴管结构图

6.4.2　轴系的布置

从主机至螺旋桨间的轴系,往往是由同一直线上的几段轴连接起来的,这一直线称为轴线。

一般单轴的轴线常布置在船舶的中线面上;双轴的轴线对称地布置在中线面两侧;三轴的轴线,一根布置在中线面上,另两根对称地布置在中线面两侧。

轴线的高度通常要与主机和螺旋桨的布置高度和位置相适应。轴线最理想的布置应是与船体基线平行;有多轴线时,轴线应与船舶的中线面呈平行和对称布置。当主机(齿轮箱)的输出法兰中心位置较高而船舶吃水又较浅时,为了保证螺旋桨埋入水面以下有一定深度,不得不使轴线向尾部纵向倾斜一定角度,此纵向倾斜角在 $0°\sim5°$ 之间。某些快艇或小艇,受条件限制,此角有时达 $10°\sim16°$。

某些双轴系的船舶,为了使螺旋桨的桨叶叶梢离开船的外板并有一定间隙,或由于机桨布置上的需要,容许轴线的水平投影线与船舶中线面有一个很小的斜角,此斜角通常在 $\pm(0°\sim3°)$ 之间。

6.5 船舶动力系统

动力系统是动力装置的重要组成部分,它的任务是保证动力装置正常工作。不同类型的动力装置具有不同的动力系统,对柴油机动力装置,必须配备燃油、润滑油、冷却水、压缩空气等系统。

1. 燃油系统

燃油系统的基本任务是供应主机、辅机、辅锅炉以足够的清洁燃油。

船舶所需燃油自两舷甲板通过注入口和注入管路注入,储存于双层底燃油舱及深舱内。

船舶在营运中因工作需要,各油舱间还必须用燃油输送泵进行调拨。例如日用油柜的补充,储油柜与沉淀柜之间的输送,以及油舱油柜之间的调拨等。

柴油机用的燃油,都含有一定的杂质和水分,进入柴油机之前必须用过滤、沉淀和离心分离等方法清除,保证柴油机可靠而连续地运转。使用重油的柴油机,燃油在进入柴油机之前,尚需加热。图 6-17 是某小型船舶燃油系统原理图,它显示了燃油注入、调拨、清洁和供应等情况。

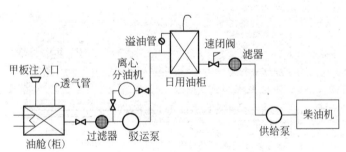

图 6-17 小型船舶燃油系统原理图

由图 6-17 可见,燃油自甲板注入口注入,储存于燃油舱(柜)中,由燃油驳运泵将燃油从油舱抽出,经过滤器和离心分油机对燃油中的杂质和水分进行清除后送日用油柜,由于日用油柜位置较高,燃油可靠自重经滤器流入主机。

2. 润滑油系统

润滑油系统的任务是保证供给各运动件摩擦表面以适量的润滑油,形成油膜,避免各机件间直接摩擦而损坏。除了减少摩擦阻力和磨损之外,润滑油还起着冷却、洗涤、气密、防锈和减震等作用。

柴油机动力装置的润滑系统实际上由机内和机外两部分组成。机内的润滑系统同柴油机一起供应。一般小型柴油机采用飞溅式润滑油系统,即润滑油是靠曲轴连杆旋转时把油底壳的润滑油飞溅至需润滑的部位。这是一种最简单的润滑方法。机外的润滑系统多为压力式,即润滑油由润滑油泵强行压入各摩擦部位。现在绝大多数柴油机都采用这种润滑方法。

不同润滑部位应采用不同的润滑油。如活塞与缸套之间的润滑是在燃气高温下进行的,因此必须采用黏度大、不易燃烧的汽缸油;增压器的转速较高,必须采用黏度很小的透平油;其他部位则采用柴油机油。

图 6-18 是某万吨级货船的润滑油系统图。当主机运行时,主机滑油泵 2 从滑油循环柜 12 吸油,滑油经双联过滤器 1 和缝隙式细滤器 3 送至滑油冷却器 5。滑油冷却后经滑油总管分成两路,一路至主轴承和十字头、凸轮轴等处;另一路经减压阀 4,使滑油压力由 $3\sim4\mathrm{kgf/cm^2}$ 降至 $1.3\sim1.8\mathrm{kgf/cm^2}$,然后送至增压器 6,有少量滑油经阀 7 进入滑油重力油柜 8。9、10 为止回阀,11 为单向节流阀。

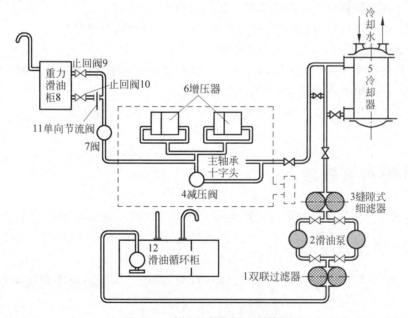

图 6-18　某万吨轮润滑油系统图

滑油重力油柜一般布置在高于柴油机顶 $5\sim8\mathrm{m}$ 处。它的作用是当主机滑油泵发生故障或主机停车时借滑油重力的作用向增压器供润滑油。

3. 冷却水系统

柴油机动力装置中有些机械设备在正常运行中会不断产生热量。热量的来源一部分是柴油机汽缸内高温燃气散发出来的,另一部分则是运动件摩擦产生的。如果这些热量不及时散发掉,机械设备温度就会不断升高,正常的润滑油膜就会被破坏,甚至会超过材料允许的限度而被烧坏。

在所有需要冷却的机械设备中,主机是主要设备。一台1万hp的柴油机的冷却水量每小时600t左右。

主机冷却有开式循环和闭式循环两种方式。

开式冷却系统是舷外水经过滤器由循环水泵打入,经滑油冷却器对润滑油进行冷却,再对主机冷却后排出舷外。

闭式冷却系统由海水泵从舷外吸入海水,经滑油冷却器和淡水冷却器后排至舷外。淡水由淡水泵送至主机,冷却主机后淡水温度升高,流至淡水冷却器,由舷外水对淡水冷却。冷却后的淡水再回到淡水泵吸口,形成闭式循环。闭式冷却系统中发动机内部不直接接触舷外水,避免了舷外海水对发动机的腐蚀;但这种系统比较复杂,机械设备较多,消耗能量也较大,一般适用于海船及大中型船舶。

4. 压缩空气系统

在柴油机船上,压缩空气使用广泛,它除了用于主辅机启动之外,还用于汽笛、海底门冲洗、海水和淡水压力柜充气、风动工具以及控制自动调节机构。对军舰来说,还用于发射武器及潜艇的上浮等。

压缩空气系统由压气机、分离器、储气瓶、各种阀件及管路组成。各部分的作用如下。

压气机:压气机将空气压缩成具有一定压力的压缩空气。

分离器:空气经压缩后,水蒸气呈过饱和状态析出。因水分对空气管道是有害的,因此必须经过气水分离器予以分离,使压缩空气保持干燥。

储气瓶:将干燥并有一定压力的压缩空气储存于空气瓶中,以备随时使用。

过滤器:滤去空气中杂质,使压缩空气保持洁净。

减压:船上使用压缩空气场所需要的压力是不同的,必须通过减压以适应各种不同场所的要求。

6.6 机舱布置概貌

上述各节简要阐述了船舶动力装置各组成部分的结构与基本原理。在实船上,船舶动力装置各机械、设备与系统往往集中地体现在机舱布置中。图6-19为4400hp拖轮的机舱布置图。

图6-19显示了一般民用船舶机舱内部各机械、设备与系统的典型布置。各部分介绍如下。

(1)推进系统。两台主机1(8250柴油机,1617kW×750rpm)位于机舱中后、对称于中线布置,主机输出端经减速齿轮箱2减速、带动轴系(推力轴、中间轴)旋转;双轴平行于船舶中线面布置,轴系在18#肋位穿过机舱后壁。

(2)发电机组。两台发电机组3(柴油发电机组,300kW×1500rpm)位于机舱中前、对称于中线布置。

(3)机舱集控室。机舱集控室4位于机舱前方中线处的封闭空间,内设空调40,集控室大开窗面向机舱,窗前是集控台,其后是主配电板29。

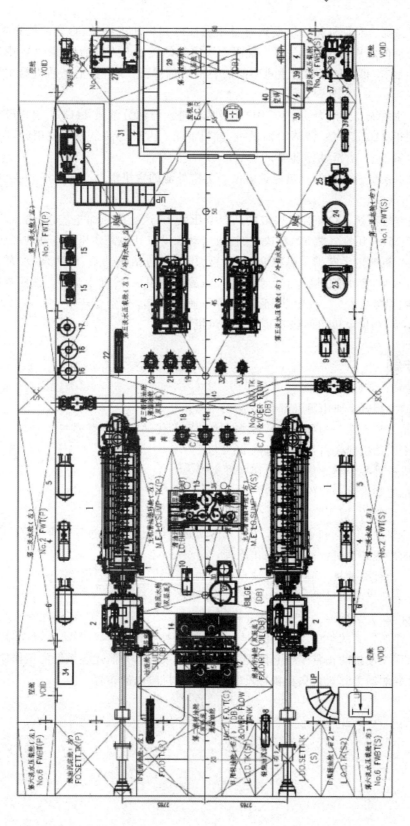

图6-19　4400hp 拖轮的机舱布置图

（4）燃油系统。靠近机舱后壁设置有日用燃油舱和燃油沉淀舱,轻柴油舱布置于机舱中部及机舱前壁的双层底中;燃油泵 9 抽吸双层底舱的燃油进入分油机 12(25#中)分离出杂质后送日用油舱,再由位于两台主机中间的燃油供油单元 13 将清洁燃油供给主机、柴油发电机。

（5）润滑油系统。滑油泵 10(30#中)抽吸滑油进入滑油分油机 14(27#中)分离出杂质后送滑油日用柜 34(25#左),清洁滑油供主、辅机润滑;由于滑油是循环使用的,所以在主机内侧分别设置了左、右滑油循环舱。

（6）冷却水系统。主机的过热保护由位于主机外侧的主机滑油冷却器 5 和主机淡水冷却器 6 完成。

（7）压缩空气系统。位于 47#左舷的两台空压机 15 产生的压缩空气,供给 43#左舷相邻的主空气瓶 16、杂用空气瓶 17,解决主、辅机启动和供应其他需要压缩空气的场所。

（8）其他。机舱内系统管道纵横交错、各型泵众多,包括燃油泵、滑油泵、水泵等,仅水泵就有主机海水泵、海水备用泵、压载泵、消防泵、舱底总用泵、冷却水泵等。按照规范要求,为了方便交通、保障安全,在机舱前、后端设置了垂向梯道,分别位于 51#左舷、22#右舷。为改善机舱环境,在发电机组两侧安装了机舱风机和风道。

复习思考题

1. 船舶动力装置主要由哪几部分组成?

2. 船舶动力装置常分为哪三类? 各类动力装置的优缺点主要有哪些?

3. 为什么柴油机船会占造船总量的 98% 以上?

4. 柴油机有哪些分类方法? 各有哪些种类?

5. 柴油机的基本结构部件有哪些?

6. 何谓柴油机的"增压"? 简述废气涡轮增压器的工作原理。

7. 何谓活塞的上止点和下止点? 柴油机做功必须经过哪几个过程?

8. 何谓四冲程柴油机? 简述其工作原理。

9. 何谓二冲程柴油机? 其主要优缺点有哪些?

10. 国产柴油机的型号是如何表示的?

11. 常见的动力装置传动方式有哪几种?

12. 简述船舶轴系的组成、任务和特点。

13. 为保证柴油机的正常工作必须配备哪些动力系统? 并简述各系统的工作原理。

14. 简述船舶动力装置各典型机械设备与系统在机舱内的布置。

第 **7** 章

船舶设备与系统

7.1 船舶设备

对船舶来说,除了应具有坚固的船体结构、良好的航行性能与可靠的动力装置外,还必须具备操纵灵活、停泊可靠、装卸货物迅速方便、发生海损事故后能安全施救等各项功能。为此,船上还必须配备各种专用设备,称为船舶设备。它主要包括舵设备、锚泊与系泊设备、起货设备、关闭设备和救生设备等。某些特殊用途的船舶还有其他专用设备,如渔船上的渔捞设备、拖船的拖曳设备、挖泥船上的挖泥设备、钻井船上的钻探设备等。本节简要介绍运输船舶的几类主要设备。

7.1.1 舵设备

舵设备是保证船舶操纵性的装置。一套完整的舵设备如图 7-1 所示,主要由舵、舵传动机构、舵机、操纵机构及操舵台组成。

船舶航行时,驾驶人员在操舵台扳动舵轮,经操纵机构驱动舵机,再经过传动机构带动舵转动,从而使船舶按驾驶人员的意图进行回转或作定向航行。

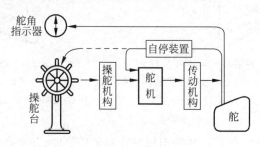

图 7-1 舵设备示意图

1. 舵的形式

在舵设备的各部分中,起关键作用的是舵。

舵的形式很多,按舵杆轴线的位置可分为以下几种。

(1)普通舵(即非平衡舵)。舵叶面积在舵杆轴线的后方,见图7-2(a)。这种舵有许多舵钮,即有许多支点,舵杆的强度易于保证,但因舵的水压中心离转动轴较远,转舵时需要较大的转舵力矩。

(2)平衡舵。部分舵面积在舵杆轴线的前方,且沿着整个舵的高度均匀分布,见图7-2(b)、(c)。这种舵的特点是舵力离舵的转动轴线较近,转舵力矩小,可节省舵机功率。

(3)半平衡舵。只部分舵面积在舵杆轴线的前方,见图7-2(d)。这种舵的特点介于上述两种舵之间。它适用于无尾柱、无舵托的船上,其形状要配合船尾型而定。

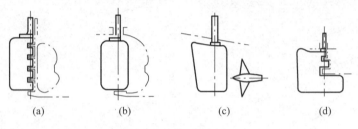

(a)　　　　(b)　　　　(c)　　　　(d)

图7-2　舵的各种形式

按舵叶剖面的形状可分为以下几种。

(1)平板舵。舵的主要构件为一块平板,如图7-3所示。

(2)流线形舵。舵的水平剖面呈流线形,如图7-4所示。其结构较平板舵复杂,但水动力性能好,舵效高,目前被广泛采用。

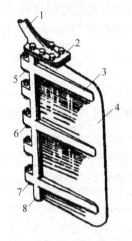

图7-3　平板舵

1—上舵杆;2—连接法兰;3—舵臂;4—舵板;
5—上舵销;6—中间舵销;7—下舵销;8—下舵杆

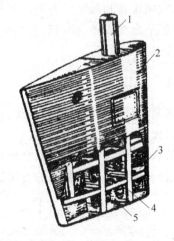

图7-4　流线形舵

1—舵杆;2—舵板;3—水平加强筋;
4—焊接肘板;5—垂直加强筋

人们在长期的实践中,创造出各种不同形式的流线形舵,其中较为常见的有以下几种。

(1)整流帽舵。即在普通流线形舵正对螺旋桨的部位加一个流线形的圆锥体,俗称整流帽,它有利于改善螺旋桨后的水流状态,从而提高螺旋桨的效率并能减轻桨的激振力。其外形如图7-5所示。

（2）反应舵（或称迎流舵）。如图7-6所示，以螺旋桨的轴线为界，舵叶的上下分别向左右扭曲，使其迎着螺旋桨射出来的水流，相当于导流叶的作用，从而减少阻力，增加船舶推力。

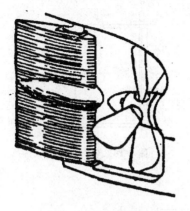
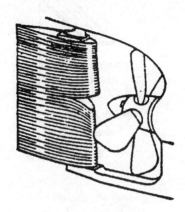

图7-5　整流帽舵　　　　　　　　　　　图7-6　反应舵

（3）襟翼舵。由主舵和副舵组成，当主舵转动一舵角 α 时，在摇臂作用下副舵亦相对主舵转动一角度 β，结果使转船力矩增大，回转性改善，尤其是小舵角时舵效提高。这种舵对急流危险航道船舶、推拖船尤为适用。襟翼舵见图7-7。

（4）主动舵。在舵叶后装一个小导管，导管内安装螺旋桨，由设在舵叶内的电动机驱动。转舵时，小导管内的螺旋桨也产生推力，从而增加舵的转向作用力。主动舵的小螺旋桨可使船作微速航行，这对于某些需要作微速航行的船来说是很重要的。主动舵见图7-8。

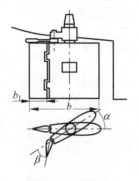
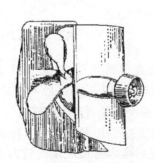

图7-7　襟翼舵　　　　　　　　　　　图7-8　主动舵

（5）组合舵。如图7-9所示，在舵叶的上下两端各安装一块制流板，可减少舵叶两端的绕流损失，改善舵的流体动力性能。

（6）转柱舵。舵首端为一转动圆柱的流线形舵，见图7-10。

2. 操舵装置

操舵装置按照转舵方式或动力源，主要分为人力操舵装置、电动操舵装置、电动液压操舵装置三种。

1）人力操舵装置

小吨位、低航速的船舶可采用人力操舵装置，其原理如图7-11所示。

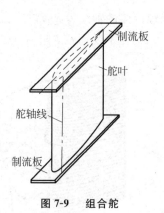

图 7-9 组合舵

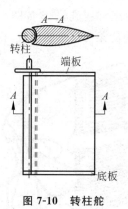

图 7-10 转柱舵

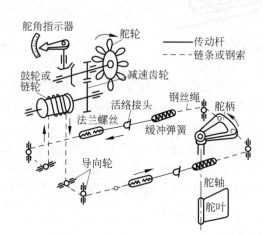

图 7-11 人力操舵装置的结构原理图

人力操舵装置的结构简单,适用于驳船、小型机动船舶。其转舵力矩一般不超过 1t·m,作用于舵轮手柄上的力一般不超过 150N,否则就需要改用其他形式的操舵装置。

驾驶员用力扳动舵轮所产生的转矩经减速齿轮传至鼓轮或链轮,带动钢丝索或链索,牵动船尾部的舵柄、舵轴(柱)及舵叶一起转动至某一角度。

驾驶员操舵的角度通过舵角转动齿轮由舵角指示器表示出来。在传动机构不松弛的情况下,舵角指示器应与舵叶的真实转动角度相符。

在大风大浪或激流中,舵叶受到巨大而又频繁的冲击力。为了保护舵叶及其传动机构,必须在两边靠近尾部的索链中各设置一个缓冲弹簧。

一般操舵习惯是:舵轮以顺时针方向朝右扳,船头往右转;反之,船头向左转。

2) 电动操舵装置

中小型船舶常用的电动机械舵机,按其传动机构的不同,有齿扇传动和螺杆传动两种形式。图 7-12 所示为齿扇传动的电动机械舵机。当电动机转动并经

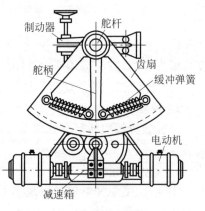

图 7-12 电动机械舵机

减速箱减速后带动齿扇转动。齿扇是套在舵杆上的,它必须通过缓冲弹簧才能推动舵柄,使舵转动。如果电动机转向改变,舵就按相反方向转动,所以只要控制电动机的动作,就可达到操舵的目的。

　　3）电动液压操舵装置

　　目前,绝大多数船舶上都采用电动液压舵机,尤其是大型高速船舶。由于这种舵机扭矩大、结构紧凑坚固,工作平稳、噪声小,而且效率高,所以获得广泛应用。

　　电动液压舵机,一般是由电动机、变量泵和转舵液缸等部分组成的。按转舵液缸的结构形式来分,电动液压舵机有柱塞式和转叶式两大类。

　　柱塞式是一种传统的结构形式。由于它具有密封性好、工作可靠、制造和维护方便等优点,应用甚广。图 7-13 所示为柱塞式电动液压舵机的工作原理。

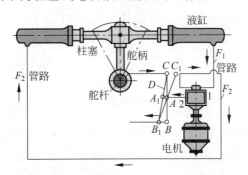

图 7-13　柱塞式电动液压舵机的工作原理
1—径向变行程油泵；2—控制杆

　　图 7-13 所示为驾驶台舵轮在 0°位置时的情况,此时,舵机静止不动,舵亦处于 0°(正舵)位置。如果转动舵轮(经过操纵机构)使拉杆 B 向左移动至 B_1,由于杠杆 D(B、C 间)在拉杆 B 的带动下绕 C 点摆动,这就使变量泵控制杆 A 也随之向左移动至 A_1,于是泵动作,将右液缸中的油吸出送至左液缸,迫使柱塞向右移动。柱塞移动时,带动舵柄,使舵按顺时针方向转动。拉杆 C 是固接在舵的柄上的,因此,随着舵的转动它便向右移动。杠杆 D 在拉杆 C 的带动下绕 B_1 点摆动,使变量泵控制杆正好由 A_1 回复到原来的中间位置 A,于是变量泵停止工作,舵便停留在所要求的某一舵角上。如果改变舵轮的转动方向,使 B 点向相反方向移动时,变量泵就改变油液的吸排方向,使舵按相反方向转动。所以,对于电动液压舵机,只要驾驶员在驾驶室扳动舵轮、经过操纵机构操纵变量泵的控制杆,就可以驱动舵机,达到操舵的目的。

7.1.2　锚泊和系泊设备

　　任何船舶有行必有止,若想使船舶在水流、风力和波浪等外力作用下仍能安全停泊而不产生严重的漂移现象,那么船上的停泊设备就十分重要了。利用抓力或自重使船泊于水面固定位置的设备叫作锚泊设备；而利用缆索,使船系结于码头、岩石或浮筒上的设备叫作系泊设备。

1. 锚泊设备

　　图 7-14 表示一艘运输船舶在首部布置锚泊设备的情况。锚泊设备由锚、锚链、锚链筒、

止链器、起锚机械、锚链管和锚链舱等组成。起锚时,只要开动起锚机,锚链便通过锚链筒和止链器,经锚机由锚链管进入锚链舱。锚将随着锚链的收起而先出土,后离水面,直至将锚杆收藏在锚链筒,锚爪紧靠锚链筒口,然后关闭止链器。抛锚时的动作相反。

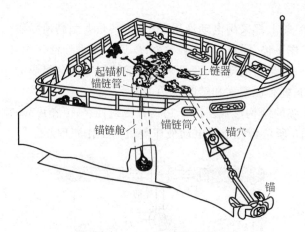

图 7-14　首部锚泊设备布置图

　　图 7-15 为船首抛锚停泊示意图。船首抛锚是最常用的锚泊方式,因为这种方式所受的风力或水流力最小。为了适应其他特殊情况,才采用其他方式抛锚。

　　(1) 锚:是一种形状特异的金属重物,抛出后卧在水底,利用抓力和自身及锚链的摩擦力,系住被风、流吹袭的船舶。

　　我国在明代就使用金属的四爪锚,经过长期的航海实践,锚的式样和性能不断改进和提高,现在已创造出多种锚重小、入土性能好、抓力大的锚。这里仅将常见的船用锚归并为如下三类。

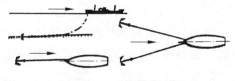

图 7-15　船首抛锚停泊

　　① 有杆锚。有两个锚爪的,也有一个锚爪的。其特点是在锚杆上装有可拆的或固定的稳定横杆,工作时仅以一个锚爪咬入泥土中,具有较大的抓力。最有代表性的是历史悠久的海军锚,如图 7-16(a)所示。海军锚的抓力通常为锚重的 4~8 倍,最高可达 12~15 倍,并能稳固地抓住各种底土。

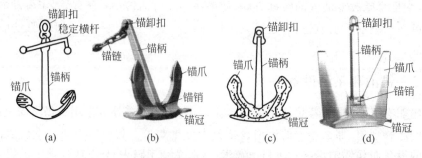

图 7-16　各种锚

(a)海军锚;(b)霍尔锚;(c)斯贝克锚;(d)大抓力锚

② 无杆锚。其特点是省去了稳定横杆，锚爪可以转动若干角度，且每个锚爪同时插入土中。无杆锚使用最多的为霍尔锚，见图7-16(b)。霍尔锚的抓力为其自重的3～4倍，此值虽较海军锚小，但其突出的优点是消除了海军锚不便收藏的弊病，因此使用广泛。

值得一提的是，1956年出现的斯贝克锚是霍尔锚的一种改良型，其形状如图7-16(c)所示。它的特点是锚头重心低，提起时锚爪易与锚柄靠拢，便于收藏。这种锚也普遍使用。

③ 大抓力锚。图7-16(d)为大抓力锚的一种。锚爪可以转动，在宽大的锚爪中部有向两侧伸出的稳定横杆，它的最大特点是锚爪的入土面积大，所抓住的底泥深而且多，从而提高了抓力。通常大抓力锚比海军锚的抓力还大，为锚重的6～11倍，最大可到11～17倍。这种锚仅适用于砂质或较松软的底质，不宜在坚硬底质采用。

一般船用锚由钢材锻制或浇铸而成，只有极少数锚如大抓力锚，除浇铸外还可焊接。

(2) 锚链：是连接锚和船体的链条，由链环、卸扣、转环和连接链环等组成。它的主要作用是传递锚的抓力以平衡船体受到的外力，使船舶能可靠地停泊。图7-17是锚链的组成及其零件图。

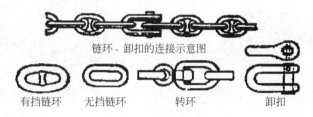

链环、卸扣的连接示意图

有挡链环　无挡链环　转环　卸扣

图 7-17　锚链的组成及其零件图

锚链的大小是以链环的断面直径来表示的，称为锚链口径。链环还可分为有挡链环和无挡链环。有挡链环强度高，刚度大，使用中不易产生过大的伸长变形，也不易发生扭结。所以，近代船舶锚链口径在17mm以上的都采用有挡链环。

锚链的全长是用长约25m的短段锚链组成的，这种短链称作"节"。节与节之间用卸扣或连接链环（可拆链环）相连接。必要时，可以拆开，以卸除损坏的链段。

链环的制造，目前普遍采用焊接和铸造法。早在1950年时，我国已解决了大型链环的铸造技术问题。在20世纪70年代，我国曾引进焊接锚链的技术和生产线，生产链环的质量已达到当时的国际先进水平。今后，有可能以焊接链环逐步取代铸造链环。

(3) 锚链筒：一般设置在船舶首端的两侧，在有尾锚的船尾部，也可能设置尾锚链筒。锚链筒是锚链穿出或进入船体的导向孔道，也是无杆锚的收藏处所。因此，决定锚链筒在船上的位置，选择正确的倾斜角其重要，以利于锚的收放。

图7-18是两种锚链筒简图。锚链筒体一般用两块厚度不等的钢板弯成半圆管焊成，而链孔常用半圆钢或铸钢制成。锚穴有利于锚的收藏并可避免碰伤他船。

(4) 止链器：位于起锚机与锚链筒之间，是用来夹住锚链的专用装置。止链器的形式很多，一般常用的有螺旋式止链器和闸刀式止链器两种。

螺旋式止链器（图7-19）工作可靠，操作方便，在大、中型船上应用较广，但止链动作较慢，要通过转手柄，由螺杆的作用使两只抓臂逐渐合拢或分开，达到止链和放链的目的。图7-20所示的闸刀式止链器构造简单，工作可靠，但对大尺寸的锚链则操作笨重，多用在锚链口径不大于35mm的船上。

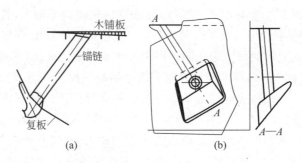

图 7-18 锚链筒

（a）普通式；（b）凹穴式

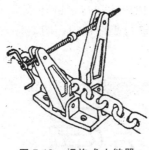

图 7-19 螺旋式止链器

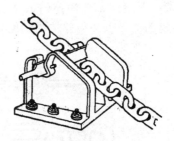

图 7-20 闸刀式止链器

（5）锚链管：将锚链引进锚链舱，通常由钢板焊接成管状，其内径为锚链口径的 7~8 倍。

（6）起锚机械：有卧式起锚机和立式锚缆机两种类型，见图 7-21、图 7-22，船舶依靠它来收放锚和缆绳。

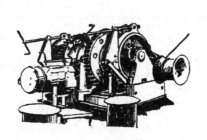

图 7-21 卧式起锚机

图 7-22 立式锚缆机

（7）锚链舱：是存放锚链的处所。为便于锚链收放，使锚链不相互绞压，锚链舱的位置尽可能地低些，以降低锚链存放时的重心。

2. 系泊设备

系泊设备主要包括系船索、带缆桩、导缆装置、缆索卷车和绞缆机械。因为系泊总是在舷侧进行的，所以系泊设备多布置在甲板的两侧，且对称于船体中线面。

系船索：用于系船于码头、浮筒、船坞或相邻船舶。常用的有麻索、尼龙索、钢丝索等。麻索价格便宜、柔软，多用于小船，也作为大、中型船舶的备用索。钢丝索强度高，较细，不易腐烂,使用寿命长,常为大、中型船舶的主要系船索。尼龙索具有质轻、耐腐蚀、强度高的优点。目前有不少船舶以尼龙索为主要系船索。

带缆桩:装在甲板上的系缆桩,用于固定系船索。带缆桩的形式有直式、斜式、单十字形、双十字形、羊角形等,如图 7-23 所示。带缆桩有铸造成型和焊接成型两种。前者重量大,所以广泛采用焊接成型桩。

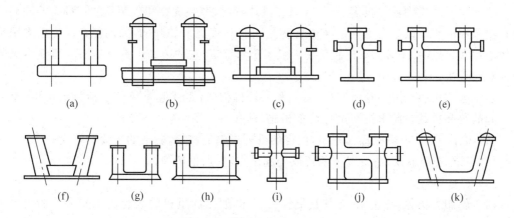

图 7-23　带缆桩

(a) 普通带缆桩;(b) 嵌入带缆桩;(c) 简易带缆桩;(d) 单十字带缆桩;(e) 双
十字带缆桩;(f) 斜式带缆桩;(g) 直立式铸造带缆桩;(h) 挡板式铸造带缆桩;
(i) 单十字铸造带缆桩;(j) 双十字铸造带缆桩;(k) 斜式铸造带缆桩

导缆装置:主要有导缆孔和导缆钳。导缆孔有圆形和椭圆形两种形式,见图 7-24。导缆孔通常由铸铁或铸钢制成,安装在舷墙上,引导缆索穿过船体,并防止缆索损坏船体。

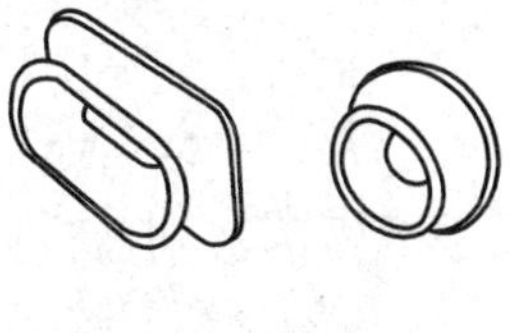

导缆钳可分为有滚轮和无滚轮两类,见图 7-25。滚轮可减少缆索通过时的磨损。小船因缆索受力较小,一般只设无滚轮的导缆钳。导缆钳通常是铸造的,安装在舷墙顶上或甲板舷侧。

图 7-24　导缆孔

绞缆机械:用以绞紧缆索,通常由起锚机或起货绞车兼用。某些大、中型船舶或专业船舶上设置专用绞缆机械,多为立式绞盘。

缆索卷车:用以收藏和保存缆索,见图 7-26。

以上就锚泊和系泊设备的作用、组成、布置、形式等方面作了扼要的介绍,至于这些设备的规格和尺寸的确定,应按有关规范和标准及船舶的使用要求加以选用。

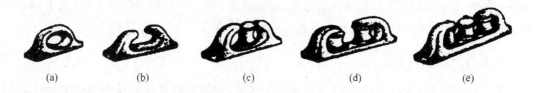

图 7-25　导缆钳

(a) AY、AZ 斜式无滚轮导缆钳;(b) B 型直式无滚轮导缆钳;(c) A 型单滚轮导缆钳;
(d) B 型双滚轮导缆钳;(e) C 型三滚轮导缆钳

7.1.3 起货设备

起货设备是船舶用于装卸货物的专用设备。在船舶运输过程中,缩短船舶在港内装卸货物的时间、提高船舶的周转速度对进一步提高船舶的运输能力和经济性有着非常重大的意义。所以,在普通货船和客货船上,起货设备是一个非常重要的设备,应该予以重视。

船舶运送的货物种类很多,概括起来有液体货物、散装货物和包装货物三种。不同种类的货物采用的起货设备也不同。液体货物是用泵和管路来装卸的,如油船;散装货物用特设的输送斗、输送带来装卸;包装货物一般又称为统货,它的装卸工具就是平时所最常见的吊杆和起重机。

船用起重机(克林吊)是将起吊、变幅和回转机构(行走式起重机还包括行走机构)组装在一起的装卸机械。起重机与吊杆装置相比,具有如下优点:

(1) 机构紧凑,占用甲板面积小,使得船的外形整洁,对驾驶室的视线影响小;

(2) 操作安全方便,吊货时可随意改变起吊点,落点也精确;

(3) 工作环境好。

随着船舶大型化、高速化,尤其是集装箱装卸,使用起重机的场合越来越多。船用起重机类型按驱动方式分,有电动、液压和电动液压三种。我国目前常采用电动或电动液压式,而国外多为全液压式。起重机按形式可分为回转式和门式,其中回转式起重机目前使用较多。单机布置在船中心线上。两台单机若装在同一个回转座上,它们既可在各边的舱口上单独使用,也可在一个舱口上同时使用,其起货能力提高一倍,如图7-27所示。

图 7-26 缆索卷车

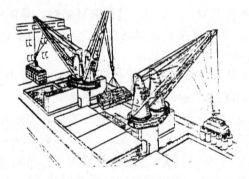

图 7-27 船用共转台克林吊装卸示意图

单台或双台吊机连同它们的公共回转座安装在行走的门架上,就构成了移动式回转起重机。国外起重机制造公司把单台起重机、公共转台、行走门架做成配套系列,成为标准部件,这样只要根据舰船的实际需要进行积木式的组装即可。

7.1.4 关闭设备

船舶由于装卸货物、人员进出、通风采光的需要,在货舱和其他各舱室都设有大小不同的开口。但是,为了保证船舶的密闭性,确保其安全,同时也为了人员、物品分隔遮蔽的需要,在不同部位的开口上设置有各种形式的舱口盖、门和窗。通常把舱口盖、门与窗等设备统称为关闭设备。

1. 舱口盖

舱口盖是船舶甲板开口的关闭设备。按开口尺度不同,有大舱口盖和小舱盖之别。前者主要指货舱口盖,后者则主要指供人员出入的小舱盖和人孔盖。

1) 货舱口盖

干货船为提高装卸效率、减少停泊时间,所以货船开口大,相应地货舱口盖也大。货舱口盖一方面要满足强度与风雨密的要求,另一方面还应开闭迅速、操作简便、劳动强度低、收藏占位小。常见的货舱口盖主要有以下三种。

(1) 吊拼式舱口盖。它由若干拼装的木盖板或箱形金属结构组成,借舱口梁支承在舱口围板上。为了水密,又在舱盖上覆以防水盖布并沿舱口四周密封固定之。这类舱口盖多见于小型货船或军辅船上。

(2) 滚翻式舱口盖。滚翻式舱口盖是现代机械化舱盖中最常见的一种,如图 7-28 所示,它是由许多块相互间用拉链连接的舱盖板组成。每块舱盖板均设有导轮和滚轮,并在舱口围板水平材上滚动。舱口盖的开闭可由起货绞车来牵引。开启时,只要将舱盖板向一端拉移,当舱盖板滚动到舱口端处时,导轮沿着逐步上升的导板滚动,并将舱盖板竖立起来,依次叠放在一起。

这种舱口盖开闭迅速,操作完全机械化。另外,舱盖板叠放后收藏占地小,可存放于桅房平台前后,更好地保护舱盖板。故其适合于露天甲板的货舱口,应用很广泛。

(3) 液压铰链舱口盖。液压铰链舱口盖也有很多形式。这里主要介绍液力铰链操纵的舱口盖。这种舱口盖一般也是由多块舱盖板组成。每两块舱盖板装有一套液力铰链。图 7-29 所示为液力铰链舱口盖正在启闭时的情况。这种舱口盖结构简单、紧凑、牢固,启闭时不仅迅速,而且动作完全自动化。所以,目前得到了迅速发展并广泛使用于露天甲板和中间甲板的舱口上。

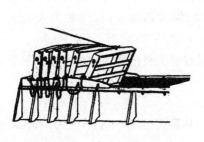

图 7-28 滚翻式舱口盖

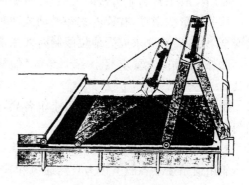

图 7-29 液压铰链式舱口盖

2) 小舱盖和人孔盖

船上有许多舱室,在其相邻的甲板或舱壁上必须有开口,以便人员通行。但为了船舶和人员的安全,开口处必须设置有活动的舱盖。由于这类舱盖尺寸较小,一般便称为小舱盖。

小舱盖有油密、水密和非水密之分。设在露天甲板和分舱隔壁上的小舱盖都要求水密式,且在任何一面均能启闭小舱盖。在上层建筑或甲板室内的小舱盖一般可为非水密式。

油船油舱上的舱盖,不仅为油密,而且是气密式的,其上设有观察孔,并要求转动零件在启闭舱盖时不会产生碰击火花。就小舱盖的外形而论,则有方形、圆形或椭圆形之分。一般船舶采用方形或圆形舱盖,油船多用圆形或椭圆形舱盖。图 7-30(a)、(b)、(c)分别为方形、圆形、油舱三种形式的小舱盖。

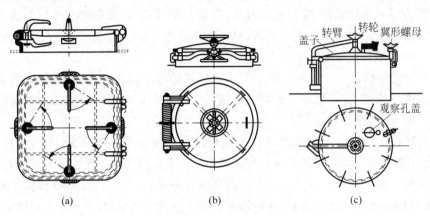

图 7-30 小舱盖

(a) 方形小舱盖;(b) 圆形小舱盖;(c) 油舱小舱盖

凡是不经常出入,但在一定期间内需进行检查的处所,如被封闭的各种油舱、水舱、双层底、首尾尖舱等,都应设有供人出入的人孔。人孔上应配有盖子,这种盖子就称为人孔盖。人孔盖有椭圆形和圆形两种,一般为油密或水密形式。

2. 船用门

船上各舱室为分隔人员或物品,并便于人员或物品的进出,都配置有各种形式的门。

船用门有水密和非水密两大类,可根据舱室需要选用。

从关闭形式来看,有铰链式和滑动式两种。一般多用铰链式门(拉门),因为开闭简便而且安全,只在特殊要求或受地位限制时才用滑动式门(移门)。

此外,根据防火要求船上若干部位(如机舱、厨房等)须采用防火门,以防失火时火灾蔓延。

船用门结构形式很多,尺寸大小也各异,船舶设计时按有关规范要求和实际需要根据船用门的标准选用。

3. 船用窗

船用窗是船上各舱室作为自然通风和采光的装置。其形式很多,一般可分为舷窗、矩形窗和天窗。

1) 舷窗

舷窗是设置在主船体两侧保证船体水密和抗风浪的窗,通常为圆形,适用于在水线以上干舷甲板以下舱室的船壳上或第一层上层建筑(或甲板室)的舱室外围壁上。

舷窗的形式很多,有固定式和活动式;有轻型和重型;有上开和侧开;有风暴盖和无风暴盖;有铜质的、钢质的和铝质的等。舷窗按其透光尺寸分为几种规格,主要有 $\phi200$、$\phi250$、$\phi300$ 和 $\phi350$ 等几种,现已列入船舶标准中。

图 7-31 为活动式舷窗。它由窗框、玻璃框和风暴盖组成。风暴盖是防止在暴风中玻璃

破碎后水进入舱室的金属盖。风暴盖还起遮蔽光线作用。当打开风暴盖时,舱室即可采光。当打开玻璃框时,舱室亦可通风。

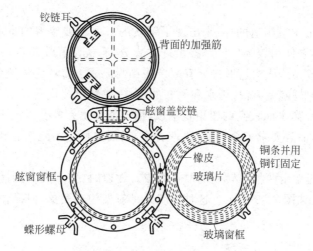

图 7-31　带风暴盖的活动式舷窗

2)矩形窗

矩形窗也称方窗。这种窗自然通风的效果很好,但水密性较差,通常仅能用于干舷甲板以上的甲板室或上层建筑。

矩形窗的形式也很多,有固定式与活动式、铰链式与滑动式之分。目前,手摇式矩形窗在水密性要求不太高的部位获得了广泛应用。

3)天窗

天窗是设置在甲板或顶棚上用于透光和通风的窗。装于厨房、通道和舱室顶部的称为甲板天窗;而用于机炉舱顶棚的称为机炉舱天窗。

甲板天窗通常仅为透光而设置,故为固定式。机炉舱天窗除了透光外,尚有通风作用,多为活动式。为了便于启闭,可采用机动或人力通过传动装置来启闭天窗。图 7-32 为用螺杆传动来启闭的机炉舱天窗。

7.1.5　救生设备

尽管船舶在设计建造过程中已经充分地考虑安全保障问题,但在营运过程中,船舶的海损事故还是可能发生的。因此,为了保障海事中船上全体乘员的生命安全,除了有可呼救的通信设施外,还必须配备能单独在海上漂浮或行驶的各种救生工具,统称为救生设备。常用的救生设备有救生艇、救生筏、救生浮、救生圈和救生衣等。

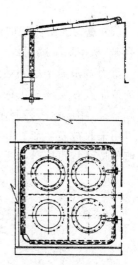

图 7-32　机炉舱天窗

1. 救生艇

当船舶发生海难事故时,载满乘员的救生艇能迅速、安全地降落到海面,等待救助或驶向附近的海岸,从而保护乘员的安全。救生艇不仅有足够的干舷和充裕的稳性,而且艇体两侧设有水密的空气箱或泡沫塑料浮体,提供储备浮力,此外艇内还备有干粮、淡水、药品、帆、桨等物品。

救生艇最初是由木材制造的,后来出现了钢质的。由于玻璃钢的重量轻、强度高、耐腐蚀且维修方便,近年来使用较为广泛。按推进方式分,有机动和非机动两类,机动艇装有发动机,航速可达 4～6kn。从构造形式分有敞口式和封闭式:前者为传统型,结构较简单,登艇方便;后者能使乘员避免风浪、雨水和严寒的侵袭,较敞口式优越。

救生艇常存放在离水面较高的艇甲板两舷,但不能伸出舷外。为便于救生艇的起放,配备有专用的吊艇架,而且要求安全可靠、迅速省力、灵活方便。吊艇架有转出式、摇倒式和重力式等形式。

(1) 转出式吊艇架由两根可转动的曲杆组成。放艇时,依靠人力转动吊艇杆,使艇吊出舷外而放到水面上,如图 7-33 所示。这种传统式吊艇架构造简单,但操作不方便,目前只有小型船舶还有应用。

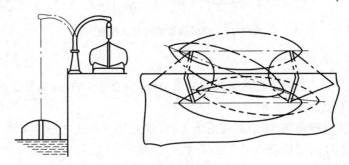

图 7-33　转出式吊艇架

(2) 重力式吊艇架的最大优点是放艇迅速,被海船广泛采用。《海船救生设备规范》中对客船、水产加工船、科学调查船以及总吨位不小于 1600t 的油船都要求采用重力式吊艇架。重力式吊艇架由斜坡式的底座架和弯曲形的吊艇滑架组成。底座架固定在甲板上,吊臂的滑轮嵌在底座架上的滑槽内。艇和吊臂都用吊艇索拉住,吊艇索经过导向滑轮引至电动起艇机,用起艇机控制吊艇索的收放。这样利用一根吊艇索不但可以收放吊艇滑架,而且可以用来收放救生艇。利用艇的自重,通过艇架机构,使艇迅速而安全地到达舷外。重力式吊艇架按结构可以分为重力式倒臂型、重力式滚动型吊艇架,如图 7-34 所示。

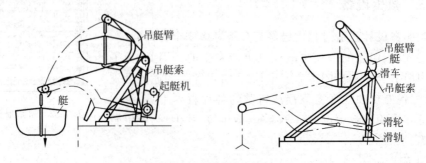

图 7-34　重力式吊艇架

（3）摇倒式吊艇架放艇时依靠人力摇动手柄，通过齿轮、螺杆等传动部件把艇架推向舷外，艇亦随之吊出舷外。其应用不及重力式吊艇架广泛。

2. 救生筏

传统的救生筏为刚性救生筏，周边有空气箱或硬质泡沫塑料浮力块。

近年来气胀式救生筏的应用逐渐广泛起来。如图 7-35 所示，尼龙橡胶布制成的气胀式救生筏主要由筏（上、下浮胎）、篷帐、篷柱和筏底组成。平时筏不充气，折叠后储放在玻璃钢筒或帆布包内，如图 7-36 所示。使用时，连同玻璃钢筒一起抛入水中，由拉绳打开二氧化碳钢瓶的充气阀，在不到 1min 时间内能自动充气完毕。顶部篷帐可使遇难人员免受风雨、寒流和日晒的侵害。筏内还备有食品、淡水、药品、信号设备和划桨属具。筏底外部有 4 个平衡水袋，以增加筏的稳定性。筏体两端各有一个进出口，进出口处各有一个尼龙带制成的软梯伸入水中，供人员攀登用。筏外水线下的电池袋内装有海水电池，当其接触水时，电池即产生电流，向筏内照明灯和筏外篷顶的示位灯供电。

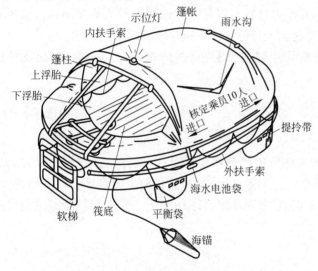

图 7-35　充气后的气胀式救生筏

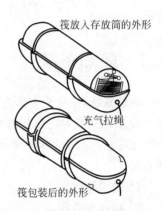

图 7-36　存放在船上的救生筏

由于气胀式救生筏是投入水中后才自动成型，遇难者只好先跳入大海，然后才能进入筏内，这在高寒海域和对老弱病残人员多有不便，为此又出现了吊放式救生筏，它可以先在甲板上充气成型，载人后用吊放装置吊放在水面。这就解决了在高寒海域和风浪海面上登艇的麻烦，尤其对老弱妇孺很方便。

3. 救生浮

救生浮是一个四周由不吸水的泡沫塑料构成的矩形或椭圆形浮体。救生浮上不设置座位，但浮体当中设有绳网和木格栅踏脚板，四周设有救生索，如图 7-37 所示。遇难人员可置于木格栅踏脚板上或水中紧握救生浮四周的救生索，以待救援。救生浮上有划桨和白亮浮灯等属具，但无食品和淡水，故只适宜于沿海和内河船舶上使用。

4. 救生圈

救生圈是一环状浮圈，由不吸水的泡沫塑料或软木等制成。救生圈的作用有两个：一是以其浮力支持落水人员，使其上身能露出水面；二是示位作用，使船舶或前来救援人员容易发现遇难人员。因此,部分救生圈按规定应带有自亮浮灯,并能发放烟雾信号。图7-38所示为悬挂于栏杆上的带自亮浮灯的救生圈。

图 7-37　救生浮

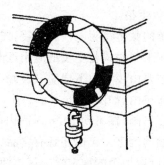

图 7-38　救生圈

5. 救生衣

救生衣是用帆布或尼龙制成的,其浮力材料可以是木棉或闭孔软质泡沫塑料。救生衣为背心式,它能提供一定的浮力,能使落水人员的身体后倾仰卧,胸部露出水面。

为便于海上搜索、寻找,救生设备均应制成橙黄色,并贴有定向反光带,以便及早被发现。

7.2　船舶系统

船舶系统,是指船上输送液体和气体所需的管系及其附件、阀件、机械和仪表的总称。它为船舶达到良好的航行性能和安全营运创造条件,并为满足船上乘员生活需要而设置。一般运输船的船舶系统主要包括疏水系统、灭火系统、日用水系统、通风系统、取暖或空气调节系统。

1. 疏水系统

1)舱底水系统

船舶在营运过程中总有可能积水于舱底,因此,船上必须设有将舱底水排出舷外的系统即舱底水系统。方法是在各舱舱底集水阱处装上吸水过滤器,并与吸水管相通,当机舱里的舱底水泵开动时,泵就通过与其连接的吸水管将舱底水抽出,排到舷外。为了便于了解舱底水积聚的数量,常在各舱舱底集水阱处装上测深管。

2)压载水系统

船上的货物、燃料、淡水等载荷在营运中是变动的,因而船的浮态、重心位置以及稳性等都将产生相应的变化。为了使船舶在载荷变动的情况下仍具有良好的航行性能,必须使船舶维持一定的吃水和纵倾,且在任何情况下不产生首倾。为此,船舶经常需要从舷外吸水进入船舱,对船进行压载和调整纵倾。用于压载和调整纵倾而吸入的舷外水称为压载水,压载水通常被注入在双层底舱、首尖舱、尾尖舱、顶边水舱、舷边舱或深水舱内。这种专门容纳压载水的舱就称为压载水舱。

压载水的注入或排除,压载水舱之间水量的调节,都依靠设在机舱里的压载水泵来完成。

2. 灭火系统

各种船上都设有灭火系统,以保证扑灭火灾和航行的安全。众所周知,燃烧是有条件的,要有燃烧物、有一定的燃点温度和助燃的空气。从消除燃烧的条件出发,根据船舶的用途和动力装置类型,人们在实践中创造了多种形式的灭火系统。

1) 水灭火系统

水灭火系统利用水将燃烧物的温度降低到燃点以下而灭火。由消防泵将水从舷外打入,通过管路分送到各个消火栓,再流经接在消火栓上的水龙带和水枪后,即以整股水流喷射灭火。水灭火系统结构简单,水源容易,在每艘船上几乎毫无例外地被采用。

2) 泡沫灭火系统

众所周知,水灭火系统是不能用来扑灭油类火灾的,因为油比水轻,油会浮在水的自由液面上流开,反而使火焰蔓延。而泡沫灭火系统则是用来扑灭油船、油驳及干货船油类火灾的。泡沫灭火是将比重较小的不会着火的泡沫覆盖在燃烧物体上,使燃烧物体与空气以及其中的氧隔绝,达到扑灭火灾的目的。

3) 二氧化碳灭火系统

其工作原理是将饱和蒸汽或二氧化碳注入封闭的舱室内,使燃烧物体周围形成不能助燃的气层,火灾即自行熄灭。

在运输棉花、亚麻及其他易燃货物的货船上应采用二氧化碳灭火系统。该系统要专设二氧化碳灭火站,站内放着许多二氧化碳液体的无缝钢质储液瓶。打开控制系统后,二氧化碳才由灭火站经输气管注入舱室。

二氧化碳灭火站要远离居住舱室,应设在上层建筑或上甲板容易到达的处所,门窗要直接通向露天甲板。

4) 卤化烃灭火系统

船上使用的卤化烃的种类较多,如一溴二氟一氯甲烷(简称 1211)、一溴三氟甲烷(简称 1301)、二溴二氟甲烷(简称 2202)和二溴四氟乙烷(简称 2402)等。我国目前主要采用 1211。

卤化烃是无色的液化气体,具有高密度、低黏度的物理性质。在环境温度下,它能稳定地长期储存。它的灭火原理与其他灭火剂不同,不靠冷却或稀释氧气,而是依靠抑制燃烧过程中氧化的连锁反应,使燃烧中断,因而灭火迅速。它主要用来扑灭油类火灾。

卤化烃与火焰接触后,其分解物对人体有害,所以在施放卤化烃灭火剂之前应发出警报信号,通知舱内工作人员撤离,同时关闭门窗等与大气相通的孔道,防止灭火剂向外逸出。

3. 日用水系统

日用水系统是保证船舶管理和船上人员生活所必需的上、下水道系统。

上水道系统就是供水系统,供给船上的饮用水、洗涤水和冲洗用的清水和舷外水。供水方式有重力水柜、压力水柜,利用循环泵。

下水道系统就是排泄系统,有三方面功能:一是将甲板的冲洗水和雨水等排泄到舷外;二是将浴室、洗脸间、厨房等处的污水排至舷外;三是将厕所的粪便排出。

粪便污水管路应单独设置,这种管路不能通过厨房、食堂、配膳室、粮食及副食品仓库以及居住舱室。从防污染的考虑出发,目前有许多国家的港口都禁止直接排泄,通常是先将粪便污水输送到舱底的储存柜或粪便污水处理舱,经处理后才排至舷外。

4. 通风系统

通风系统供给舱室新鲜空气,排出污浊气体,使室内空气维持一定的纯度、温度、湿度和流通,从而保证人员的健康,避免货物腐败,有利于各种器材、机械、仪表的正常工作。

船上的通风方式分自然通风和机械通风。自然通风主要依靠开孔,如门、窗、舱口、通风筒和通风斗等。图7-39为几种传统的通风筒和通风斗的式样。

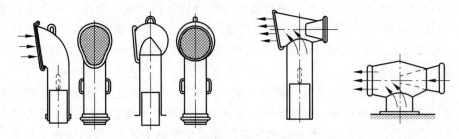

图7-39 通用筒和通风斗的式样

自然通风,结构和设备简单,造价低廉,维护费用低。但受风向、相对速度和室内外温度差等各种因素的影响,工作不稳定,故对要求高的舱室使用机械通风。

机械通风,是利用通风机将空气送入或排出的人工通风。随工作方式的不同,又分为三种形式。

吸入式:使用机械送风,自然排风。船上餐厅、居住舱室、公共活动场所多采用此方式。

排出式:使用机械排风,自然送风。此式多用在厕所、浴室、厨房及蓄电池间等。

混合式:利用通风机同时进行送风和抽风,即机械送风和机械排风。这种方式仅用在要求通风量很大的舱室。

5. 空气调节系统

为改善劳动和生活条件,现代船舶常采用空气调节系统来制造适宜的"人工气候"。

空调的任务就是对外界空气进行滤尘、加热或冷却、加湿或去湿,并把经过加工处理后的空气送到各舱室。通过空调系统,在冬季是对空气加温加湿;在夏季是对空气冷却去湿;在气温适宜时则进行通风、换气。

目前在船上应用的空调装置可分为三类。

(1)集中式空调装置:货船上船员舱室较集中,通常是将空气由1~3个中央空调器集中处理后送至各舱室。

(2)分组集中式空调装置:客船的舱室较多,且对各类舱室的调节要求不同,通常按邻近的、调节要求相同或相似的舱室进行分组,用较多的中央空调器分组进行空气处理后,送入对应的舱室。

(3)独立式空调装置:对某个舱室进行调节时使用的小型空调装置。

图7-40为一种集中调节式空调装置示意图。空气经过过滤器,除去杂质,改善纯度,由风机吸入。在冬季或在寒冷航区,经过加热喷湿(空气中的温度和湿度是相互影响的,空气被加热时相对湿度就会减小,所以加热常需喷湿,避免空气干燥),由风管送入各个舱室。加热方法可采用蒸汽加热或电加热。喷湿则主要是通过水管喷出雾状小水珠。在夏季或炎热航区,经过降温、降湿,再由风管送入各舱室。降温的方法可采用如图所示的制冷系统,降湿则可以通过各种物理或化学方法。

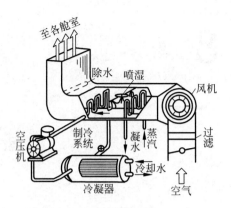

图 7-40　空气调节装置示意图

复习思考题

1. 舵设备由哪几部分构成？其主要功能是什么？

2. 舵的形式有哪几种？电动液压舵机的工作原理是怎样的？

3. 锚泊设备由哪几部分构成？其主要作用是什么？

4. 锚有哪些种类？各有什么特点？

5. 系泊设备由哪几部分构成？主要作用是什么？

6. 常用的起货设备有哪几种？其主要特点各如何？

7. 货舱口盖有哪几种形式？各适用于哪些船舱？

8. 小舱盖和人孔盖有何不同？

9. 舷窗的作用是什么？其形状特点如何？

10. 船上常用的救生设备有哪些？其功能特点各如何？

11. 何谓船舶系统？一般运输船的船舶系统主要包括哪些？

12. 船上的灭火系统有哪几种？其灭火原理各如何？

第 **8** 章

船舶电气系统

船舶电气系统由船舶电站、电网和电气负载三部分构成。电能由船舶电站产生,经过配电板调整与分配,由电缆、电线传输到各用电装置(负载),组成一个完整的电气网络,这个电气网络就称为船舶电气系统。网络中的所有装置称为船舶电气装置。

现代化船舶的特点是电气化程度高,电子技术深入到船电的各个领域,各种电子设备在船上的广泛使用以及船舶向自动化方面的发展。

船舶电气化程度的提高集中反映在船舶电站容量的增长上,船上最早使用的电气设备是电气照明。在早期的船舶上,为照明及少量其他电气设备所设置的电站,其容量只有几千瓦。目前,在一些小型和内河船舶上,使用为数不多的电动辅机、照明等,其电站容量也只有几十千瓦。然而,由于电能的产生、分配和传输具有一系列的优点,如经济、可靠、使用方便、控制灵活等,这样,逐渐使船上的各种工作机械、设备仪器普遍地采用了电力拖动,使得船舶电站的容量急剧增长。现在,一般普通的万吨到几十万吨的货、油船,其电站功率为一千到几千千瓦,大型舰船的功率达到一万至几万千瓦,一艘航空母舰的电站容量可达 17000~23000kW,几乎相当于一个中型城市的电站容量。电站容量的增长反映了船舶电气化程度的提高。

在电站容量增长的同时,船舶自动化也获得了长足的发展,不仅是设备的自动化,而且在机舱及观通导航等方面都得到了成功的应用和推广。船舶自动化不仅节省了人力、改善了船员的工作条件,节省油耗、费用和航行时间,而且使航行控制与管理集中,从而提高了船舶的航行性能。

本章对船舶电站、船舶照明及船舶自动化作简要介绍。

8.1 船舶电站

船舶电站是产生连续供应全船电能的设备,因此是船舶电力系统的核心部分。

8.1.1 船舶电站的组成

船舶电站是由原动机、发电机(组合成发电机组)及配电板组成的。发电机组是把化学能转化为电能的装置,通过配电板来进行控制及分配。

带动发电机运转的原动机可为柴油机、汽轮机或燃气轮机,相应的发电机组称为柴油发电机组、汽轮发电机组或燃气轮机发电机组。

柴油发电机组工作效率高,油耗低,轻便,启动快,操纵方便,维护简单,附属设备较少,是船上使用最多、最普遍的发电机组。不仅用于以柴油机为动力装置的船上,而且也应用于其他动力装置的船上。为了减小机组的重量和外形尺寸,通常采用中、高速柴油机作为原动机。

8.1.2 船舶电站的种类和布置

通常,船舶电站的种类有:①主电站,是正常情况下向全船供电的电站;②应急电站,是应急情况下向为保证船舶安全所必需的负载供电的电站;③小应急电站,是当主电站失电而应急电站尚未启动时对重要处所的照明和收发报机供电的电站。

主电站装有主发电机组、备用发电机组,有的船舶还装有停泊用发电机组。船舶主电站中的主发电机能够保证供给船舶在航行、装卸货、起锚、抛锚等各种工作状态时船上所有用电设备所需的电能。当主发电机因故停机时可使用备用发电机。目前船上一般装有两台或两台以上相同形式、相同容量的发电机,可以互为备用。当船舶航行与停泊工况的用电负荷相差很大时,为了经济、合理地使用机组,船舶才设置单独的停泊用发电机组。

应急电站,是船舶处于应急状态时(如机舱破损进水、主发电机组不能工作)向全船重要用电负载(如操舵装置、电信设备、应急照明等)供电以保证船舶安全的重要设施。应急电站的电源可以是蓄电池组或应急柴油发电机组。采用蓄电池组作应急电源时,蓄电池的容量应至少能满足 $3\sim6h$ 连续供电的要求;采用应急发电机时,可采用手动或自动应急启动的方式。由于应急时的用电量与停泊时的用电量有时相近,因此,有的船上以停泊电站兼应急电站,但其布置必须按照应急电站的要求进行。在一些小型船舶上,常用蓄电池组作为应急电站。

在使用应急发电机作为应急电站的船舶上,尚设有由蓄电池组成的临时应急电源(亦称小应急电站)。当主电站失去供电能力,应急电站尚未投入工作或主电站和应急电站都失去供电能力时,临时应急电源能够自动投入工作,以保证一些最重要的用电设备,如重要通道和出入口处的照明等供电。同时,小应急电站一般还担负着启动应急发电机组的任务。

由于主机带动螺旋桨的功率有 $10\%\sim15\%$ 的储备,而航行时需要电站供给的电功率一般不超过主机功率的 10%,为了充分利用主机这部分剩余功率,提高船舶营运经济性,出现了主机轴带发电机组,见图8-1。这是一项重要的轮机节能措施。它是利用主机通过齿轮或直接串在推进轴系来带动发电机,作为航行工况用的电站机组,取代一台辅机发电机组。它的节能是因为主柴油机的油耗比发电柴油机低得多,同时还能燃用廉价重油,减少了机舱噪声,减轻了设备维护量及费用。

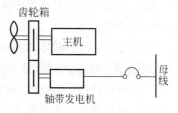

图8-1 主机轴带发电机

从布置上来看,船舶主电站一般都设在机舱中,操作、巡视都方便,管路和电缆的敷设也简便,且易检查。中小型船舶的发电机组常与主机同在机舱底层,大型船舶机舱高度大、层数多,为防止蒸汽、油雾对发电机的侵蚀,常把发电机组放到机舱的平台甲板上,在船体结构上予以局部加强,以承受机组运行所产生的振动。图 8-2 为某 1000t 船机舱布置图,两台主发电机及一台停泊发电机均布置在机舱内,主机位于两侧,发电机组集中,主配电板兼停泊配电板位于机舱前部。

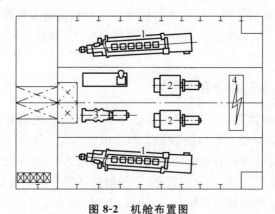

图 8-2 机舱布置图

1—主柴油机;2—主柴油发电机;3—停泊柴油发电机;4—主配电板(兼停泊配电板)

应急电站一般布置在艇甲板上、机舱棚以外的独立舱室内,以不受机舱进水或火灾等事故的影响,进行应急供配电。

8.1.3 电站容量和机组台数的确定

船舶电站所需要的总功率(即电站总容量)是通过船舶在各种运行工况下的电力负荷计算来确定的。根据计算所得总功率再考虑其他因素,如电网损耗、同时利用系数等,最后才能确定发电机组的容量和应配置的发电机台数。

为了进行船舶电力负荷计算,往往先要划分船舶的运行工况,并将全部用电设备按系统分类列表。

船舶运行工况通常有如下几种。

(1) 正常航行:指船舶满载全速航行状态。

(2) 进出港及靠离码头:指港内低速航行及起、抛锚时的工作状态。

(3) 正常作业:对货船指装卸货物时的工况;对工程船指它们生产作业时的工况,如挖泥、拖网、绞缆和起重等工况。

(4) 停泊:指船舶停靠在码头或锚地无作业的工况。

全船用电设备(负载)通常可分为如下几类。

(1) 甲板机械:如舵机、锚机、绞缆机、起货机、吊艇机和舷梯绞车等。

(2) 舱室辅机:如各类油泵、水泵、空压机、冷冻机、通风机和空调设备等。

(3) 工程船舶的作业机械及维修机械(如车床、电焊机等)。

(4) 电气照明设备:包括舱室照明、航行灯、信号灯和舱面探照灯等。

(5) 船舶通信和电航仪器:通信设备有无线电收、发报机,电话,广播,声光报警和电车钟等;电航仪器有雷达、罗兰、电罗经、电测深仪和计程仪等。

(6) 其他用电设备:如电热器、电风扇和音像设备等。

划分了船舶运行工况并将用电设备分类后就可采用各种方法计算全船电力负荷,以确定主电站的容量(总功率)和机组的台数。一般情况下,选择发电机组时,应遵循下述原则。

(1) 船舶电站的总功率应满足全船各工况下最大用电量的需要。

(2) 考虑一定的功率储备,各台发电机组的负荷率取 80% 左右为宜。

(3) 主发电机组的台数一般以 2~4 台(包括备用)为宜。由于船舶各运行工况的用电量是不稳定的,如果船上只装一台功率大的发电机组,在航行中会有浪费;如果只装一台功率较小的发电机组,进出港和作业时电量又不够用,所以装两台以上发电机组是适宜的。这样若某一发电机组偶然发生故障,也不致造成全船性断电;在船舶用电高峰时,可以采用双机并车运行以满足用电需要。

(4) 为保证有良好的并车运行特性,又可使各机组互为备用,一般情况下总是选用同型号、同功率的机组。

8.1.4 主配电板及供电网络

船舶电站在运行时必须控制和监视发电机的工作状态,此外发电机的电能必须妥善地分配给全部用电设备,为此在船舶主电站和应急电站设置有主配电板和应急配电板。

主配电板和应急配电板是由各种控制、保护、调整、测量、配电和信号设备组成的一套综合电气设备,通过它来完成下列任务:

(1) 对发电机和电网的电压、电流、绝缘、频率等参数进行必要的测量和调整;

(2) 接收发电机送来的电能,通过配电开关给电网供电;

(3) 对发电机的运行状态,如发电、供电、并车等实行电气控制;

(4) 当发电机或电网发生过载、短路等故障时,自动切断供电线路,以保护发电机免受故障损坏。

主配电板一般立式安装在主发电机的附近,见图 8-3。

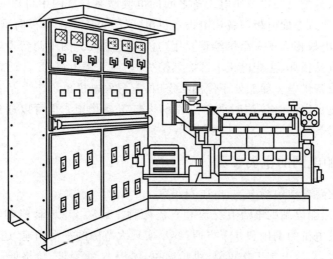

图 8-3 主配电板和发电机示意图

电能从主配电板(及应急、停泊配电板)通过电缆传输,经过中间分配电装置(区配电板、分配电箱等)送向各电气用户,形成的电力网络即为船舶电力网。

在主配电板向用户的供电中,采取的方法是:重要的、大容量的用户直接从主配电板供电,其他设备按照成组的方式,从主用电板通过分配电箱供电,其形式如图 8-4 所示。

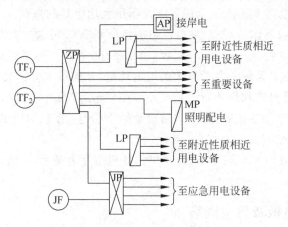

图 8-4　全船配电系统简图

TF—交流同步发电机;ZP—主配电板;JP—应急配电板;LP—电力分配电箱;
MP—照明分配电箱;JF—应急发电机;AP—舷外供电箱(岸电箱)

从主配电板供电的重要负载有舵机、锚机、消防泵、航行信号灯、无线电通信装置、重要导航设备等。其中,舵机必须有两路沿两舷敷设的电源。其他如航行信号灯、无线电通信装置及重要导航设备等,也常采用两路供电。两路供电的设备在有应急电站时,就采取一路由主配电板供电,一路由应急配电板供电,以确保供电的可靠性。其他次要设备的分组供电,通常是按照系统分,如电力、照明、船内通信、导航等。同系统中,又以负载性质、安装地点为原则分,如油泵、水泵、风机、锅炉等。

图 8-4 为民用船舶全船电力系统简图。它反映了全船电能的分配方式及发电机、主配电板、应急配电板、分配电箱以及用电设备之间的电气联系。从图中可以看出,在船舶正常运行时,主发电机通过主配电板向各用电设备供电,又通过应急配电板向重要(应急)用户供电。此时,应急配电板相当于一个供给重要用户的区配电板。图中两台发电机 TF_1 和 TF_2 互为备用。当主电站损坏、主配电板电源突然消失时,应急发电机 JF 自动启动,通过应急配电板向应急用电设备供电。船舶处于停泊状态时,应急发电机也可作为停泊发电机,通过主配电板和应急配电板向部分停泊时尚需工作的电气设备供电;也可以通过岸电箱接通岸电,由配电板供电。

8.1.5　船舶电网的主要参数

船舶电网的主要参数包括电制、电压和频率。

从电制上分,船舶电站的电流有交流和直流两种。1950 年以前,船舶电力系统大都是直流电制。直流发电机的调压和并车方便,容易实现大范围的平滑调速,还可对蓄电池直接充电。但比较而言,交流电制工作可靠、维护简单、体积小、重量轻、价格低。因此,目前一般船舶都采用交流电制,有一些小型船舶仍采用直流电制。常规动力潜艇因在水下航行时需要用电池作动力,也采用直流电制。

关于额定电压,我国船舶规范规定:除小船采用24V 直流低压系统外,一般船舶都采用交流 3 相 380V、单相 220V。

我国船舶电站交流电的额定频率是 50Hz,而国外多采用 60Hz。

8.2 船舶照明

船舶照明装置包括舱室照明、舱面工作强光照明、探照灯、航行信号灯和低压修理用灯等,各种照明所用电气光源常为白炽灯(钨丝灯)、荧光灯和高压水银灯等。船舶照明所用照具的结构形式,按其使用场合不同有防护式、防溅式、防水式和防爆式等多种。常见的舱室照明灯有防水式舱顶灯、保护式篷顶灯和防爆灯等,三种灯具的外形见图 8-5。船舶照明按系统路线可分为正常照明线路、应急照明线路、临时应急照明线路。

船舶正常运行时,全船照明由设在全船各部位的照明分配电箱通过正常照明路线供电。照明分配电箱的供电范围一般以舱室或甲板层次按区域划分,每一分配电箱供电分路一般不超过 12 路,其中包括 1~2 路备用线路。重要舱室、场所的照明一般由两个独立的分路供电,并且灯点交错供电。图 8-6 为某船机舱照明布置图,图中由照明分配电箱引出两个独立的分路,分别馈电给相互间隔的照明灯,这样,当其中一路损坏时,尚能维持 50% 的照明;全船室外照明由安装在驾驶室的分配电箱供电,这样可以在驾驶室进行集中切断,以利于夜间航行。

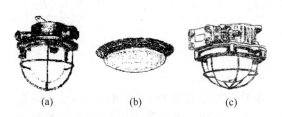

图 8-5 舱室常用照明灯具
(a) 舱顶灯;(b) 篷顶灯;(c) 防爆灯

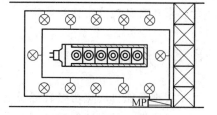

图 8-6 某船机舱照明布置图

当船舶主发电站发生故障,全船处于应急状态时,由应急发电机通过应急照明线路供电给位于重要场所的应急照明。应急照明安装场所,规范都有具体规定,临时应急照明是弥补正常与应急电源换接时造成的短时断电,以维持一些最重要场所,如重要通道、机舱出入口、主辅机操纵台等处的照明。临时应急照明必须采用蓄电池组供电,并且当主电网及应急电网失电(或者电压降至 40% 额定值时)能自动接通,当主电网或应急电网电压恢复时又能自动切断。

船舶在夜间航行时,为确保安全,需要标明船舶位置、工作状态等,为此船上装有各种航行灯。常见的航行灯有装于桅杆的前后桅灯、装于两舷的红绿灯、装于船尾的尾灯等。各种类型船舶其航行灯的配置要求在船舶信号设备规范中都有详细规定,图 8-7(a) 为某类型船舶航行灯的配置情况。

船上的左舷灯为红灯,右舷灯为绿灯,尾灯为白色。红绿舷灯的光弧规定为 112.5°,尾灯的光弧规定为 135°,舷灯和尾灯的光弧合起来为 360°,见图 8-7(b)。夜间航行时,如果我们只看到某船的尾灯,表明我们在该船的后方,如果同时看到某船的红绿灯,表明我们在该

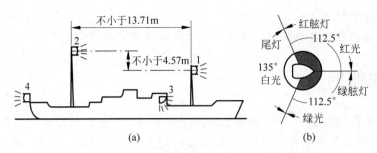

图 8-7　船长为 45.75m 及以上机动船航行灯的配置

1—前桅灯；2—后桅灯；3—红绿舷灯；4—尾灯

船的正前方,如果只看到某船的绿灯或红灯,则表明我们是在该船右方或左方。另外根据前后桅灯的位置变化,我们还能判断该船的动向。

航行灯是船舶系统中一个重要的独立部分,它由安置在驾驶室的航行灯控制箱集中控制。航行灯为双丝灯泡,在航行灯控制箱上设有转换开关,当其中一组钨丝损坏时,能及时发出声光报警信号,工作人员可以迅速转换到另一组钨丝,以保证航行灯继续使用。为确保供电可靠,航行灯控制箱应由应急配电板和主配电板两路电源供电。

除了航行灯外,船舶还安装有各种闪光信号灯,以便对外通信联络。常见的闪光灯有旋转座架式通信用定向闪光灯和桅顶式通信用环照闪光灯(即摩尔斯灯)等,各种闪光灯的配置要求在有关规范中皆有规定。

8.3　船舶自动化

实现船舶自动化可减轻船员的劳动强度,改善船员的工作环境,减少船员人数,提高船舶的经济性以及保证船舶航行安全。因此,随着造船工业和自动化技术的发展,新建造船舶的自动化程度都逐渐提高。

船舶自动化的发展进程大体分为如下四个阶段。

(1) 个别装置自动化阶段。1960 年前建造的舰船,仅在个别设备上采用自动化技术,自动化功能也不太复杂,不能构成一个完整的集中控制系统。这类舰船的船员人数,以万吨级货船统计,为 40～50 人。

(2) 机舱有一人值班,并可集中监视和遥控阶段。这阶段的主要特点是机舱内设有带隔音和空调设施的集中控制室(简称机控室或集控室),一人值班可对整个机舱集中监视和测量,并可实现遥控操纵。在驾驶室操纵台上(简称驾驶台),驾驶员就可以直接遥控操纵主机的运行。这个阶段,万吨货船的船员人数已经减少到 25～30 人。

(3) 机舱无人值班阶段。无人机舱是从 1965 年开始发展起来的。无人机舱除了主机可以遥控或按自动程序动作外,相应主辅机的监测报警系统、安全保护系统以及通信系统等均日益完善,同时还大大提高了舰船的安全性、可靠性和经济性。

(4) 超自动化船的发展阶段。超自动化船就是指以电子计算机为基础的自动化船。它把舰船作为一个整体,通过电子计算机实现全面的监控。

最初建造的超自动化船,大多采用一台大型电子计算机进行集中控制,其控制范围除机舱自动化外,还包括导航、货物装卸、报务等方面的自动化。

近年来建造的超自动化船大都趋向于用多台微型计算机分别控制机舱、导航、舾装等系统。这是一个有机结合起来的分项控制系统,即第二代控制系统。看来它是较为合理的。

本节简要介绍主机遥控、机舱遥控和船舶电站自动化三方面的情况。

8.3.1 主机遥控

通常,船舶主机都由机舱工作人员根据驾驶室的命令进行操纵,随着船舶自动化程度的提高,不少船舶都设有主机遥控装置。所谓主机遥控就是通过自动控制系统实现驾驶室对主机的直接操纵。

图 8-8 为某中型船舶上装置的主机遥控系统框图,该系统可兼做手控及遥控之用,通过转换开关可任意转换。无论手控或遥控,都由装置在驾驶室的遥控操纵台发令。在手控时,遥控操纵台的工作情况与普通车钟完全一样,扳动遥控操纵台的操纵手柄,机舱操机人员根据驾驶室的命令转动柴油机操机手轮以操纵柴油机,与此同时实现车钟的回令发信。

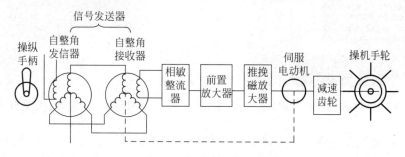

图 8-8 主机遥控系统框图

遥控时,对驾驶室来说,柴油机的操纵与手控时完全一样,但在机舱则不必再由机舱操机人员转动操机手轮,而是由遥控执行元件(伺服电动机)经齿轮减速后带动操机手轮,并同时实现车钟的回令发信。

遥控装置主要由自整角信号发送器、相敏整流器、前置放大器、推挽磁放大器以及伺服电动机组成。

8.3.2 机舱集控

机舱集控是指主机及重要辅机的启动、停机和运行控制均可在集控室进行手控、遥控或自动控制。船舶机舱内各种机械设备繁多,为了保证船舶安全航行,值班人员需要经常检查和监视各种机械设备的运转情况。仅以测温为例,一艘船舶在运行时,轮机机组各个部件包括主辅机的水温、油温、排气温度和各种冷却器、加热器的温度约有近百个测温点,以往全靠人工用水银温度计测量,不仅体力耗费大,而且劳动条件恶劣。图 8-9 为船用多点自动巡回测温仪,它可替代烦琐的人工测量,完成多个测温点的自动检测。该仪器可以有手动和自动两种工作方式,手动可以通过设置在面板上的按键开关选择被测温度序号,测温电表随即反映被测点的温度数值;自动测温时,仪器能够按照预先制定的测温点编码序号,依序自动巡回检测,此时,数码管显示被测点序号,测温电表指示被测点温度数值。当扫描到的被测点温度高于预先设置的数值时,仪器能发出超温声光报警信号,并停止巡回扫描。此时,数码管显示的序号即为超温点序号,而电表指示的温度为该超温点的实际温度值,以引起值班人员注意。

随着船舶自动化程度的提高,不少船舶在机舱内设有带隔音和空调设备的机舱集中控制室,将主机和各种辅机的测量仪表,包括遥测各种压力、温度、电流、频率、转速等参数,以及信号灯、警报器、自动控制装置全部集中在一起,这样只需一人值班就可对整个机舱的设备进行集中监视和遥控。图8-10为某船机舱集中控制台,控制台的面板上明确地指示出各种设备中测量仪表所在点,以及整个动力装置工作过程的模拟流程图,图中装有警报信号灯和其他指示灯,以便于值班人员操作。

图8-9　船用多点自动巡回测温仪

图8-10　机舱集中控制台

随着主机、辅机和各种自动控制设备可靠性的日益提高,在正常运行时,机舱机械很少要人照料,从而可以发展为无人机舱。这类船舶的特点是除了在独立的机舱控制室内对主机、辅机及其他机械进行监视和遥控外,还可在驾驶室内进行遥控。航行时轮机人员只需白天对机器进行检查维护,使机器处于良好的运转状态,在夜间就不再去机舱及机舱控制室值班,主机由驾驶人员从驾驶室直接遥控。

8.3.3　船舶电站自动化

船舶电站自动化旨在保证供电的安全可靠、改善工作条件和提高运行质量。目前,一般船舶电站自动化装置具有如下功能。

(1) 按电网功率变动,自动启动或停止备用发电机组。

在电网负载容量增加到一定值时,自动启动备用的发电机组并自动并入电网,以适应负载增加的需要。而在并联运行中当负载容量减少到一定数值时,使运行中的多余发电机组自动解列,退出运行,以适应负载减少的情况。

(2) 故障自动启动备用发电机组。

当运行中的机组出现故障时,自动启动备用发电机组并投入电网。故障分为两类:一类为允许继续短期运行的,此时,先启动备用机组,投入并联运行,再切断故障机组,可不断电;另一类不允许继续运行的,则先断开故障机组后启动备用机组,有一短期停电过程。

(3) 自动卸载。

当电站负载功率超过一定值时将自动卸除次要负载,以防止过载并实现重要负载的连续供电。

（4）大容量负载投入前的询问与按程序启动。

在大容量负载使用前自动检测电网功率，并判断是否可以立即投入使用。当判断为不能承受此大容量负载投入时，即发出指令、自动启动备用机组并入电网，然后再接入大容量负载。

电站自动化装置一般装在主配电板上。电站自动化程度的高低，采用自动化装置的多少，功能的完备程度，通常是与整个机舱的自动化等级相适应的。譬如说无人机舱与有人值班机舱其电站自动化的要求就不一样。

复习思考题

1. 何谓船舶电气系统？它由哪几部分构成？现代船用电气系统的发展主要体现在哪两方面？

2. 何谓船舶电站？它由哪几部分构成？

3. 为什么船舶电站的原动机一般都采用中高速柴油机？

4. 船舶电站的种类有哪些？分别布置在船上的哪些部位？

5. 如何确定电站容量？如何确定电站机组的台数？

6. 配电板的组成和功能各如何？

7. 简述船舶电网的主参数。

8. 船舶照明系统包括哪些？试解释图 8-6 所示机舱照明系统的特点。

9. 你知道的船舶航行灯有哪些？为什么要设置这些航行灯？

10. 船舶自动化的发展进程分为哪几个阶段？其特点如何？

11. 机舱集控是怎么回事？

12. 船舶电站自动化的内涵是什么？

第 9 章

船舶观通与导航设备

船舶观通与导航设备是船舶用来对外观察识别、进行通信联络和导航的设备。它如同人的耳目,是保证船舶在一望无际的大海中准确与安全航行的重要设备。

本章简要介绍雷达、通信、导航设备及水声设备。

9.1 雷达

"雷达"一词是英文 RADAR(radio detection and ranging)的音译,原意为"无线电探测和测距"。

雷达是利用无线电波来测量目标的距离和方位的设备。由于无线电波不受任何天气的影响,可以在雷达的作用范围内识别来往和停泊的船只、海岸及岸上建筑物、水道内的浮筒和露出水面的岩石等。掌握这些情况对于船舶安全航行是必不可少的,尤其是在大雾、暴风、黑夜里航行时更显得重要。所以人们把雷达比喻为船舶的眼睛。

在军舰上,雷达更是一种不可缺少的设备,它担负着更为复杂和艰巨的任务。雷达要时刻搜索海面和空中目标,并且识别目标的敌我性质,防范敌人的袭击,还要测出目标的距离、方位及目标的运动要素,并把这些数据供给火炮指挥系统,以供射击之用。在装备导弹的舰艇上,还要用雷达控制导弹,攻击敌人目标。根据雷达的不同用途,可以分为导航雷达、对空警戒(搜索)雷达、对海警戒(搜索)雷达、导弹跟踪制导雷达、炮瞄雷达等。一艘现代化军舰上所装的各种雷达,一般不下七八部,多的可达二三十部。

雷达工作在超短波和微波波段,因为这些波段内的电磁波具有沿直线传播,易用金属网制成的抛物面天线集束和能被物体强烈反射等特点。它具备雷达测量目标所必需的性能。

一般在一个平面内测定目标位置,需要知道目标和雷达之间的距离以及目标的方位两个要素。

雷达测定目标的距离,就是测量电磁波从雷达到目标往返一次所需要的时间,再根据速度、时间、距离三者的关系确定目标的距离。它们的关系为

$$S = v \times t/2$$

式中，S 为雷达到目标的距离，km；v 为电磁波传播速度，30 万 km/s 或 300m/μs；t 为电磁波由雷达到目标往返一次所需的时间。

目标位置的另一个要素——方位角，是利用雷达天线的方向性来确定的。雷达天线的方向性是用抛物面天线获得的。抛物面天线能使发射出去的电磁波集成狭窄的束，如果雷达天线不动，则只能测定某一方向上的目标，为了能探测四周的目标，雷达天线是旋转工作的。当天线转到对准目标的方向时才能捕捉到目标，所以天线所指的方向就是目标的方向。

下面以普通脉冲测距雷达为例对其各组成部分及功能作简要介绍。图 9-1 为船用导航雷达的组成框图。

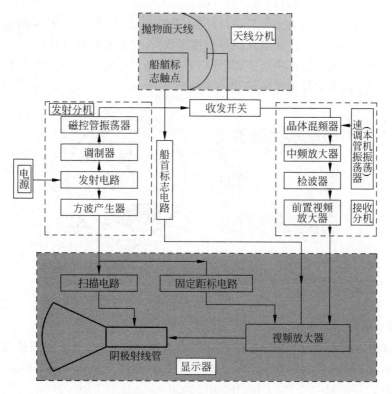

图 9-1　导航雷达的组成框图

由图 9-1 可知，雷达主要由天线、发射机、接收机、显示器和电源装置构成。雷达天线是抛物面状的。雷达电源早期用变流机，现已普遍采用逆变器，也有的直接用船电。

发射分机：吸收电源装置电能由触发电路产生脉冲信号，此信号经调制器整形和放大，变成窄带大功率的调制脉冲，此调制脉冲控制磁控管振荡器产生超高频脉冲振荡，最后经收发开关把超高频脉冲振荡能量送到天线，由抛物面天线集束后向空间定向辐射。天线在控制器的作用下按照预定方向旋转，从而使天线波束也按预定方向扫描。当天线波束碰到目标时，目标反射波的一部分返回雷达天线，被天线接收。

接收分机：是一台高灵敏度的超外差式微波接收机。由抛物面天线接收到的目标反射波经过收发开关送到晶体混频器,与速调管振荡器产生的本机振荡信号进行混频,混频产生的中频信号(30MHz)由中频放大器放大,再经检波后得到视频信号,接收机把视频信号放大到一定程度后送显示器。

显示器:主要由阴极射线管、视频放大器、固定距标电路和锯齿波电压发生器组成。信号由视频放大器进一步放大,以控制阴极射线管显示目标的距离和方位。

显示器的任务是在荧光屏上显示以本船为中心的周围海面情况的图像。这种显示方式是使电子束从荧光屏中心出发沿半径与时间成正比地伸展到荧光屏边缘,即产生与时间和距离成正比的扫描线。扫描线与雷达天线同步旋转,周围海面情况就靠扫描线的旋转显示出来了。扫描线旋转一周需要一定的时间,为了不使目标图像迅速消失,便于观察,采用长余辉类型的阴极射线管。这样一种扫描系统很方便地把目标的舷角和距离显示在荧光屏上,可以使操作人员非常直观方便地观测目标。

显示器在荧光屏上是以亮点来显示目标的,当没有目标(无回波)信号时电子束不能穿过栅极,于是荧光屏上就无光点(也就没有扫描亮线)。只有接收到目标回波后,经放大的正脉冲信号才加到阴极射线管的栅极上,荧光屏上对应于目标的距离处就出现光迹,这样就形成了以雷达为中心的平面位置图形,见图9-2。

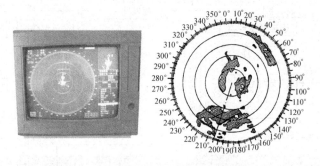

图9-2 以本船雷达为中心的平面位置显示图

图9-2中外圈0°～360°是由电罗经获得的真方位。船首标志线表明船首对准205°的航向,阴影线表示周围的海岛(实际上是荧光屏发光的部位)。

为了在显示器荧光屏上根据显示的目标图形直接读取距离,就希望扫描基线上能有距离标志。雷达设备中采用显示在荧光屏上的几个细同心圆光迹作为距离标志,见图9-2中的四个同心圆。

固定距标是从固定距标电路获得的,固定距标电路包含有频率很稳定的正弦振荡器和脉冲变换电路,它输出一列等间隔的正窄脉冲,脉冲间隔(时间)正好等于固定距标(例如3km)距离内电磁波来回一次所需的时间。把该窄脉冲与接收到的回波信号同时加到阴极射线管的栅极,在扫描基线对应于固定距标的距离上就会产生一个加亮点。由于扫描基线的旋转,在荧光屏上就显示出几个等间隔的同心圆。

为了直观地看出目标在船首的哪一边,雷达设备里加装了船首标志电路(包括装在雷达天线装置中的船首标志触点和凸轮)。当雷达天线转到船首方向时,凸轮使触点闭合,船首标志电路即产生一个标志脉冲,经放大以后加到阴极射线管的栅极,使荧光屏上对应于船首的方向出现一条亮线,称为船首标志线,如图9-2的直线所示。

9.2　船舶通信设备

船舶通信包括外部通信与内部通信两个方面,前者通常采用无线电通信手段,后者则主要用有线通信手段。

9.2.1　船舶外部通信

在无线电发明之前,船舶外部通信曾用过灯光、旗语、信号旗和汽笛等手段。它们只能用于近距离通信,目前作为辅助手段仍在使用。无线电发明之后,开始了近海乃至远洋舰船通信的新时代。

1. 无线电通信的主要设备

1)中、短波段的设备

中、短波段有发射机和接收机、备用发射机和接收机、气象传真接收机。其工作频率范围 $400\sim535\text{kHz}$、$1.6\sim18\text{MHz}$,发射功率根据船舶吨位和航线而定,从几十瓦到 500W 不等,备用发射机功率一般为几十瓦。现代船舶常将收发信号设备与操纵台合装为一个机柜,构成组合电台。

2)甚高频无线电话设备

其工作频段一般为 $121.5\sim243\text{MHz}$,输出功率 25W,频道间隔 25kHz。

3)海事卫星通信船站

它是基于国际海事卫星的通信系统。越来越多的海上大型船舶装设了海事卫星通信船站,以保障全天候可靠通信,另外卫星通信也是海上应急和安全通信的重要手段。船站在甲板上的设备是抛物面天线及低噪声放大器、跟踪装置及稳定平台等,甲板下的设备包括操纵台、接收机和电传机等,可开展自动电话、传真电报、数据传输、遇险呼叫等多种业务。

以上设备中:中波主要用于无线电广播,也可作中近距离通信;短波电台和卫星通信是海上远距离移动通信的主要手段;而甚高频无线电话是专供视距范围内通信用的设备,主要在船舶进出港及会船等场合使用。

与短波通信相比,卫星通信具有如下优点:通信容量大,可同时传输几十到几千路电话,并可同时传输电话、电报、电视、传真等信号;通信不受气象变化的影响,能实现 24h 不间断通信,可靠性高。但卫星通信设备复杂、价格昂贵。因此,装设海事卫星通信船站的船舶仍是少数,而短波电台仍是多数船舶远距离通信的主要装置。

2. 无线电通信系统的基本工作原理

船用无线电通信系统主要由无线电发信机、接收机和天线三部分构成。

无线电发信机是根据高频(频率在 100kHz 以上)振荡电流可以通过天线变成电磁波向空间传播的原理制造的。它的工作原理简示于图 9-3。

由信息源给出的符号或语言信息经调制器将信号放大,并控制高频振荡器产生相应高频振荡信号。此信号在发射机内部经频率提高达到发射机的工作频率,即变成载波信号;又经功率放大器放大后,再经天线发射出去。

信号接收时,无线电信号被接收天线拾取,经接收分机放大并经解调器将载波信号还原成适于记录或视放的信号。在终端装置上表达成声音、文字或图像。

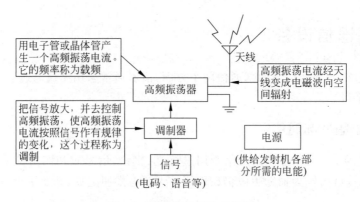

图 9-3　最简单的发信机框图

天线装置是无线电通信系统的重要组成部分,无线电信号必须通过它向外辐射或由它接收。目前舰船上应用最广泛的是短波鞭状天线,一般对称地布置在顶篷甲板的左右两侧。鞭状天线在水平面内为全方向性辐射。固定长度的鞭状天线其工作频率范围较窄,为了加宽工作频率范围,在大中型船舶上往往采用可伸缩鞭状天线。对应不同的工作频率,天线伸缩到不同长度。天线的工作频率范围由天线的最大长度和最小长度决定。可伸缩天线由液压系统和升降控制装置控制,结构比较复杂。

3. 单边带通信的概念

为了清楚直观地了解单边带通信的概念,先借助调幅信号的频率图来说明。图 9-4 是调幅信号的频谱。

由于低频信号的有用信息包含在两个边带的任何一个边带内,载波本身并不含有任何信息,因此,发射机不必把所有的成分都发送出去,以避免把发射机的大部分功率消耗在载波上。为了传输信息,只发送一个边带就行了。单边带通信时只发送一个边带,以合理利用发射机的功率,且这种信号所占频带宽度是整个

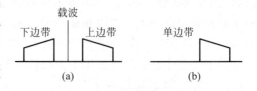

图 9-4　调幅信号的频谱

(a) 普通调幅的边带信号；(b) 单边带信号

信号宽度的一半,同时上下边带可以实现两路通信,这是单边带通信的主要优点。

单边带发射机把语音或数字信号进行加工,用滤波法(或相位法)产生上边带或下边带信号,再将此信号加到调制器中调整频率到所需的高频,经放大后由天线发送出去。

信号接收时,单边带信号经过接收天线进入接收机的高频放大器,然后与频率合成器的信号一起送入混频器产生中频信号,经中频放大后再通过边带滤波器分出上、下边带信号,送入解调器,恢复原来发射机的低频信号,再经低频放大后输送给终端机。

采用单边带通信制后可以节约频谱(即在原来的频段内可以容纳更多的电台同时进行通信),减少电台之间的相互干扰,还可以减少不必要的电磁波辐射。与调幅双边带制相比,在发射机相同输出功率的条件下,单边带制的有效通信距离可以大大增加。

船舶无线电通信设备一般都安装在驾驶甲板的报务室内。

9.2.2 船舶内部通信

为了能及时了解和掌握船内各种机械和设备的工作情况，以及日常工作和生活方面的通信联络，船上各个工作部位的生活舱室之间装有快速可靠、简单方便的船内通信工具和信号装置。这对于保证船舶安全航行有着重要的作用。下面介绍四种船上常用的通信工具和信号装置。

1. 声力电话

声力电话是最简单的一种人工电话。目前船舶上广泛使用的是增音式声力电话，如图 9-5 所示。

船舶上装置的 VSZ 系列增音式声力电话可以连接成几种类型。一种是对讲电话，将两只电话单机用电缆连接后就组成一组对讲电话。一组对讲电话需要通话时，只要拿起传话器摇动手摇发电机手柄，则对方电话单机的交流电铃和氖灯即灯亮铃响，发出呼叫指示信号，此时对方只要取下受话器即可通话。另一种是指挥通信电话，由一个总机和多个单机（一般是 4、8、12 门）组成。总机可以通过用户选择开关与各个单机通话，各个单机也可与总机或者通过总机与其他单机通话。

2. 船用广播

船用广播是收听电台广播、播送音乐节目、发送命令和通知的宣传工具。目前船上（尤其是客船）多采用船用指挥扩音机成套设备。该机的工作状态有收音、拾音、送话三种，分别可由广播室直接控制或遥控站控制。遥控站一般设在驾驶室和首、尾部位，可优先于广播室进行送话。

3. 电气传令钟

电气传令钟又称电车钟，主要用于驾驶人员在驾驶室向机舱操作部位传达对主机转向、速度要求的命令，及机舱回答命令的执行情况。常用的电气传令钟有灯光传令钟、直流传令钟、交流传令钟。

图 9-6 所示为 EGJ115-24Z 型灯光传令钟，它由驾驶室发送器、机舱接收器和连接导线组成。发送器和接收器内分别有一个电源转换开关和一个装在彼此隔开互不透光壳体内的传令指示灯组，电源转换开关共有 11 挡位置，对应着 11 组指令，分别指示前进一～四、后退一～四、停车、准备、完车 11 个行驶速度命令。

图 9-5　增音式声力电话

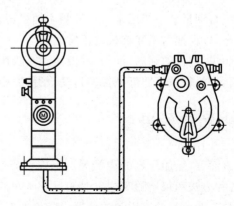

图 9-6　EGJ115-24Z 型灯光传令钟

传令钟处于正常工作状态时,驾驶室发送器的手柄位于中间"停车"位置。接通电源后,发送器和接收器内对应的"停车"指示灯亮。需变换航速时,扳动驾驶室发送器的手柄至所需航速位置,此时驾驶室发送器和机舱接收器分别发出灯光音响信号,以传达发令记号,同时,接收器内的传令指示灯组已由原来"停车"挡转至所需航速挡,该组灯亮。回答命令的执行情况时,需扳动机舱接收器的手柄至亮灯的挡,此时,发送器和接收器内的灯光音响信号熄灭表示回令。同时,驾驶室发送器的传令指示灯组则由原来"停车"挡转至亮灯挡位置。EGJ115-24Z 灯光传令钟使用 24V 电压,常用于中小型船舶,也可作大型船舶的应急车钟。

交流电动传令钟是利用自整角机同步传递原理制成的,一般用于大中型船舶。

4. 电气信号

电气信号一般有音响、灯光等形式,用于传递信号及在失火失事、设备故障等情况下自动报警。

电气信号系统可由下列四个子系统构成。

1) 警钟系统

船内的警钟系统即为紧急动员系统,用来对全部船员和旅客发布紧急动员信号。它由关闭器、警钟、警灯、接线盒等组成。关闭器是警钟系统的控制器,通常安装在驾驶室。警钟、警灯为系统的信号器。警钟系统由应急电源供电。当按下关闭器时,全船警钟、警灯就钟响灯亮,发出紧急动员信号。

2) 铃组系统

铃组系统是船上有关部位之间专用的通信联络信号,铃组系统的发送器为按钮或关闭器,信号器为电铃或带信号灯的电铃。

3) 火警报警系统

火警报警系统是自动检测火灾、保障船舶安全的重要设备,通常安装在客船、大于 1000t 的机动货船和油船上。

船舶常用的火警报警装置有 BW10-24Z 测温式和 YHZ-12 测烟式两种。测温式火警报警装置是利用火灾发生时,舱室温度升高引起发信器动作达到自动报警的一种装置,常装于客船和油船上。测烟式火警报警装置是利用火灾发生之前出现的烟雾引起探测器动作,而自动报警的装置,常装于货船上。

4) 主辅机自动报警系统

主辅机自动报警系统用来自动检测主辅机滑油压力、滑油温度、冷却水温度、燃油温度等使用状态,以保证主机和辅机的正常运行。

当船舶主、辅机的油温、油压、水温达到其极限值时,有关的温度继电器、压力继电器动作,触头闭合,报警系统即灯亮铃响自动报警,以引起值班人员的注意。

9.3 船舶导航设备

就航海而言,船舶导航的内涵是:正确引导船舶按预定航线、安全经济地航行至目的港,并用各种方法和仪器随时测定船舶自身所在的位置。简而言之,导航就是引导船舶航行和测定船位。为此目的所用到的仪器设备称作船舶导航设备。

现代船舶的导航设备有雷达、罗经、计程仪、测深仪、双曲线定位仪和卫星导航系统等。

除雷达外,本节将介绍其他各导航设备。

1. 罗经

罗经是用以确定航向和观测物标方位,也用于航迹推算的主要仪器。罗经有磁罗经和电罗经(陀螺罗经)两种。一般海船都同时装备这两种罗经。前者简单可靠,后者使用方便、准确。

1)磁罗经

磁罗经是利用自由支持的磁针在地磁作用下稳定指北的特性制成的,它由中国古代四大发明之一的指南针演变而来。

由于磁罗经的构造简单,性能可靠,使用方便又不需供电,所以尽管有许多高精度的导航仪器装备了船舶,但磁罗经却仍是船上必备的导航设备。磁罗经的缺点是指向精度不够高,因为磁罗经的指向受所在地外界磁场的影响,而各地的地磁场随时间是缓慢变化的,加之磁罗经周围磁性物体的变化都会影响磁罗经的指向误差。

磁罗经的外形为圆筒体,一般布置在驾驶室舵轮前方。筒体磁罗经的上端盘面上有外圈为360°的刻度盘,供船员辨认航向。驾驶人员观测磁罗经刻度盘指示的方向,计入其指向误差加以修正后,作为船舶导航定向的依据。

2)电罗经(陀螺罗经)

随着造船与航海事业的发展,船舶上的铁磁性物质和电气设备越来越多,对磁罗经的干扰也越来越大,为此人们寻求一种不受外界磁场影响的船用罗经。20世纪初,德国人安修茨和美国人斯伯里分别研制出船用陀螺罗经。通俗地讲,凡绕对称轴高速旋转的物体均称为陀螺。船用陀螺罗经中陀螺转子的旋转是由电机驱动的,故相对磁罗经而取名为电罗经。

电罗经的工作原理与磁罗经完全不同,它是利用陀螺高速旋转时的特性(定向性与进动性)并借助其控制设备而稳定指北的一种指向仪器。它的指向与地磁场无关,也不受周围磁性物体的影响,指向精度高、稳定性好。但其结构复杂精密,制造成本高,必须通电才能工作而且启动时间较长。

为了保证船舶导航的需要,船上往往同时装有磁罗经和电罗经,以便配合使用。

2. 计程仪

计程仪是用来测量船舶航速与航程的仪器。计程仪与电罗经配合使用可以确定船位,从而对导航起重要作用。

船用计程仪已有几百年的发展史。最初用来测速的是拖曳式计程仪,继而出现了转轮式计程仪及水压计程仪,20世纪60年代出现了电磁计程仪,70年代又研制出声多普勒计程仪。

目前广泛使用的是电磁计程仪,它是根据电磁感应原理来测量航程的。通过水流(导体)切割装在船底的电磁传感器的磁场,再转换为航速和航程。其优点是灵敏度较高,并可测后退速度。

声多普勒计程仪,利用发射的声波和接收的水底反射波之间的多普勒频移测量船舶相对于水底的速度并累计航程。其准确性好,灵敏度高,但价格昂贵。

3. 测深仪

测深仪是用来测量水深以保证船舶航行安全的设备。早期的测深工具有测深杆和测深锤。测深杆是一根在不同深度处涂上不同颜色油漆的杆子,俗称花杆。测深锤(又称水砣)

是用系铅锤的绳子来代替竹竿,绳索上也以不同颜色标识深度。测深杆和测深锤至今仍在一些浅水区域作为船舶的测深工具。目前,在航海中广泛使用的测深仪是回声测深仪。

回声测深仪是利用声波在水中的传播速度恒定的特性而研制的。它由发射系统、接收系统、换能器、深度显示器和电源五部分组成。

如图9-7所示,发射系统产生一定能量的电脉冲信号,经发射换能器将电能转换为声能;安装在船底或舷侧的发射换能器按一定的时间间隔向海底发射超声波。声波抵达海底后,一部分反射回来由接收换能器接收,并将声能转换为电能。送接收系统放大处理后,再由深度指示器显示出水深。

深度指示器是回声测深仪的控制中心,它协调全机的工作,测定声波发、收的时间间隔 t,并把时间函数变换为水深 d,显然:

$$d = c \times t/2$$

式中,c 为声速(海水 $c=1500$m/s;淡水 $c=1400$m/s)。

4. 双曲线定位仪

数学上,到两个定点距离之差为一常量的各点连线是一条双曲线。在船舶航海中,利用双曲线的这一特性而研制的船舶定位系统称为双曲线定位仪。

在双曲线无线电导航系统里,两个导航台组成一对,它们同时发射无线电信号。导航台发射的电波在空中以光速传播(30万 km/s 或 300m/μs),如果船舶距两个导航台的直线距离不同,则船舶接收到的两个电波在时间上就有先后的差别,这个时间差 Δt 由船舶到 A、B 两个导航台的距离差(指直线距离)所决定,时间差 Δt =距离/光速。如果在海图上我们以两导航台 A、B 的连线作为基线,用规定的时间差(例如 200μs 间隔)来表示某些点到 A、B 两导航台的距离差,把具有相同时间差值的各点都连起来,就形成了以直线 AB 为基线的双曲线(如图9-8中的 d 曲线,它是以时间差为 100μs 来表示距离差的)。对不同时间差分别作曲线,便可得到一组双曲线族。

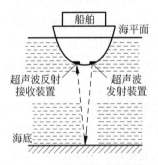

图9-7 回声测深仪的原理

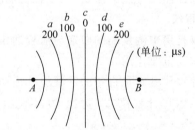

图9-8 一对导航台构成的等时差双曲线族

船舶定位时,先测定两个(一对)导航台发射的电波到达的时间差,便可在预先印制好的双曲线导航海图上找到相应的位置线。但一次测定只能知道船舶在哪一条双曲线上,而不能确定在该位置线的哪一点。因此,必须再测定另外一对导航台发射的电波到达的时间差,由此求出第二条位置线,两条位置线的交点就是船位,见图9-9。

在图9-9中,先由定位仪根据 A-B 导航台对测出船位在 d' 线上,又根据 A-C 导航台对测出船位在 c 线上,则 d' 与 c 的交点 D 就是船位。图中 A 为主台,B 和 C 为副台,A-B 和

A-C 分别组成两个台对,这两个台对总称为台链。

双曲线定位仪作用距离远,定位精度较高,故在航海中得到广泛应用。

双曲线定位仪,俗称罗兰,它是英文远程导航 Long Range Navigation 缩写字 LORAN 的音译。罗兰有罗兰 A 和罗兰 C 两种。

罗兰 A,又称标准罗兰,由 3 个岸台组成 1 个台链,其中一个主台,两个副台。主、副台距离一般为 200～400n mile。罗兰 A 是第二次世界大战期间由美国研制成功的。战争末期,它已拥有 70 个发射台和 75000 台用户设备。使用多年后,在罗兰 A 的基础上又开发了罗兰 C。1980 年底美国政府关闭了其在世界各地的全部罗兰 A 发射台,使罗兰 C 成为当今主要的定位导航仪器。

属于双曲线定位导航系统的,除罗兰外,还有台卡和奥米加。

5. 卫星导航系统

卫星导航系统的工作原理与无线电导航有些相似,只是把地面的航标台搬到了卫星上,成为一个运动的空中航标台。卫星导航系统采用导航卫星(人造地球卫星)、地球站和船舶卫星导航接收机组成导航系统,可精确测定船位。

地球站是一组(如分设四处的)地面跟踪站,当卫星通过跟踪站上空时,地球站即自动跟踪、测量和记录卫星的运行轨道数据,并由计算机计算出精密的轨道形状,推算出卫星在随后一段时间内的具体位置。跟踪站将这些时间和位置数据发送给导航卫星。导航卫星虽然没有固定的位置坐标,但却有其确定的运行轨道,当它接收到地球站发来的信息后,即储存新的轨道参数,清除旧的轨道参数,并定时周期性地向用户发布。当船舶卫星导航接收机(用户)接收到一个或几个卫星播发的信号(时间与卫星天体位置信息),就可利用多普勒频移确定船舶与卫星的相对位置,并由计算机解算出船舶的地理坐标,最后由显示设备输出船舶的位置坐标。

所谓“多普勒频移”是指:发射某一频率声波或电磁波的物体运动时,在运动物体前方测得的频率会比发射频率高,而在运动物体后面测得的频率会比发射频率低,这种频率偏移的现象称为“多普勒频移”。高速运动的卫星发射一定频率的电波,根据“多普勒频移”,若船舶在卫星前面,则收到的频率比发射的频率高;若船舶正好在卫星下面,则收到的频率与发射的频率相同;若船舶处在卫星的后面,则收到的频率要比发射的频率低,见图 9-10。

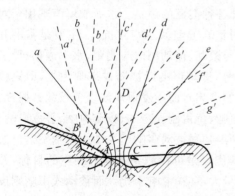

图 9-9　在双曲线导航图上确定船位

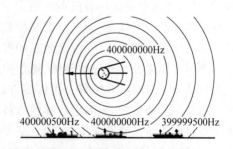

图 9-10　利用卫星测定船位

根据准确测定的频率,利用船舶处在不同位置收到的频率不同的原理,解算出船舶的地理位置。

卫星导航主要有下列优点：①不受时间和天气的影响，容易实现全天候、全球覆盖（即用几个导航卫星就可以在地球上任何地点进行导航定位）；②导航的定位精度高，根据导航卫星测定的船位数据与船舶所在地的实际地理位置数据非常接近，误差仅几十米；③海、陆、空和民船都可使用；④战时不易被摧毁。

其缺点是：①设备复杂，技术要求高，尤其是卫星上的各种设备要求很高；②卫星携带的设备经过一定时期的运行后会失效，或卫星本身受阻力影响，一定时期后卫星进入大气层与空气摩擦产生高温而被烧毁，这些情况都要更换卫星。因此，卫星导航价格高。

在航海中，除了以上所述的一些导航仪器外，还有准确的天文钟、良好的望远镜、表示天体的星球仪以及海图作业的仪器和工具等，这些都是航海人员常用的。此外，还需要提及海图。海图是按一定比例将地球上的海岸、港湾、岛屿、水深、暗礁、底质以及沉船等障碍物和导航灯塔、灯标等绘制成平面图，以供航海之用。为了选择一条既安全又经济的航线，常在船舶起航前根据海图规划航线。在航行期间，又用各种方法及时测得船位并修正航向，避让障碍物，检查航行计划的执行情况。所以说海图也是航海中的重要工具之一。

9.4　水声设备

以上几节介绍了船舶在航行中依靠雷达、观通导航设备可测定船位、观察周围海面与空中情况。但在某些情况下，还需要知道船舶周围水中情况和海底情况，对于这些，雷达和无线电定位仪等都是无能为力的。因为无线电波在水中传播时能量被海水大量吸收，衰减得很快，所以必须利用水声设备来探测水下和海底目标并进行导航。特别是对于潜艇，声呐是必不可少的观通设备。

水声设备是根据声波可以在水中以一定速度传播较远距离，而且传播时遇到目标后会反射回来的原理进行工作的。最常见的水声导航、观通设备有回声测深仪和各种类型的声呐等。本节简要介绍声呐设备的构成和工作原理。

声呐(SONAR)是英文 Sound Navigation and Ranging 的缩写和音译，原意是声导航与定位，这是声呐最原始又最主要的内涵。今天的声呐其功能已大大超出了声导航与定位的范围。大型水面舰艇和现代化潜艇均可装备十来部各种类型的声呐。水面舰艇声呐用于对潜搜索、定位和跟踪，探测水雷、水下通信（与潜艇对话）、导航及水声对抗等，主要是猎潜和猎雷，以确保本舰安全。潜艇声呐则用于目标搜索与跟踪、被动测向与测距，水下通信、导航以及探雷和水声对抗等，为保持潜艇隐蔽活动的优势，潜艇声呐以被动式声呐为主，即只接收对方目标发出的噪声（如水面舰艇的螺旋桨发出的声响），而不发射声波以免被敌方捕捉。

声呐按用途分类有导航声呐、通信声呐、识别声呐、鱼雷制导声呐、猎雷声呐、警戒声呐、攻击声呐及水声对抗声呐等。按探测方式分为主动声呐和被动声呐。主动式声呐发射声波然后接收目标的回波，探测出目标的方位和距离，其优点是可探测到不辐射噪声的目标，并可获得目标的距离和速度信息，缺点是发射信号能量大，存在混响干扰。而被动式声呐则反之，它依赖于目标的辐射噪声，且不能获得精确的距离数据。

主动式声呐的工作原理与雷达十分相似，因此常被称为"水下雷达"。然而声波和电磁波在物理性质上的差别使声呐和雷达存在明显差别。首先，声波在水中的传播速度约为1500m/s，而电磁波在空气中的传播速度约为 30 万 km/s，二者相差20 万倍。因此，声呐的搜索速度比雷达慢得多。其次,声呐的作用距离没有雷达远,因为声波在水中的吸收损失比电磁波在大气中的吸收损失大得多(以 10cm 波长为例,水中声波吸收损失约为 2dB/km,而大气中电磁波的损失则仅约 0.01dB/km)。因此,声呐发射的能量比雷达大几百倍,而作用距离却小十几倍。

声呐设备的构成,与雷达站也很相似,主要由发射机、接收机、控制装置、换能器和显示器组成。其各组成部分及其联系见图 9-11。

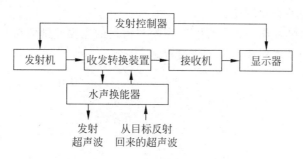

图 9-11 声呐设备的基本组成框图

声呐的工作原理与过程可根据声呐站的组成框图(图 9-11)叙述如下:

在发射控制器的控制下,发射机产生大功率超声波脉冲振荡,经收发转换装置由水声换能器向某一方向发射超声波。在这个方向上,超声波遇到目标便反射回来,由水声换能器接收,变成电信号。再经收发转换装置送到接收机放大,最后送到显示器显示目标的方向和距离。

从工作过程看,发射超声波时发射机工作,接收器不必工作;发射结束后,接收机应立即工作,以便接收由最近目标和最远目标反射回来的超声波。显然发射机和接收机是交替工作的。因此利用收发转换装置就可以使接收机和发射机合用一个造价昂贵的水声换能器。

由于声呐工作在超音频范围内,它辐射信号的方法与雷达不同,雷达采用金属制成的抛物面天线,而声呐采用水声换能器。

与雷达天线一样,水声换能器不但要发射和接收超声波信号,而且要有敏锐的方向性,只有这样才能测定目标的方位。声呐设备是利用很多压电晶体组成换能器阵来获得敏锐的方向性的,因此声呐的水声换能器体积较大,一般都安装在舰船首部的水下部分。

复习思考题

1. 简述雷达在民船和军舰上的应用以及雷达是如何探测目标的距离和方位的。
2. 简述脉冲测距雷达的主要构成及其工作原理。
3. 船舶外部通信的主要设备有哪些?其应用范围各如何?
4. 什么是卫星通信?它有何优缺点?
5. 简述船用无线电通信系统的主要构成及其工作原理。
6. 简述单边带通信的概念。
7. 船舶内部通信的常用设备有哪些?

8. 什么是船舶导航？现代船舶的导航设备主要有哪些？

9. 为什么船上通常要配备磁罗经和电罗经？其工作原理如何？

10. 船用计程仪的功能有哪些？简述电磁计程仪的工作原理。

11. 用来测量水深的设备有哪些？简述回声测深仪的构成及工作原理。

12. 简述双曲线定位仪的工作原理。

13. 什么是卫星导航？简述卫星导航系统的构成及其工作原理。

14. 简述声呐的种类和用途。

15. 为什么把声呐称作"水下雷达"？声呐与雷达的主要差别何在？

16. 简述声呐的基本构成及其工作过程。

第10章

海洋环境与海洋工程

10.1 海洋与人类

人类赖以生存的地球,是太阳系中唯一有巨大水量的星体。地球的表面积约为 5.1 亿 km^2 ,其中海洋面积 3.61 亿 km^2 ,占 70.8%。海洋是生命的摇篮,它为生命的诞生与繁衍提供了必要条件;海洋是风雨的故乡,它在控制和调节全球气候方面起着重要的作用;海洋是资源的宝库,它给人类提供了极为丰富的食物和矿产资源;海洋是天然的交通要道,它为人类从事海上交通运输提供了最为经济便利的途径;海洋是现代高科技研究与开发的战场,谁拥有海洋谁就拥有明天。

1. 海和洋

从太空俯瞰地球就会发现,地球原来是一个淡蓝色的水球,而人类居住的陆地,只不过是海洋中的"岛屿"而已。地球上广阔连续的水域是海洋,海洋又可分为海和洋,洋是中心和主体,而海则是洋的边缘部分。洋远离大陆,占海洋总面积的 89%,水深一般在 2000～4000m 以上,太平洋西部马里亚纳海沟最深为 11022m;海濒临大陆,水深较浅,面积仅占11%。一般,海又分为地中海和边缘海。地中海介于大陆之间或伸入大陆内部,如欧亚大陆间的地中海,伸入美洲大陆的加勒比海;边缘海位于大陆边缘,如我国的东海。世界大洋分为四大洋,太平洋面积最大(占 50%),大西洋次之(占 25%),印度洋第三(占 21%),北冰洋最小(占 4%)。

2. 海洋是生命之母

地球刚诞生的时候,没有水,也没有氧气,不存在任何生命,无论是动物,还是植物。后来地球上有了海洋,才形成了适于生命存在的环境。太阳光照射在海面上,阳光和水的作用合成了原生体,逐渐进化成单细胞藻类,随着海洋中藻类的增加,大气中有了氧气并逐渐增加。大约 6 亿年前,属于古生代的水生无脊椎动物出现了,尔后是鱼类时代,总鳍鱼从近岸浅水首先登陆,它是两栖动物的祖先,也是所有陆生动物的共同祖先。在陆生动物的逐渐发展进化中,最终出现了人类。

3. 人类利用海洋生存和发展

由古以来,人们从"渔盐之利"和"舟楫之便"中注意到海洋的利用,并逐渐形成了海洋渔业、制盐业和海上运输。以海洋运输为例,它不仅能使 120 多个沿海国家密切相连,还可通过 500 多条内河航道,与近 30 个内陆国家联通,进行环球航运。海洋运输是经济的运输形式,其成本只及铁路运输的 40%～45%,比公路和航空运输更低廉,当前世界贸易总量的 85% 是由海上通道运输的。如美国,在 71 种重要原料中,有 68 种全部和部分依赖进口,而这些货物中有 98% 是靠海上运输。日本对棉花、镍、橡胶和铁钒土的 100%,对石油、锡和铁矿石的 98%～99.5%,对煤的 78.3% 以及对粮食的 23% 等都需要由海路进口,可以说海上交通线就是日本的"生命线"。

我国的海运事业发展很快,据统计,截至 2010 年底,我国已建成吞吐量万吨级以上的港口 2000 多个,对外开放港口 140 多个,全国港口拥有万吨级以上泊位 1661 个,其中沿海 1343 个,内河 318 个。2011 年全球 Top20 港口的集装箱吞吐量排名中,中国占 10 席。据 ISL 统计 2010 年 7 月中国拥有 1000Gt 以上船舶 1734 艘、4318 万 DWT,可控船队 3295 艘,10631 万 DWT,排在希腊、日本、德国之后,居世界第四位。

人类依赖海洋而生存,又依托海洋而发展。近十年来海洋产业迅速发展起来,全球海洋开发的总产值,在 20 世纪 60 年代时不到 100 亿美元,而 1980 年上升到 2500 亿,1990 年则跃升到 5000 亿美元。据估计,目前全球海洋业总产值已超过 2 万亿美元,占世界经济总产值的 16%,成为世界经济的重要支柱。

世界四大海洋支柱产业已经形成,发展前景看好。一是海洋石油工业:全球海上石油的探明储量为 200 亿 t 以上,天然气储量 8.0×10^5 亿 m^3。2000 年海上石油产量约 13 亿 t,占世界油气总产量的 40%。二是滨海旅游业:1998 年全世界 40 大旅游目的地中有 37 个是沿海国家或地区,其旅游总收入达 3572.8 亿美元,占全球旅游总收入的 81%。三是现代海洋渔业:近 10 年来,全世界海洋渔获量每年达 8500 多万 t,产值约 2000 亿美元。四是海洋交通运输业:全世界较大海港 2000 多个,国际货运的 90% 以上通过海上运输完成,1998 年世界集装箱港口吞吐量约为 1.5 亿标准箱,海运收入 1500 亿美元。

4. 当今人类面临人口、资源和环境三大难题

随着科学技术的进步和工业化、城市化水平的发展,当今人类社会愈来愈严酷地面临三大难题:人口膨胀、资源短缺和环境污染。近几十年来,世界人口迅速增长,使人类相对的生存空间急剧减少。据资料统计,世界人口总数 1930 年为 20 亿,1960 年 30 亿,1975 年 40 亿,1988 年 51 亿,2018 年为 76 亿。如果按这样的速度继续增长,到公元 2300 年整个地球表面(包括南极、北极、沙漠和海洋),将会平均每平方米就有一个人,这就是"爆炸型"人口膨胀的现实。与此同时,科技与工业的发展,使有限的陆上资源正以惊人的速度消耗着。据统计,陆地主要矿产资源的可开采年限大多在 30～80 年之间,而石油、天然气的耗尽只有百余年的时间,就连储量最丰富的煤矿,也只够开采 300～400 年。现有能源与矿物资源的枯竭,已是为期不远的可怕现实。而环境污染也越来越对人类的生存和发展构成困扰和威胁。进一步发展的人类向何处去?第一世界发达国家发展宇航业,曾先后登月、探索太空,梦想着能像哥伦布发现新大陆那样找到适合人类生存和发展的新空间和新伙伴,然而,几十年过去了,人类还没有找到新的期望的绿洲。近 20 年来,不同肤色的人类不约而同地把眼光投向了海洋。

5. 海洋——人类的资源宝库

海洋孕育着大量的生物资源。据统计,海洋生物有 16 万种之多,其中海洋鱼类有 2.5 万种,软体动物有 8 万种,甲壳类有 2 万种。每年海洋可捕鱼的总潜力在 2.6 亿～4.5 亿 t 之间,仅南极的磷虾,在不破坏生态平衡条件下,每年就可捕捞 7000 万 t,几乎接近 1984 年世界的总渔获量。海洋藻类含有人类需要的各种营养物质和维生素,还含有工业上不可缺少的碘、氮、琼脂、卡拉胶等化工原料,有 230 种海藻可提取多种维生素,是海洋医药的重要资源。

海洋蕴藏着丰富的油气和矿产资源。在全世界海洋大陆架沉积盆地中,石油蕴藏量估计达 2500 亿 t,约占全球总储量的 30%;已经探明的天然气储量为 $(1.4～1.7)\times10^5$ 亿 m^3,占全球总储量的 26% 左右。如果把大陆架以外的海底石油和天然气都计算在内,这个数字还要大得多。在稀有金属和贵重金属方面,占世界产量 96% 的锆,90% 以上的金红石,50% 以上的独居石和钛铁矿,以及部分金刚石、锡石等产于滨海砂矿中。这些矿物是国防冶金、航空航天与原子能工业的重要原料。含大量铁、铜、铅、锌、银、金的多金属海底软泥,是一种具有很大经济价值的潜在资源。这种多金属软泥主要产于世界大洋中脊和某些岛弧附近的深海区。此外,已经探明的在大陆架区域还蕴藏有 25 亿 t 铁、3000 亿 t 磷钙矿、几千万吨硫磺矿和大量的煤。

在水深 2000～4000m 海底的深海矿产——锰结核,是一种举世瞩目的矿产。它含有锰、铁、铜、钴、锆、镭、钛、铊等 40 多种稀有金属和放射性元素。据估计,大洋底锰结核的总储量约为 3×10^4 亿 t,仅太平洋就有 1.7×10^4 亿 t,可以说这里是世界海洋锰结核的富集区,其中尤以中美洲外经夏威夷群岛到马里亚纳海沟一带为最多,有人把这一带称为"锰砌的航路"。世界大洋锰结核的总量中,含锰 4000 亿 t,是陆地的 67 倍;镍 164 亿 t,是陆地的 273 倍;铜 88 亿 t,是陆地的 21 倍;钴 58 亿 t,是陆地的 967 倍;……。根据美国《公元 2000 年全球技术报告》的预测,按 1976 年的储量计算,几种主要矿产品陆地储量的使用年限分别为:氟、银、锌和汞为 13～21 年;硫、铅、锡和钨为 21～31 年;铜、镍和钼为 36～44 年;锰、铁矿石、铝土矿为 51～63 年。假若深海锰结核得到开发和利用,那么铜的资源可供人类多用 600 年,镍可延续使用 15000 年,锰可用 24000 年,而钴则可用 13 万年。

海水是地球上最大的液体矿藏。在全球 1.35×10^{10} 亿 t 海水中,溶解有 80 多种元素,分别可提取盐 5×10^8 亿 t、镁 3.1×10^7 亿 t、硫 3.05×10^7 亿 t、钙 6.6×10^6 亿 t、钾 6.2×10^6 亿 t、溴 8.9×10^5 亿 t,还有铝和硼分别为 1.2×10^5 亿 t 和 7×10^4 亿 t。以上这些元素占整个海水溶存元素的 99% 以上。对浓度在 1% 以下的微量元素,如锂、铷、碘、钼、铀等,其相对量虽小,但它们在海洋水体中的总量仍然是很大的。如锂 2500 亿 t、铷 1800 亿 t、银 5000 万 t、金 500 万 t、碘 820 亿 t、钼 137 亿 t、锌 70 亿 t、铀 40 亿～45 亿 t、铝和钡 27 亿 t 等。

海洋还蕴藏着用之不竭的动力资源。据初步估计,世界海洋的潮汐能量功率有 10 亿 kW,波浪能有 700 亿 kW,海流能 10 亿 kW,再加上 20 亿 kW 的海水温度差能、10 亿 kW 的盐度差能和海上太阳能、风能等其他形式的能量,整个海洋可称得上取之不尽的"蓝色煤海"。为确保有长期、稳定的能源来源,海洋能正作为一种可再生、干净无污染和潜力巨大的新能源而受到人们的重视。

美丽富饶的海洋向人类敞开胸怀,时代的发展呼唤人类走向海洋。21 世纪是海洋的世纪,迎着新世纪的曙光,人类将从海洋获得新的空间和新的发展。海洋——人类的第二故乡。

10.2 海底浅识

1. 海洋底地形

过去用测深锤与回声测深仪来进行海底测深所得的资料是点状和线状的。自从使用旁测扫描声呐(即海底地貌仪)后,才过渡为面状测深。旁侧扫描声呐装在船上,当船舶航行时能把航线两侧的一片海底地貌连续记录下来,最大扫描距离为22km,一般船速在6kn左右时,可进行连续扫描、接收和记录。通过测量人们发现,海底的地形同陆地一样由山、谷或盆地、台地、平原等构成。在三大洋中,巨大的海底山脉是南北走向,同时也有日本海沟、马里亚纳海沟等深谷。作为马里亚纳海沟一部分的彼奇阿斯海渊,在海面下的深度为11034m。海底形状如图10-1所示。大致分成大陆边缘部分、大洋盆底以及中央海岭。大陆边缘部分又分成大陆架、大陆坡和大陆架海隆。

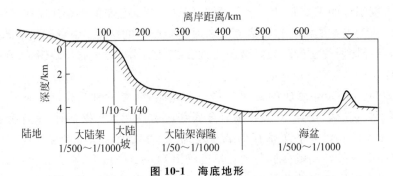

图 10-1　海底地形

(1) 大陆架:被海水淹没的大陆部分,水深在200m以内、距岸5~200km,呈1/500~1/1000的平缓底坡。是目前钻探与开采海底石油最活跃的区域,也是潜艇活动最频繁的水域。大陆架有广大的丘陵地带,有很多盆地、槽沟和割切地形。

大陆架一般分为表层、盖层和基底层。表层主要分布着来自大陆的松散沉积物;盖层主要为半固结和固结的沉积岩层;基底层主要为结晶岩层。大陆架是由侵蚀作用、海沉积作用、陆架地壳的垂直运动和冰期海退作用四种主要因素形成的。在大陆架上存在着有价值的冲积砂矿床,可以找到锡砂、金刚石、金砂、铂砂、银砂、铁砂、钙质砂、煤层等,使它成为人类关心的聚宝盆。

(2) 大陆坡:从大陆架外缘至深度为1800~2000m之间的区域,呈1/10~1/40的坡度,其宽度一般在20~100km,这里主要沉积着陆源物质,经常发生塌方与滑坡,局部地区有基岩露出,最特殊的地形为深切的海底峡谷。大陆坡的形成主要是地壳的断裂。目前,海洋地震的震源绝大多数在该地区,常发生剧烈的海底运动。这里是火山、地震频率较高的地壳活动地带。在大陆坡凹陷部分的第三纪厚砂岩层与大陆沉积盆地,将和古生物礁及盐丘构造一起,成为今后在大陆坡区域勘探海底石油的重点。

(3) 大陆架海隆(也叫大陆裙):它的坡度1/50~1/1000,分布在水深2000~5000m的地方。这是一个重要的堆积区,由数千米厚的沉积物构成。它具有稳定的磁场。主要分布在大西洋型的过渡带上,而在太平洋,基本上没有大陆裙发育。在大陆坡脚下主要是深海沟。

（4）大洋底（深海盆）：在太平洋型的过渡带地区,其大陆坡与大陆裙外面是一些局部拥有大洋型地壳的边缘深海盆,被带有大陆型地壳或花岗石地壳的条带状岛弧及深海沟所围绕。我国东面和南面的海区正处在这一类复杂的陆-洋过渡带区域内,我国的南海海盆是典型的大陆边缘深海盆。大洋底盆占海洋面积80%,深度2500～6000m。大洋底的地势起伏不平,其最大高差超过大陆上的最大高差。洋底的地形也是多种多样的,有海岭和海底山等正地形、海沟和盆地等负地形。

（5）海岭：即海底山脉,其长度可达上万千米,宽1000～3000km,高2000～4000m。海岭实际上是海底大断裂带,且常为垂直于海岭走向的断裂所切断,也是地震集中的地带之一。

海底火山和平顶山是一些深海底部相对孤立的高地,由岩浆物质沿着大洋壳的薄弱点向上喷发而成。

（6）海沟：是深于6000m的长而窄的陷落地带。岛弧呈弧形,其凸面常指向一个洋底海盆的中心。海沟与岛弧地带火山活动也很频繁,地震强烈,地震带宽。深海沟的沉积物含有大量粗物质、火山物质和由海底滑坡以及浊流作用带来的特殊沉积物组合。

2. 中国近海的海底地形

中国近海的海底地形,尤其是渤海、黄海、东海的海底地形,与我国大陆的地形相似,即西高东低。西部水浅,东部水深。总趋势是从西北向东南倾斜。

渤海和黄海全部属于大陆架区,没有大陆坡和深海盆。东海约有三分之二的海区属于大陆架,只有东部一小条狭窄地带为大陆坡区。南海沿大陆、半岛及岛屿的边缘部分属于大陆架,且其地势较陡。

大陆坡主要分布在南海,其主要特征是阶梯状的海底平原上分布着无数的珊瑚礁。东海东南侧也有一块与深海海沟相连的大陆坡。

深海盆地只有南海才有,它被称为"南海中央盆地"。

渤海深度最浅,四周深度在20m以内,中央部分的深度为20～30m,最深的地方在老铁山水道,约78m。

黄海是一个深100m以内的浅海,东侧较深（50～80m）,西侧较浅（20～50m）,北黄海较浅（50～60m）,南黄海较深。长江口以北的江苏海面,近岸处沙滩很多,水深大部分不到20m,有的沙滩退潮时露出海面成为航行障碍,长江口外的沙滩,深度不到30m。

东海深度较大,约一半是水深100m以内的浅海。东部水深很大,最大深度可达2700m左右。

南海深度最大,台湾、海南岛以及靠近大陆附近的深度在200m以内,加里曼丹、马来半岛一侧具有宽广的大陆架,深度在60～80m,其余海区均超过200m。中部是南海盆地的中央,平均深度约3000m,最大深度可达5400m。

总起来说,我国四海的地形特征是:

（1）四个海都是紧靠我国大陆而连成一片的广阔浅海,海底平坦、坡度徐缓,各海区都微向东南倾斜,形成了广阔的大陆架区域。

（2）大陆上有很多河流,经常不断地注入大量淡水和悬浮物。河流的沉积作用,逐渐改变海底地形（如长江口外,海的等深线分布有明显的曲折）。

（3）海岸线曲折迂回,形成许多港湾,沿岸有很多岛屿,使水文状况复杂化。

10.3　海水的性质

海水的物理性质主要包括温度、盐度和密度。

1. 温度

海水的温度一般都随深度的增加而降低。在表层附近的温度降低比深层快。热带地区海洋表层的最高温度达 30℃,在南极最低只有 −2℃。海水表层的温度,其同温层的厚度可达数十米,一般称该层为混合层。海面风能供该层海水混合,它能使在海中传播的声波发生反射和折射。该层的温度随季节而异,夏季随表层水温而变暖,冬季则变冷。在温跃层的海水温度随深度的变化较慢,接近等温状态。在大洋中较深处的海水温度多数低于 2.3℃。深海与高纬度区的海水全部为冷水,中、低纬度区才有暖水。海洋表层温度的升高是由太阳辐射、大气的热传导、水蒸气的凝结造成的。而冷却是由海洋表层向大气回辐射、海洋向大气的热传导、蒸发造成的。

2. 盐度

海水中溶解固体物质的总量称为海水的盐度。即"在 1kg 的海水中所溶解的全部固体物质的总克数"。大洋中的平均盐度为 34.69g/kg 或 3.469%。由于海水成分复杂,一般不是根据定义进行常规的盐度测量,而是用硝酸银滴定法测定海水的氯离子数来确定海水的盐度。

近年来对海水盐度的测量,多数已改用测量海水的电导率与温度。电导率的最大精度约为 ±0.0001%,温度的精度为 ±0.0003%。海水的盐度大多在 3.3%～3.7% 之间,平均为 3.5%。

3. 密度

海水的密度取决于海水的压力、温度和盐度,随盐度与压力(或水深)的增加、温度的下降而增加。若仅考虑海水的温度与盐度的变化,则所有大洋中的海水密度都在 1.020～1.030g/cm³ 之间变化。海水的压缩性是对密度影响最大的因素,如表层水的密度为 1.028g/cm³,而在 5000m 深处的密度可能变成 1.051g/cm³。

4. 中国近海的水温、盐度和密度

中国近海地处温带、亚热带和热带,水温的分布与变化有着显著的地区差异。渤海和黄海北部易受大陆气候的影响,水温的季节变化最大;黄海南部和东海处于沿岸海流系统和外海海流系统交汇区域,水温的分布与变化主要是受海流的影响;南海处于热带和亚热带,终年高温,季节变化最小。

中国近海海水的盐度分布与变化,主要取决于太平洋的高盐水与沿岸大陆河流形成的低盐淡水的消长运动。外海高盐水直接影响近海盐度,但外海水进入近海后,又受河流、蒸发、降水、结冰和融冰等影响,海水盐度发生变化。在沿岸地区,特别是河口地带,大陆河流对盐度影响很大,使这些地区盐度变化剧烈、水平梯度增大。

海水的密度是温度、盐度和海水压力的函数。在近岸地区,特别是河口附近,海水盐度的变化较大,海水的密度主要取决于海水的盐度;在外海或海洋深处,海水的盐度变化较小,海水的密度主要取决于海水的温度。

10.4 海风

风是常见的自然现象,与人类的生活、生产活动密切相关。我国沿海每年都受到台风的侵袭。因此,有些海洋工程,如各种平台、钻井船以及其他的海上设施,都直接受到它的威胁,甚至被其破坏。风暴引起的巨浪对各种水上建筑物的危害是十分严重的,所以风是影响海洋工程的重要环境因素之一。

风的特征主要是风向与风速。风向是指风吹来的方向,在气象上用 16 个方位表示,如图 10-2 所示。图中文字表示如下:N 为北,E 为东,S 为南,W 为西,WNW 为西北偏西,NW 为西北,NNW 为西北偏北,等等。风速是空气在单位时间里吹过的距离,一般以 m/s 或 kn 表示。国际上通用的蒲福风级表将风速分为 13 个风级,见表 10-1。风速可达 100～200m/s 的龙卷风由于不是经常发生的,影响范围也小,故没有列入表中。

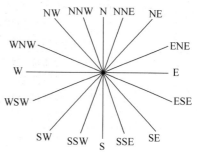

图 10-2 风向方位图

表 10-1 风级表

风级	风名	风速/(m/s)	海 面 特 征	陆 上 特 征	浪高/m	海面状况
0	无风	0～0.2	海面平静如镜(无浪)	静,烟直上		平如镜
1	软风	0.3～1.5	海面有波纹,但无白色波峰	烟能表示风向,但风标不动	0.1	微波
2	清风	1.6～3.3	波纹虽小,但已可见,波峰透明如玻璃,但不碎	人面感有风,树叶微响,风标能转动	0.2	小波
3	微风	3.4～5.4	波较大,波峰开始分裂,泡沫有光,间有白色波浪	树叶和细枝摇动不息,旌旗开展	0.3	小波
4	和风	5.5～7.9	小浪波长较大,往前卷的白碎浪较多,有间断呼啸声	能吹起地面灰尘和纸张,树的小枝摇动	1.0	轻浪
5	劲风	8.0～10.7	中浪,波浪相当大,白碎浪很多,呼啸声不断,有时有浪花溅起	有叶的小树摇动,内陆水面有小波	2.0	中浪
6	强风	10.8～13.8	开始成大浪,波浪白沫飞溅海面,呼啸声大作,可能有少许浪花溅起	大树枝摇动,电线呼呼有声,举伞困难	3.0	大浪
7	疾风	13.9～17.1	海面有如波浪堆成,碎浪很多,呼啸声不断,有时有浪花溅起	全树摇动,大树枝吹弯,迎风步行感觉不便	4.0	巨浪
8	大风	17.2～20.7	中高浪,波更长,随风吹起的纤维状更明显,呼啸声更大	可摧毁树木,人行感觉阻力甚大	5.5	狂浪

风级	风名	风速/(m/s)	海面特征	陆上特征	浪高/m	海面状况
9	烈风	20.8~24.4	高浪,泡沫纤维状更浓密,海浪翻卷,泡沫将影响能见度,怒涛	烟囱与平房顶可能受到损坏,小屋被破坏	7.0	怒涛
10	狂风	24.5~28.4	大高浪,波浪长形突出,纤维状泡沫更浓密,成片状,海浪颠簸有如槌击,浪花飞起带白色。能见度受影响	陆上少见,有时可将树木拔起,或将建筑物摧毁	9.0	汹涛
11	暴风	28.5~32.6	特高浪,海上的中小型船有时可能被波浪折断,波峰边缘被风吹起泡沫。能见度受影响	陆上少见,有则必有重大损毁	11.0	无法想象
12	飓风	32.7~56.9	空气中充满泡沫和浪花,海面因浪花飞起成白色状态。能见度剧烈降低	陆上极少见,其摧毁力极大	14.0	

10.4.1 我国近海区域的几种主要风系

1. 季风

在同一季节里,海洋与陆地温度的增加或冷却的程度不同,造成了冬季海洋比陆地暖、夏季海洋比陆地凉的现象。海洋与陆地之间的这种热力差异,使近地面和近海面的气温和气压亦不相同,季风因此而形成。冬季风从陆地吹向海洋,而夏季风则从海洋吹向陆地。冬季、夏季风向交替是季风的特点。我国的季风,从10月起至翌年3月间盛行偏北风,6月以后则盛行偏南风,而4、5月与8、9月间为季风的转换季节。季风的强弱与进退,主要由四个大气活动中心相互间的牵制与影响而定。这四个大气活动中心为冬季亚洲大陆上的蒙古高压和北太平洋上的阿留申低压,夏季北太平洋上的太平洋高压和亚洲大陆上的印度低压。上述四个大气活动中心又受地球的大气环流影响。季风的形成与影响,虽然表现在地区,实际上是世界性的。我国冬季季风较强,多大风,在北部黄海、渤海区冬季季风出现最早,由北向南吹送,其风向有顺时针偏转的趋势,所以黄海、渤海区多西北与北风,东海则多东北偏北风,而南海则多东北风与东北偏东风。夏季季风则由南向北吹送,6月起开始影响南海和东海,7月可达黄海北部与渤海。

2. 寒潮大风

寒潮是由于巨大的高压冷气团南侵,造成温度剧烈下降,伴随霜冻与大风的现象。在我国从9月下旬至翌年的4月为寒潮大风季节,主要集中在11月至翌年2月之间。寒潮一般可持续3~5天,气温在一昼夜之间可下降10℃以上。寒潮主要源于北极,经过的路线较稳定,经西伯利亚沿三条路线进入我国。第1条路线,从我国西北部进入,到达华中地区,然后向沿海区域前进,一直到达南海;第2条路线,从蒙古人民共和国进入我国内蒙古地区,经华北向华东沿海前进,影响东海区域;第3条路线,经西伯利亚到达我国东北地区,然后南下,经渤海、黄海直达东海。寒潮过境时,经常出现强大的偏北风,即寒潮大风。

3. 台风

台风是热带地区海洋上空的热带气旋在适当条件下猛烈发展而形成的急速逆时针旋转的低压旋涡,是热带气旋的一种。热带气旋常伴随着狂风、暴雨、巨浪和大潮。

热带气旋,其中心气压低于毗邻气压,它的周围气流在北半球是逆时针方向,在南半球是顺时针方向。国际上把热带气旋分为热带低压、热带风暴、台风与飓风三大类。热带气旋的区域直径约在几百千米至 1000km 之间。风速以近中心为最大,并以近中心的最大风速作为分类的标准。热带低压的最大风速低于 34kn,相当于风级表上 7 级以下;热带风暴的最大风速为 34~63kn,相当于风级表上 8~11 级;台风的最大风速达到 64kn,相当于风级表上 12 级以上。台风与飓风是在不同地区的称呼,在西北太平洋称为台风;而在西印度群岛与大西洋一带则称飓风;在印度与孟加拉湾又称为热带风暴。

10.4.2　风速的测估

海洋工程一般多为定点作业。即使移动式钻井平台与钻井船,也要在一个钻井区工作相当长一段时间,所以需要对风进行观测统计并绘制风玫瑰图(因图如玫瑰而得名),即先绘 16 个风向方位及坐标图,以原点为圆心,以 0 级(即无风)的频率为半径作一个空心圆,再按风速范围的频率在各风向方位上以频率比例尺标出频率点,把同样风速范围的各风向方位频率点以直线连接如图 10-3 所示。图中风向、风速出现的频率为最多的即定常风向,而出现风速最大的为强风向。在设计海洋工程时,为泊位稳态起见,不仅应考虑强风向,而且对船舶停靠泊位也要考虑定常风向的影响。除上述以频率计算外,风玫瑰图还可分别按各风向的平均风速、最大风速等值绘制,只需在各风向方位按平均风速、最大风速等值以比例尺标记,并以直线连接各点即可。

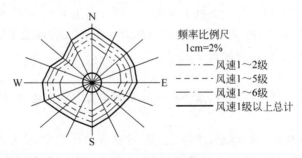

图 10-3　风玫瑰图

对海洋工程所在的海区,要统计大风日数,求得一年中出现大风日数的平均值,以供施工参考。海洋工程的设计中常需了解具有一定概率的最大风速,并以某一再现期的风速特征值作为设计标准。如常以 50 年一遇的年最大风速或 100 年一遇的年最大风速作为设计风速。所谓 50 年一遇或 100 年一遇,并非在 50 年或 100 年内只会出现一次,也不能保证在 50 年或 100 年内的绝对安全,所以人们认为有必要考虑采用 1000 年一遇的最大值。

年最大风速如其他水文气象要素一样,受很多因素的影响,是随机变量。目前世界各国对最大风速(即设计风速)的标准尚不统一,包括设计风速的再现期与风速资料的取值方法。其中风速资料的取值又包括风速观测点距地面的标准高度与观测的次数和时距等。美国对海洋工程一般采用再现期为 100 年一遇,0.5min 或 1min 的平均最大风速;英国采用 50 年一遇 3s 瞬时的最大风速。

据统计全世界平均每年发生台风约 62 次,以西北太平洋生成的为最多,占总数 36% 以上,主要发生在菲律宾以东的洋面上。

我国沿海受台风的侵袭以福建、广东、海南、台湾四省最为严重,东海与南海是经常受台风影响的海域。

台风与飓风都是由于洋面上局部的湿热空气大规模上升至高空,周围低层空气趋向中心流动,在地转偏向力的作用下而形成的空气大旋涡。台风在低纬度生成后,在外力和内力共同作用下以一定的速度向高纬度移动,在台风的右半圈中,其旋转的气流方向与移动的方向相近;而在其左半圈中,旋转的气流方向与移动的方向则相反。所以同样一个台风的影响,在左右两个半圈中的风速会有很大差别。同此,受台风的影响,在右半圈的波浪也特别大。再加上台风多数是向右转向的,这样,如果船舶或海洋工程的建筑物处在其中就很容易被吹进台风中心。一般把台风移动路线的右半圈称为危险半圈,左半圈称为可航行半圈。若在南半球则情况相反。台风在生成时的移动速度不大,为 8~10kn,以后逐渐增加,在转向前一般不超过 15kn,动向也不稳定,当转向进入中纬度后,风受强劲内风的影响,移动速度骤增,可达 20~30kn。当台风进入衰减阶段,移动速度又趋减慢。由于台风有极大的危害性,所以船舶与海洋工程等都必须随时注意热带气旋的动态。

10.5 海浪

处在各个海区的海洋工程建筑,随时受到海浪的直接威胁。海浪的威力十分巨大,巨浪能把石油生产平台推倒,把万吨大船推上半山。有时波高虽不大,但当波浪周期与建筑物的固有周期相近时,因共振作用,会对建筑物造成毁坏。即使轻微的波浪,因长年累月地连续作用,波浪力也会给建筑物以冲刷而使之损坏。

1. 波浪的成长

波浪是静水面受到外力作用后,水质点离开平衡位置作轨圆运动,并向一定方向传播的现象。

波浪是由各种作用力(风、风暴、地震、太阳、月球等的作用力)引起的波动现象,其复原力是表面张力、重力和地转偏向力(科里奥利力)。而由风引起的浪在海浪的研究中占有主要地位。图 10-4 是海浪能量按周期的分布及引起波浪的主要力。

周期为 12h 与 24h 为潮波,用直立的两条粗虚线表示。大部分能量都集中在周期为 4~12s 的重力波内。

科里奥利力,简称科氏力,它不像重力、压力、摩擦力的作用会产生运动,它不是一种真实的力,而是为了补偿作用而假想的力。即正在被重力、压力或摩擦力所加速的质点,在转动的地球上,还要被另一种力所加速,此力所产生的加速度与旋转的地球有关,这种假想的力就是科氏力。

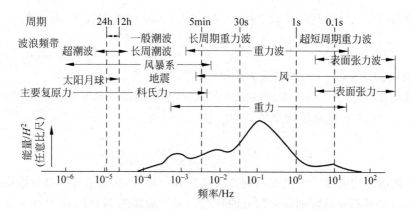

图 10-4　波浪能量按周期的分布及引起波浪的主要力

2. 波浪要素

图 10-5 是波浪发生时水面理想化波面的轮廓,其要素如下。

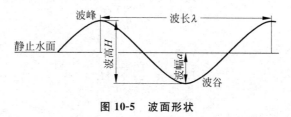

图 10-5　波面形状

波峰:波面的最高点。

波谷:波面的最低点。

波高 H:相邻波峰与波谷间的垂直距离,单位 m。

波幅 a:波高之半。

波长 λ:相邻两个波峰(或波谷)间的水平距离,单位 m。

波陡 δ:波高与波长之比,$\delta = H/\lambda$。

周期 T:通过一个波长所需的时间,或两相邻的波峰(波谷)通过同一定点所需的时间,单位 s。

波速 C:波形移动的速度,即单位时间内波动传播的距离。波速、周期和波长之间存在下列关系:$C = \lambda/T$,单位 m/s。

波向线:表示波传播方向(浪向)的线。

波峰线:与波向线正交,并通过波峰的线。

频率 f:在某一固定点单位时间内所经过的波的个数,即 $f = 1/T$。

波数 k:指在 2π 距离内所包含的波的个数,$k = 2\pi/\lambda$。

圆频率 σ:在 2π 秒时间内所经过的波的个数,$\sigma = 2\pi/T = 2\pi f$。

波岭 β:波速与风速(U)之比,即 $\beta = C/U$。

3. 波浪的表示

在同一时间里,海面常出现许多高低不等的波浪,为了方便起见,常用下列几种代表性的波高来说明海面波的状况。

平均波高($\overline{H}$)——所有波高的平均值,表示海面波高的平均状态,表示为

$$\overline{H} = \frac{n_1 H_1 + n_2 H_2 + \cdots + n_i H_i}{n_1 + n_2 + \cdots + n_i}$$

式中,n 为波高的总个数;i 为波高依大小排列的顺序号。

均方根波高(H_S)——将所有波高的平方相加,求平均值后再开方。海浪的能量与波高的平方成正比,H_S可反映海浪能量的平均状态。表示为

$$H_\mathrm{S} = \sqrt{\frac{1}{N}\sum_{i=1}^{N} H_i^2}$$

部分大波的平均波高——把观测到的波高按大小排列,取其最大一部分波高的平均值。它表示波浪的显著部分或特别显著部分的状态。对于最高的 1/100、1/10 和 1/3 的波,其平均波高分别以符号 $H_{1/100}$、$H_{1/10}$、$H_{1/3}$表示。如共观测 1000 个波,它们分别代表最高的 10、100 和 333 个波的平均波高。

$H_{1/3}$ 习惯上称为有义波高:

$$H_{1/3} = \frac{3}{N}\sum_{i=1}^{N/3} H_i$$

$H_{1/10}$部分大波波高:

$$H_{1/10} = \frac{10}{N}\sum_{i=1}^{N/10} H_i$$

$H_{1/100}$部分大波波高:

$$H_{1/100} = \frac{100}{N}\sum_{i=1}^{N/100} H_i$$

波高标志海浪的大小,区分海浪的等级(见表 10-2)。

表 10-2　海浪的等级

浪级	波高范围		海浪名称
0	0	0	无浪
1	$H_{1/3} < 0.1$	$H_{1/10} < 0.1$	微浪
2	$0.1 \leqslant H_{1/3} < 0.5$	$0.1 \leqslant H_{1/10} < 0.5$	小浪
3	$0.5 \leqslant H_{1/3} < 1.25$	$0.5 \leqslant H_{1/10} < 1.5$	轻浪
4	$1.25 \leqslant H_{1/3} < 2.5$	$1.5 \leqslant H_{1/10} < 3.0$	中浪
5	$2.5 \leqslant H_{1/3} < 4$	$3.0 \leqslant H_{1/10} < 5.0$	大浪
6	$4 \leqslant H_{1/3} < 6$	$5.0 \leqslant H_{1/10} < 7.5$	巨浪
7	$6 \leqslant H_{1/3} < 9$	$7.5 \leqslant H_{1/10} < 11.5$	狂浪
8	$9 \leqslant H_{1/3} < 14$	$11.5 \leqslant H_{1/10} < 18$	狂涛
9	$14 \leqslant H_{1/3}$	$18 \leqslant H_{1/10}$	怒涛

4. 海洋中波动的分类

海洋中的波动种类繁多,根据波动形成的原因,一般可分为以下几种。

(1) 风浪:风直接作用下,水面出现的波动。风浪离开风区传至远处或风停息后所留下来的波浪,称为涌浪(涌)。风浪和涌在形态上有显著的差异。前者波形不规则,背风面缓迎风面陡,在强风作用下便翻倒、破碎,伴有浪花和泡沫,波高和波长大小不一,波峰线较短,

周期较小,波向基本上与风向一致;而涌的波形较规则,波面比较光滑,波峰线较长,平均周期大于原来风浪的周期,波向较明显。

(2) 潮汐波:海水在月球和太阳引力作用下产生的波浪。

(3) 海啸:依其生成原因,又分为气象海啸和地震海啸。前者是由气象原因,如台风、风暴等所形成的浪;后者则是海底或海岸附近发生地震或火山爆发所形成的波动。

(4) 内波:又称界面波,是海洋中密度相差较大的水层处形成的波动。淡水与海水的分界面上容易产生内波,内波对深海石油钻探船用超声波确定船位的动力定位带来危害,因有内波存在时,超声波会发生折射。

依波形的传播性质可分为以下两种。

(1) 前进波:又称立波,以一定速度向外传播的波浪。这种波浪传播过程中波剖面形状不变,仅是波形前进,不是流体前进,浮于波面的物体不随波浪前进,仅在波浪经过物体时产生摇荡运动而已。

(2) 驻波:两个同样波幅、波长、频率的前进波彼此反向前进,即形成一个波形停止状态的波浪,其波幅随时间而变化。对于给定时间的驻波,称为静止水波。

依水深相对波长的大小可分为以下两种。

(1) 深水波(短波):水深(h)与波长(λ)满足 $h>0.5\lambda$ 时,水质点沿轨圆运动的表面波。

(2) 浅水波(长波):$h<0.5\lambda$ 时,水质点沿近于椭圆轨迹运动的一种前进波。浅水波因受水深的影响,水底的波速受底部摩擦的影响,较水面的波速小,容易产生波陡较大的波浪,最后形成破碎波。这种波常见于海滩处,对小船易造成海损事故。

5. 波浪的基本性质

1) 波长、周期和波速间的关系

由小振幅波动理论证明,对于深度不变的水域,进行波的波速为

$$C^2 = \frac{g\lambda}{2\pi}\tanh\frac{2\pi h}{\lambda}$$

式中,C 为波速;g 为重力加速度;λ 为波长;h 为水深,$\tanh(2\pi h/\lambda)$ 是双曲线正切,其定义为 $\tanh(x)=\dfrac{e^x-e^{-x}}{e^x+e^{-x}}$。当 x 极大时,它近似等于 1;当 x 很小时,它近似等于 x。故当深度远大于波长(实际上当水深大于波长一半)时,有

$$\tanh(2\pi h/\lambda) = 1$$

于是:$C=\sqrt{\dfrac{g\lambda}{2\pi}}$,这是小振幅深水进行波的波速公式。上式指出,其传播速度仅与波长有关,而与波高无关。

一般前进波的波长、周期、波速间的关系为

$$\lambda = cT$$

于是可得

$$\lambda = (gT^2 \,/\, 2\pi)\tanh(2\pi h/\lambda)$$

同样,对于深水波(短波),上式可简化为

$$\lambda = gT^2 \,/\, (2\pi)$$

将 g 及 π 的数值代入,可得深水波的波长、周期和波速之间的简单关系(见表 10-3)。

表 **10-3**　波长、周期、波速关系　　　　　　　　　　　　　　　　　m、s、m/s

已知 T		已知 λ		已知 c	
$c=1.56T$	$\lambda=1.56T^2$	$c=1.25\sqrt{\lambda}$	$T=0.8\sqrt{\lambda}$	$T=0.64c$	$\lambda=0.64c^2$

2) 水质点运动和波形的传播

从理论上推出的结果以及实际观察可知,海洋中小振幅进行波的水质点运动轨迹为圆。图 10-6 表示波动场内水质点的位置,此时可导出其运动轨迹为

$$(x-x_0)^2 + (z-z_0)^2 = \left(\frac{H}{2} \times e^{kz_0}\right)^2$$

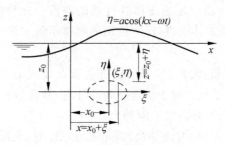

图 10-6　波动场内水质点的轨迹

这是一个半径 $r=\dfrac{H}{2} \times e^{kz_0}$ 的圆。在水面处 $h=0$,质点运动轨圆的半径 $r_0=H/2$。随着深度的增加,质点运动轨圆半径 r 迅速减小。在深度为一个波长处,即 $z_0=\lambda$,其质点运动的轨圆半径为 $r=\dfrac{H}{2} \cdot \dfrac{1}{535}$,在 $z_0=-\lambda/2$ 处,$r=\dfrac{H}{2} \cdot \dfrac{1}{23}$,一般情况下可认为水质点不动。故在工程上,将 $h=\lambda/2$ 作为无限水深和有限水深的分界。

3) 波压强和波能

在深水情况下波压强为

$$p = -rz + \frac{rH}{2}e^{kz}\cos(kx-\omega t)$$

在浅水情况下波压强为

$$p = -rz + \frac{rH}{2}\frac{\mathrm{ch}k(z+h)}{\mathrm{ch}k(h)}e^{kz}\cos(kx-\omega t)$$

在一个波长 λ 范围内单位宽度波浪的总动能为

$$E_R = \frac{1}{4}\rho g a^2 \lambda = \frac{1}{16}\rho g H^2 \lambda$$

在一个波长 λ 范围内单位宽度波浪的总势能为

$$E_p = \frac{1}{4}\rho g a^2 \lambda = \frac{1}{16}\rho g H^2 \lambda$$

所以,在小振幅波中,在一个波长 λ 范围内单位宽度波浪的总能量为

$$E = E_R + E_p = \frac{1}{8}\rho g H^2 \lambda$$

单位面积的铅直水柱内平均总能量为

$$E = \frac{1}{2}\rho g a^2 = \frac{1}{8}\rho g H^2$$

6. 我国沿海波浪的分布规律

1）波高的变化规律

冬季，在寒潮影响下，以偏北浪为主，偏东浪为次。在渤海海峡地区，冷空气通行无阻，北向浪很大，最大波高达 8.0m。山东半岛东部最大波高达 6.4m，山东半岛南部大浪较少。苏北和闽浙沿岸最大波高 2.9～4.1m，台湾省沿岸最大波高达 7.5～15m，广东沿岸为 3.5m 以下，西沙群岛附近为 4.4m，南沙群岛附近达 9.5m。

夏季，由于台风活动频繁，风浪南方大于北方。渤海南岸，偏南浪的最大波高一般在 3.5m 以下。渤海海峡东北浪最大波高为 5.7m。山东半岛南部，南向浪的最大波高有 4.4m。苏北沿岸和长江口东，东北浪的最大波高为 1.7～3.2m。浙江北部沿岸南向浪最大波高为 3.5m。浙江南部至广东南澳一带，偏南浪的最大波高一般为 5.9～8.5m。粤东和粤西沿岸最大波高达 15m。北部湾北部的涠洲岛，南东南浪最大，波高为 4.6m。海南岛北部沿岸的玉苞，东北浪的最大波高为 7m。西沙群岛附近的西南浪，最大波高为 10m，南沙群岛附近的最大波高为 7.5m。

2）波浪周期分布规律

冬季，由山东半岛南部至浙闽一带平均周期 4～7s，最大为 11.4s；南海平均周期仅 3～4s，最大 10s。夏季，辽东湾至长江口一线平均周期低于 5s，最大 13.7s；浙闽沿海平均在 5s 以上，最大达 19.8s；粤沿海平均周期为 5s，最大为 11.5s；海南岛、北部湾北部、西沙沿海平均周期为 4s，最大为 10.9s。

春秋两季，渤海湾平均周期小于 4s，最大 8.3s；山东半岛北部沿海与渤海海峡平均周期 5s，最大周期 13s；山东半岛南部至浙闽一带平均周期小于 5s，最大周期为 11s；南部沿海平均周期在 5s 以上，最大周期为 12.8s。

10.6 海流

海流是大范围的海水以相对稳定的速度在水平或垂直方向连续的流动。它有一定的流程、宽度、厚度与速度。每股海流有各自的温度、盐度、水色、透明度、化学成分及生物种类，这些特性常因季节而变。海流是海洋中主要动力源之一，和风、浪等要素同时对海洋工程有直接作用，影响其强度与稳定性。设计海洋工程的水下部分时，必须考虑海流引起的载荷，对拖航时的拖曳力与停泊时的系泊力，也需考虑海流的影响。

1. 海流的分类

1）风海流

风海流是因风在海面吹过，使海水产生的流动。因不连续的阵风而形成的海流也称风海流。通常把一年四季中流向与流速大致相同的海流，或把因时间、空间大范围内常见的定常海流称为漂流（或吹流）。这是定常恒速风，长久地作用在无限宽广的海面，表层海水开始沿着风向产生的流动。在流动时，海水同时受到地转偏向力和下层静止的海水对上层流动海水间的摩擦力的作用。当上述两作用力与海面风的作用力达到平衡后，表层海水即作定常恒速的流动，此即漂流。不受海底影响的海流称为无限深海漂流；受海底影响的近岸海域中的海流称为有限深海漂流。无限深海漂流其流速与风的作用力成正比;表层漂流的流向在北半球较风向偏右 45°,而在南半球则偏左 45°,此偏角不随风速、流速或纬度的变化而变。有限深海的漂流因受海底的影响,流向几乎与风向一致。

2) 梯度流

梯度流又称倾斜流,是因海水在等压面发生倾斜时,水平压强梯度力与地转偏向力达到平衡时的稳定海流。海水从压力大的区域流向压力小的区域,这种使海水流动的力称为水平压强梯度力。等压面的倾斜、压力水平分布的差异,是导致海水流动的重要原因。梯度流因引起等压面倾斜的原因不同,分为气压梯度流与密度梯度流。

(1) 气压梯度流是由于风力、气压变化、降水或大量河水注入海洋造成海面倾斜而引起的海流。海洋上空大气压力的分布是不均匀的,于是海面发生倾斜,压力高的海面下降,压力低的海面上升。假设海水密度分布均匀,则海面下各等压面也都同时倾斜与海面平行,这时从海面到海底都产生大小相等的水平压强梯度力,海水就产生流动。海水流动时,因受地转偏向力的作用,使海水不断偏转流动(北半球向右偏转,南半球向左偏转),此偏转现象要到水平压强梯度力与地转偏向力达到平衡时才停止,海水的流向也趋于稳定。此时海水的流向,在水平压强梯度力的偏右方 90°,沿等压面与水平面的交线处流动,且流速大小与等压面的倾斜度有关。在入海的江河口与迎风的海边由于海水涌积,也因此等压面倾斜而产生气压梯度流。

(2) 密度梯度流又称密度流,是由于海水的密度沿水平方向的差异引起等压面倾斜而产生的海流。海水密度与海水温度、盐度的变化有密切关系,而海水的温度、盐度的变化,主要在海水的表面层中。所以海水密度的变化,在上层变化大,下层变化小,海水密度的水平分布随水深的增加渐趋均匀,海流也随水深的增加而逐渐减弱。密度梯度流与气压梯度流都因海面的倾斜而引起,但原因不同。气压梯度流仅考虑水平压强梯度力,而密度梯度流尚需考虑海水内摩擦的作用。

3) 潮流

潮流是在水平引潮力作用下与潮汐涨落同时发生的海水在水平方向上的周期性水平流动,具有方向性。一般把由外海到内海流向港湾的潮流称为涨潮流,由港湾流向外海的潮流称为落潮流。潮流的流动周期与分类均与潮汐相同,可分为全日潮流、半日潮流、混合潮流三大类。在一个太阳日(24 小时 50 分)内一次涨潮流和一次落潮流的全日周期潮流简称全日潮流。在一个太阳日内有两次涨潮流和两次落潮流的半日周期潮流简称半日潮流;介于半日潮流与全日潮流之间的为混合潮流。潮流易受地形、摩擦及地转偏向力的影响,因此其运动形式可分为往复流与旋转流两类。往复流在海岸区、河口、海湾口、水道、海峡和狭窄的港湾等处,由于地形限制,其流向具有正、反两个方向的周期性变化,流速的最大与最小值相差较大。其最小流速近于零的称憩流。在开阔海域,潮流多具有旋转流,其流向随时间逐渐变化,流速值相差亦不大。由于受地转偏向力的作用,在北半球的海洋中,旋转流为顺时针方向变化,在南半球为逆时针方向变化。

4) 定常流

定常流是一年四季内海流的流向与流速基本相同,不随时间而变化的海流。

5) 周期性流

周期性流是作用于海水的外力在一定时间范围内重复出现、具有周期性变化规律的海流。如季风海流、潮流等。

6）短暂流

短暂流是由非定常风引起的，常带偶然性，它的流向与流速均随风向与风速而变化。如气压梯度流等。

7）暖流

暖流是其温度较周围海水的温度高，向外界输送与传播热能的海流。暖流的盐度较高，水色浅，透明度也较大。

8）寒流

寒流是其温度较周围海水温度低的海流。其盐度较低，水色与透明度均较低。

9）盐水流

盐水流是其盐度较周围海水高的海流。

10）淡水流

淡水流是其盐度较周围海水低的海流。

11）补偿流

补偿流是由于海水的连续性流动导致某一海区减水，而另一海区增水造成的，亦即增水海区的海水必然向减水的区域流动。潮流即属此类海流。这些海流可在海洋中不同深度处出现，位于海洋表层（一般指 0～3m）的称表面流，又称表层流；在海面以下一定深度（5m、10m、…）的称潜流，或深层流；位于海底范围的称底层流；位于沿海岸的称沿岸流。

12）波浪流

波浪流是海岸区域因波浪引起的海流。当波浪进入浅水区后，因受海底的摩擦力影响，海水质点的运动轨迹由圆形变为椭圆形，越近海底，椭圆轨迹越渐缩小。椭圆短轴的变化较长轴快，即椭圆渐趋扁平，至海底处，呈直线状，此时海水质点则沿此直线作往复运动。所以当波浪向浅水区传播时，其波高逐渐增大，如考虑海底坡度对上述流动的影响，会出现反向流动，一般称此为回流。

波浪破碎后所引起的海流也称波浪流，但与上述波浪流的成因不同。若波浪斜向接近海岸发生破碎后，一般在破波线与岸线间形成与岸线大致平行的流动则称沿岸流。沿岸流对浅水区海洋工程的底部冲刷、泥沙运动、航道淤积及岸滩变形等都有影响。

13）入海径流

入海径流是因融冰或大量降水而使江河径流大增，入海后继续向外延伸而形成海流。

2. 海洋环流

海洋环流是由大气与海洋相互作用而造成的，有风生环流与温度、盐度或密度环流两种。前者比后者强大得多，但它只存在于水深 1000m 以内，而后者则一直延伸到深海。风生海洋环流是由方向相同、巨大而持久的盛行风作用而形成的大规模的海水环流。海洋上空的大气压与风系，除印度洋外，其余的海洋基本相似，因此海洋环流的形式基本上也相似。南北半球对称，北半球主要是顺时针方向旋转，南半球主要是逆时针方向旋转。太平洋、印度洋、大西洋的海流盛行月份为每年的 2—3 月和 8—9 月，速度多为 12～24n mile/d。太平洋表层环流如图 10-7 所示。

海洋中最强的海流为墨西哥湾流，其表面流速为 2～3m/s；其次为黑海，它的表面流速为 2m/s。

图 10-7　太平洋表层环流图

温盐环流是由海水密度差导致的深水环流,是一种对流过程,即高纬度处密度大的冷海水下沉并缓慢地流向赤道的过程。

3. 我国的近海环流

我国渤海、黄海、东海均为位于同一大陆架上的边缘浅海,其环流系统主要由太平洋黑潮分支与我国的沿岸流构成。南海为一典型的深海海盆,其环流系统主要由季风支配,属漂流性质。现介绍其中的主要流系。

1) 台湾暖流

北赤道流到达亚洲东岸时,受陆地阻挡,在菲律宾与我国台湾省附近分为两支,分别转向南、北。向北的分支进入东海,受大陆架的影响,主流转向东北,沿大陆架外缘的东海深水区域(即琉球群岛西北的深沟)向东北流去,在日本九州南边流出东海,又进入太平洋,此即黑潮。黑潮流入东海时,有一小分支冲上大陆架,沿陆地北上,从东西两侧环绕台湾岛后汇合于闽浙两省的外海,继续北上,可达长江口,此即台湾暖流。其流速南面较大,北面较小。约 0.5~1.0kn。

2) 黄海暖流

它是黑潮的一个分支,经对马海峡入日本海,亦称对马暖流。对马暖流在济州岛南部又分出一个小分支,向西北流入黄海,以后经渤海海峡流入渤海,此即黄海暖流。其流速一般仅 0.1~0.3m/s。

3) 沿岸流

我国沿海有许多江河入海,把沿海的海水冲淡,这股被冲淡的海水沿岸流动,形成沿岸流。一般的流动趋势是由北向南,受外海海水混合的影响,产生许多小旋涡。我国沿海有下列几种沿岸流:①辽南沿岸流,沿辽东半岛南岸因受鸭绿江淡水的注入而流向渤海海峡。②辽东沿岸流,沿辽东半岛西北岸南下的海流。属于渤海顺时针环流的一部分。③渤海沿岸流,沿渤海湾海河口一带南下,与黄河水汇合,形成一股盐度极低的海流,流出渤海海峡后大部分绕过山东成山头与苏北沿岸流汇合。④苏北沿岸流,北接渤海沿岸流,沿海州湾外30m 等深线南下,至长江口后,向东南流去,与黑潮北上的分支相会后逐渐消失。每年 6—8

月,因得长江淡水的补充而加强,其影响可达整个朝鲜海峡。⑤闽浙沿岸流,主要由长江、钱塘江、雨江等河流的淡水在杭州湾积聚而成,穿过舟山群岛,紧贴沿岸水域向南流动,一般在冬季较明显。⑥我国南海的海流,主要为季风控制,具有明显的季节变化,但较稳定。

海流不仅有季节变化、年变化以及更长的周期变化,还有许多复杂的随机性变化。一次实测的海流图,与上述情况常有出入。目前已发现有赤道潜流、深层流、副热带逆流等,还发现海流常具有大的变异现象。过去认为流速微弱的海区与平静的海洋深层中存在能量相当大的"中尺度涡",使流速较估计值大几十倍,且不断剧烈变化。所谓海洋中的"中尺度涡",相当于大气中的一次天气过程。它的出现,有如一次台风或气旋,使该处海洋中的各种水文物理要素产生巨大变化。无疑,这种"中尺度涡",不但直接影响海洋工程的安全与使用,也对海洋工程的设计依据产生严重影响,因此有关"中尺度涡"的运动规律研究已成为海洋科学的重大课题之一。

10.7　潮汐

潮汐是因月球与太阳等天体对地球各处引力不同而造成的水位周期性的涨落现象。虽然潮汐有地球潮汐、海洋潮汐与大气潮汐之分,但与海洋工程有密切关系的主要是海洋潮汐。在海洋工程设计时要按高潮水位估算,而航道水深与锚泊地则要考虑低潮水位。高潮与低潮水位间是海水腐蚀最严重的区段,所以潮差的变化规律、潮位的变化过程、涨落潮的时间等都与海洋工程密切相关。潮差是高潮水位与低潮水位之差,平均1～3m,有些地方可达20m左右。

潮汐的平均周期一般为12小时25分,其波长为12450～20000km(约为地球周长之半)。通常把白天的海水上涨称为潮,晚上的海水上涨称为汐。潮与汐两者的名义虽然不同,但其实质相同。潮汐的大小与涨落时间逐日不同,是因为月球的引潮力约为太阳引潮力的2.17倍,所以潮汐现象主要随月球的运行而变。

1. 潮汐类型

潮汐现象相当复杂。海水除受天体的引力作用外,还受纬度和海区地形、深度等影响。潮汐有三种类型,如图10-8所示。

1) 半日潮

在一个太阳日(24小时50分)内发生两次高潮与两次低潮。相邻两次高潮与两次低潮的高度近乎相等,涨潮历时与落潮历时相等,潮位的变化为对称的余弦曲线。

2) 全日潮

多数太阳日里出现一次高潮与一次低潮,潮位变化为对称的余弦曲线。当月球赤纬接近零时,潮位涨落不明。赤纬增大时,潮位涨落也随之增大,当月球偏北与偏南最大时,赤纬最大,潮差也最大,潮差随月球赤纬变化有半月周期的变化。

3) 混合潮

这是介于半日潮和全日潮之间的一种形式,可分为不正规半日潮与不正规全日潮两类。前者在一个太阳日内有两次高潮与两次低潮,但相邻的高潮或低潮的高度不等,涨潮历时也不等;后者在半个月内的多数日子里为不正规半日潮,但有时也发生一天一次高潮与一次低潮的全日潮现象。

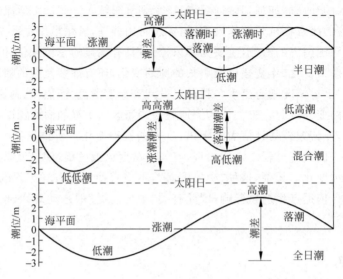

图 10-8　潮汐的类型

2. 我国沿海的潮汐

我国沿海大部分属于边缘浅海,沿海潮汐主要是由太平洋潮波引起的强迫振动所造成的。太平洋潮波从台湾省与日本一线和台湾省与菲律宾两个入口传入东海与南海,受地形与地转的影响而形成各海区的潮波系统。潮汐变化与潮波有密切关系,而引潮力也有一定影响。东海、黄海、渤海以半日潮与不正规半日潮为主,南海以不正规全日潮为主。沿岸潮差以浙江与福建北部为最大,可达 6～7m;自莱州湾、渤海海峡至成山角、广东甲子以及台湾省东岸、西南岸一带为最小,为 1.5～2.5m。一般在海湾中,湾顶处潮大,湾口处潮小,近岸潮大,外海潮小。

10.8　海啸与风暴潮

海啸与风暴潮,是由于地震或风暴而造成的海面巨大涨落现象,两者都能在短时间内使海面产生高达几米至几十米的巨浪,给沿海城镇和海洋工程带来巨大损失,因而也是海洋工程环境的重要因素之一,必须予以考虑。

1. 海啸

海啸发生时,从其发源地可传播至近千海里的地方,海面出现长周期的巨大涌浪。遇到海岸或浅滩可形成几米至几十米高的巨浪。海啸按其成因分为地震海啸和风暴海啸(气象海啸),由低气压形成的称为风暴海啸,由地震与火山爆发形成的称为地震海啸。据历史记载,世界上已有 300 余次大海啸,在太平洋中出现的约占 80%。日本曾因大海啸造成几十万人死亡;印度尼西亚曾因火山爆发引起海啸,出现波高 35m、波长 524km 的海啸波,其传播速度快,在 32h 内竟通过了地球周长一半的距离,由此可见海啸危害之大。

2. 风暴潮

风暴潮是一种剧烈的气象潮,是因大风暴及其伴随的气压剧烈变化而导致海面水位异常升高或异常下降的现象。风暴潮像一个巨大的长波沿海岸传播,当波峰与当地高潮会合并使水位超过当地警戒水位时,就会产生严重的水灾;而当波谷与当地低潮会合后,就会导致航行船舶发生搁浅,所以风暴潮的危害极大。

风暴潮可分为由热带风暴引起的风暴潮、由温带气旋引起的风暴潮和冷风暴潮三种。①由热带风暴引起的风暴潮,以夏、秋两季最为常见,在北太平洋西部及我国南海、东海等海域经常发生,有急剧的水位变化。②由温带气旋引起的风暴潮,主要发生在冬、春两季,其特点是水位变化持续,但并不急剧,最大高度在1m左右。③冷风暴潮,是我国渤海与黄海北部由于寒潮与冷空气激发的一种特有的风暴潮,其特点为水位变化持续,但不急剧。

10.9　海冰

海冰主要由海水直接冻结而成,也包括由陆地注入海洋中的淡水冰。处在寒冷海域的海洋工程,经常会有海冰侵袭的严重威胁,由于对海冰作用力估计不足,在海冰强烈作用下被毁坏的事例在世界上已屡见不鲜,所以海冰对海洋工程的作用力是寒冷海域所必须考虑的载荷。

1. 海冰的作用力

(1) 海冰作用于海洋工程建筑物上的作用力称为冰压力,主要形式有:巨大的冰层包围建筑物,在潮流与风的作用下,大面积冰层呈整体移动,使建筑物受挤压,如建筑物具有足够的强度,能将冰层切割使之移动,这时建筑物会出现振动。

(2) 如有自由漂流的流冰,将对建筑物进行冲击而产生冲击力。

(3) 整体冰层因受温度变化引起膨胀,产生挤压建筑物的膨胀力。

(4) 与冰层冻结在一起的建筑物,因冰层受潮流与风的影响而移动,使建筑物受到拖曳力,并因水位升降对建筑物产生垂向作用力,当水体下落时产生向下的重量力,水位上涨时产生向上的上拔力。

(5) 流动的冰块对海上建筑物产生摩擦力。

2. 我国沿海的冰情

我国的渤海和黄海北部,冬季常受寒潮侵袭,每年都有结冰现象,严重时渤海出现冻封,许多船舶被冰田围困,航道必须依赖破冰船开通,平台有被冰块割断、推倒的事例。在冰期,交通运输、物资供应、人员来往、事故抢救等都有困难。因此在海洋工程结构物设计中必须了解所在海域的海冰生成、冰期、冰区范围、冰厚和海冰作用力等影响因素。

我国沿海的海冰主要见于渤海与黄海北部海区,一般年份的冰情如表10-4所列。

表 10-4　我国的冰情

海区	初冰期	终冰期	冰期/月	冰区范围(距岸)/n mile	冰厚/cm
辽东湾北部	11月中旬	翌年3月底	4	10～30	15～40,最大100
渤海湾北部	11月下旬	翌年3月中旬	3	5～20	20～40
莱州湾	12月上中旬	翌年3月中旬	3	3～15	10～30
黄海北部	12月上旬	翌年3月中旬	3	10	10～30

10.10　海底地震

世界上地震主要发生在两个条状带上,即环太平洋的地震带和横贯欧亚大陆的阿尔卑斯地震带。据统计,地球上约有 80% 的地震能量是由环太平洋带释放的,所以环太平洋带是地球上地震发生最频繁的地方。我国的东海与南海的外缘是环太平洋地震带的组成部分。我国台湾省的东西两侧和南面海区,是海底地震频繁发生的地带。台湾海峡与毗邻的福建、广东沿海,也是历史上多次发生地震的地区。

大陆坡是现代经常发生地震的地带之一,震源从很浅到深入大陆坡下面几百千米。大陆坡上的地震与其伴随出现的塌方、海啸,给沿岸设施、海上建筑物带来很大损失,还会使大陆坡附近铺设的海底电缆或管道发生断裂。

10.11　海洋科学技术与海洋工程

自 1957 年苏联成功地发射了第一颗人造地球卫星后,世界各大国开始竞相发展宇航事业。1961 年苏联宇航员加加林驾驶飞船环绕地球飞行一周后返回地面,实现了人类遨游太空的夙愿;1969 年美国宇航员登上了月球,其后又有几十名宇航员陆续飞入茫茫星空,火箭、卫星、导弹技术在 20 世纪获得了瞩目的长足进展!但是,人类对海洋的开发和海洋技术的发展却要相对滞后和缓慢得多,迄今为止人类对海洋中发生的许多自然现象和过程,远不如人类对陆地和大气空间了解的深刻。这是人类的疏忽吗?不!究其原因是多方面的,而主要原因是海洋环境的特殊性。

1. 海洋环境的特殊性

海洋环境的特殊性主要由海水所致,由于海水的存在带来了一系列的难题。

(1)世界大洋的平均水深为 3800m,进入海底首先必须克服海水屏障。海底油气资源开发、深海底金属矿产的探查和开采等,首先面临的就是如何突破海水屏障。

(2)水深每增加 10m 海水压力就会增加 9.8×10^4 Pa(即 1 个大气压),大洋底的水压是大气中的 380 倍。因此,深海仪器设备必须能承受如此巨大的深水压力。

(3)电磁波容易透过大气,已可探测远至几百万光年的宇宙空间,探测距离远、传输速度快,是很理想的探测手段。但电磁波穿透海水的能力很差,例如 30kHz 的电磁波仅能通过 1m 左右的水层,因而电磁波不能用于海洋中对目标物的探测,也不能用于海底两地之间的通信。

(4)陆地上,光是照明、通信和观测的手段,但在海水中光的用途却相当微小。光作为电磁波的一种存在形式,在海水中光强以指数形式衰减,由于海水的吸收和散射,阳光入射海面后,在 100m 水深处,其能量只剩下表面能量的 1% 左右,而到 200m 水深时其剩下的能量几乎为零,因此 200m 以下的海洋是漆黑一团。在浅海区实际上用肉眼也只能看到 10m 左右水深处的目标物。机载激光测深系统的工作波段是绿光,据报道可探测的最大水深是 60m,一般在 20m 左右,近岸区只有 10m 左右。

(5)声波作为一种机械波在海水中较易传播,声波在海水中的传播速度是空气中的 4～5 倍,传播距离是空气中的 10～15 倍。因此,声波是海洋中的主要探测手段和通信工具。

但声波的传播受海水的温度、压力、盐度及悬浮物的影响,在浅海中还受地形的影响,直接影响对目标物的探测精度和通信的质量,特别是数据、图形和图像的声通信方面还有许多难题。水下声通信要比陆地上的无线通信复杂得多。

(6) 受地球的公转、自转、风、温度、盐度、密度、压力及地形等多种因素的作用,海水总处于不断的运动和变化中,海流、波浪、潮汐和海风时刻作用在海洋工程设施和海洋仪器装备上,巨大的摧毁力时刻危及这些设施和装备的安全。平台被毁、巨轮沉没、仪器丢失、人员丧生,这些在海洋中经常发生。恶劣的海洋环境为海洋探测和海洋工程增加了难度。卫星遥感探测海洋要比探测陆地困难得多,海洋的多变性使卫星遥感的真实性检验和定量观测成为相当棘手的问题。水的介电常数是真空的 81 倍,因此水的溶解性很强。在海水中又增加了盐类和各种离子,所以海水对金属物有很强的腐蚀性。海洋生物的存在和对海上结构物及仪器设备的附着将严重污损结构物和仪器设备,这是海洋仪器设备研制者感到很头痛的事。

(7) 就总量来说,海水富含各种金属、贵金属和稀有金属,例如海水中金的总量是陆地地下金估计储量的 156 倍,海水中铀的总量是陆地地下铀估计储量的 1000 倍。但这些元素都属海水中的微量元素,其中金的浓度是 4×10^{-12}(4×10^{-6} mg/L),铀的浓度是 3×10^{-9}(3×10^{-3} mg/L),从如此低浓度的海水中提取金属元素,谈何容易! 全世界海洋中锰结核的锰、镍、铜、钴等金属总量可达 $10^{9}\sim10^{11}$ t,它们分布在大约 6000m 水深的洋底。从“挑战者”号调查船首次打捞上锰结核算起已有 100 多年了,但锰结核矿的开采至今仍处于详查、评估和试开采阶段。从 6000m 深的洋底开采锰结核要解决一系列的技术难题,同时,作为商业性开采和生产还要考虑投入产出比。

由于海洋环境的上述特殊性,使海洋探测和资源开发具有高技术难度,形成了独特的海洋高科技领域。

2. 海洋科学技术与海洋工程

海洋科学技术是人类认识海洋、开发利用海洋的系统科学。它包括海洋科学与海洋技术两大门类。海洋科学是研究海洋的自然现象、性质及其变化规律,以及与开发利用海洋有关的知识体系,侧重于基础研究,主要包括海洋物理、海洋化学、海洋生物、海洋地质和海洋水文气象等。海洋技术则侧重于应用研究,主要包括海洋探测技术和海洋开发技术,海洋开发技术是核心。

海洋工程是以海洋基础科学为根基,以海洋通用技术为手段,从事海洋资源开发和装备研制的工程技术。海洋工程的主要内容可分为资源开发技术与装备设施技术两大部分。

资源开发技术主要包括:深海矿物采掘技术(包括勘察、开采、储运等);海底石油钻采技术(包括钻探、开采、储运等);海水资源利用技术(包括淡化、提炼等);渔捞技术(包括近海、远洋等);海洋养殖技术(包括动物、植物等);海洋能源利用技术(包括潮汐、波力、温差、盐度差等)。

装备设施技术主要包括:海洋探测装备技术、潜水技术、海洋土木建筑技术和海洋工程船舶技术。

此外,海洋工程还离不开通用工程技术,即海洋机械技术、电机与电子技术、材料应用技术。

1) 海洋高技术成果

高技术一词在西方国家最早出现于 1970 年前后,在我国广泛使用则是在 20 世纪 80 年代以后,现在统一的认识是,高技术不是指某一单项技术,而是一个技术群,或者说是一套技术,并且是和某种产品或某一特定的产业相联系的。国际上公认微电子及计算机技术、航天技术、海洋技术、生物技术、机器人及机电一体化、光纤通信技术、核技术、新材料等均属于高技术。海洋高技术就是以海洋的探测和开发为对象的技术群。目前,世界海洋高技术包括三个方面:一是海洋环境的监测及灾害预报,二是海洋资源的开发和利用,三是装备设施的研制。由于海洋环境的特殊性和高难度,海洋工程大多属于"三高"(高投资、高风险、高技术)工程。

在海洋高技术领域,世界各国(尤其是发达国家)已经取得了引人瞩目的成就。在航天遥感方面,1978 年美国发射了世界上第一颗海洋卫星,能探测出高度不过 10cm 的海浪;1992 年美国发射了美、法联合研制的"Topex/Poseidon"号海洋卫星,其上搭载了美、法测高精度达 2.4cm 的雷达高度计,利用该卫星的海面高度数据,研究人员推测出全球海平面每年以平均 3.2mm 的速度上升;美国 20 世纪 90 年代以来发射了多组海洋监视卫星,可以监视海上舰船的位置、航向和航速。我国在 2002 年和 2007 年发射了"海洋一号 A"和"海洋一号 B"卫星,2011 年发射了海洋动力环境监测卫星"海洋二号",前者可对我国海域的水色环境实施大面积、实时和动态监测,并具备对世界各大洋和南北极区的探测能力,后者可全天候对海面风浪流、海面高度等海洋动力环境要素进行监测,直接为海洋减灾防灾、海上交通运输、海洋工程和海防等提供技术支持。至今世界上已有美、俄、中、日、韩、印度和欧洲航天局发射的众多海洋卫星。海洋卫星能精确测定海平面的变化,而且还可进行全球气象探测。在航空遥感方面,日本 1994 年研制成功的遥感探测系统,除能探测海底地形、断层、水深和底质分布外,还可测定流冰的大小和厚度并绘制出彩色图。在海洋油气资源勘探方面,三维数字地震勘探技术自 20 世纪 70 年代中期以来获广泛应用,1991 年美国加以改进,提出四维地震技术,即采用 4 震源序列放炮,并由 4 条漂浮电缆接收,可在瞬时得到 12 个独立的海底剖面,大大提高了油气勘探能力。在深海采矿技术方面,法国研制了 PKA2-6000 号深海多金属采矿系统,可从 6000m 的海底高速采矿、然后按自控程序返回海面。在深潜技术方面,1993 年日本研制成作业水深 11000m 的"海沟"号深海无人潜水器;1995 年中科院沈阳自动化所与俄罗斯合作,研制成功无线水下机器人"CR01"号,并在太平洋水深 5200m 海底成功地进行了深海试验,该机器人设计工作水深为 6000m,航速大于 4kn,续航力 6h。在海洋空间利用和海底建筑方面,知名的神户人工岛经历了 1994 年大地震的考验;海底隧道建设,至 1995 年全世界共建有 20 多条,尤以英吉利海峡海底隧道堪称高科技的结晶。其在施工作业中,采用人造卫星遥控激光来引导两台巨型掘进机,当两机汇合对接时竟不差分毫,其在世界工程史上也是空前的。

尽管人类在海洋工程领域已经取得了一批可喜的成果,但在海洋开发与利用的许多方面还只是处于起步阶段,如深海采矿、海洋生物制药、海水提取铀等,海洋开发与利用大有可为。

2) 海洋工程领域的国际竞争

国际海洋学家和政治家均认为:21 世纪是海洋的世纪。所谓"海洋世纪"就是全面开发利用海洋的时代。就世界范围来说应当是多数国家全面开发利用海洋的时代,因此,联合国第 45 届大会做出决议,要求沿海国家把海洋开发作为国家战略,1998 年被联合国定为国际海洋年。

（1）海洋政治竞争

世界发达国家一直把加强海洋科学技术研究、开发与应用作为增强国力、保持海上霸权的重要方面。1986 年美国就提出了全球海洋科学规划,该计划的目的在于"保持并增强美国在海洋科学和海洋技术领域的领导地位"。1990 年英国政府公布了"海洋科学技术战略报告"。同年,日本政府公布了"海洋开发基本构想及推进海洋开发方针政策的长期展望"。发达国家的这一系列政府行为,核心思想就是以高新技术提高国际海洋竞争能力,保持其在新时期、新形势下的海上霸权。其主要措施是,面向 21 世纪,增加科技投入,促进海洋新兴产业形成,发展海洋经济。如日本对深海采矿,投资 10 亿多美元进行研究与开发,美国为开发 2000～6000m 级的自主式深潜器也投资了几亿美元,英国每年对海洋科学总投资为 9000 万英镑。

（2）海洋高新技术竞争

为适应国际海洋新形势,世界各国都在加强海洋研究、开发和管理,以增强国际竞争能力。特别是海洋科学技术,是海洋研究、开发和管理必不可少的条件。谁能掌握先进的海洋科学技术,谁就能在海洋竞争中居于优势。世界各国争夺海洋权益的政治斗争的实质就是争夺巨量的海洋资源,而开发利用海洋资源的关键就是海洋科学技术研究、开发与应用的能力。因此,从某种意义上讲,国际海洋竞争也就是海洋技术特别是高新技术的竞争。

（3）海上邻国的海洋经济竞争

1978 年韩国制订了《第二次国土综合开发计划修正案》,重点探查海洋生物资源、海底矿物资源和海洋天然资源,重新认识大陆架和沿海、近海地区作为国土资源的重要性,采取合理的利用和保护对策。越南不仅在海洋权益方面要称霸东南亚,在海洋资源开发方面也紧锣密鼓大力开发海洋油气资源。1988 年越南在南中国海海域单方面划分了 186 个对外招标区块,覆盖几乎全部南中国海,并分别和日本、马来西亚、美国、俄罗斯、加拿大、英国、挪威、阿联酋、印度等国石油公司合作钻探、开采石油,现已钻井 60 多口,1993 年越南已从南中国海开采石油 630 万 t,1994 年 700 万 t 左右。马来西亚自 1991 年起投资 21 亿美元开发南沙油气资源,在南中国海已打井 90 口,成为石油出口国。菲律宾在南中国海钻井 70 口,并在进行商业性开采。文莱在南中国海开发油田 9 个、气田 5 个,年产原油 1700 万 t,人均年收入达 1200 美元,从而成为东亚富国之一。

当今世界各国都认识到了海洋开发的重要性,形成了愈来愈尖锐的国际海洋竞争格局。无论是大国的海洋政治竞争,还是中小国家的海洋经济竞争,都需要海洋高科技作为支撑。因此,为维护我国的海洋权益,必须加强海洋高技术研究。

10.12　我国海洋工程概况

10.12.1　中国海区

我国是位于欧亚大陆东端、太平洋西岸的文明古国,既有辽阔的大陆国土,又有漫长的海岸线和众多的岛屿。我国大陆海岸线超过1.8万km,岸外分布6500多个大小岛屿,岛岸线总长1.4万km,从我国的海洋地理环境看,东部及南部海洋均属于太平洋西岸的陆缘海,从北到南,分别为渤海、黄海、东海和南海。

渤海是一个半封闭的内陆海,属于我国的内海。辽东半岛的老铁山与山东半岛蓬莱角的连线(渤海海峡),是渤海与黄海的分界线。渤海的面积约为7.7万km²,流入的主要河流有辽河、海河、黄河等。

黄海位于中国大陆和朝鲜半岛之间,是一个半封闭性的浅海。长江口至济州岛一线,为黄海与东海的分界线。从山东半岛的成头山到朝鲜西岸的长山串一线,把黄海划分为北黄海和南黄海。黄海的面积约为38万km²,流入的主要河流有鸭绿江、大同江、汉江等。

东海是一个比较开阔的边缘海,西北接黄海;北面从济州岛到五岛列岛与朝鲜海峡分界。东面接日本沿海和太平洋分隔开来。从我国广东省南澳岛经澎湖列岛至台湾省为其南界,并与南海沟通。东海的面积约为77万km²,流入的主要河流有长江、钱塘江、闽江等。

南海的范围是:北面以我国台湾、广东、广西、海南岛沿岸为界;东面接菲律宾、巴拉望等沿海和太平洋分隔开;南面接马来西亚、纳土纳群岛、加里曼丹等沿海与印度洋分离;西面接越南、马来半岛等沿海。南海是一个深海盆,周围大陆对海洋水上状况的影响较小。南海海区群岛林立,较为著名的有我国的西沙群岛、南沙群岛、东沙群岛和中沙群岛等。南海面积约350万km²,流入的主要河流有珠江、韩江、红河、湄公河等。我国因南海海上石油开采的习惯称谓,又分南海为南海东部和西部,二者以珠江口为界。北部湾位于南海西北角。

台湾海峡位于东海和南海之间。

从总体上看,我国是一个海洋大国。有丰富的海洋资源。但同时,我国又是一个拥有近14亿人口的大国,人均海洋资源并不充裕,甚至可以说是贫乏的。我国濒临的边缘海,多被周边邻国岛链所包围,在海洋交通和其他海洋权利方面,均属于国际海洋法公约中所谓的"地理不利国家"。从人均海洋资源来看,我国和许多海洋国家相比都有较大的差距。据统计,世界海洋渔业资源量约6亿t,人均0.12t,而我国近海渔业资源,人均只有0.004t;世界人均占有海洋石油可采储量为22~27t,而我国人均不足10t。而且,我国还与8个周边国家在岛屿归属和海洋权益方面存在很大争议,有些国家至今侵占着我国岛礁,在我国海域内开采油气。因此,发展我国海洋高技术来支持我国维护海洋权益的斗争,已成为不容忽视的紧迫任务。

10.12.2 我国的海洋经济与海洋产业

1. 海洋产业分类

我国海洋产业分为海洋产业与海洋相关产业,海洋产业分为主要海洋产业和海洋科研教育管理服务业,而主要海洋产业的12个分支又分为海洋第一、第二、第三产业,见表10-5。海洋第一产业是指直接利用海洋生物资源的产业,即海洋渔业(养殖、捕捞);第二产业是对海洋资源加工和再加工的产业,即海洋盐业、海洋化工、海洋药物和食品业、海洋油气业、滨海砂矿、船舶与海洋机械制造、海水直接利用等;第三产业是海洋服务业,即海洋运输、海洋旅游、海洋科教、仓储、保险等。

表 10-5 2016 年海洋生产总值

项 目	总量/亿元	增速/%
海洋生产总值	70507	6.8
海洋产业	43283	8.8
主要海洋产业	28646	6.9
海洋渔业	4641	3.8
海洋油气业	869	−7.3
海洋矿业	69	7.7
海洋盐业	39	0.4
海洋化工业	1017	8.5
海洋生物医药业	336	13.2
海洋电力业	126	10.7
海水利用业	15	6.8
海洋船舶工业	1312	−1.9
海洋工程建筑业	2172	5.8
海洋交通运输业	6004	7.8
滨海旅游业	12047	9.9
海洋科研教育管理服务业	14637	12.8
海洋相关产业	27224	—

表 10-5 给出了 2016 年我国海洋产业生产总值的数据。由表可见,随着科学技术及社会生活的发展,海洋产业发生了明显的变化,传统的海洋第一产业(海洋渔业)的产值仅占海洋生产总值的 6.6%;第二产业(加工与制造业)的产值约占 8.3%;而第三产业(海运、旅游与科教服务业)则占 46.4%,尤其是滨海旅游业发展很快。

2. 海洋经济产值

表 10-6 给出了近十几年来我国海洋经济总产值的若干数据。由表可见,进入 21 世纪以来,我国海洋经济发展迅速,总产值不断攀升;同时,海洋经济总产值占国内生产总值的比例也从 2000 年的 2.6% 提升到近几年的 9.7%。图 10-9 显示了 2013—2017 年全国海洋生产总值及其占比。目前,传统海洋产业仍然维持强势——海盐年产量约 3200 万 t、海洋渔业产量约 1300 万 t,多年来居世界第一位。世界排名前十的海运公司中,我国有三家:大陆的中海集运(CSCL)、中国远洋运输(集团)总公司(简称 COSCO 中远)及中国台湾的长荣航运;世界十大吞吐量最大的港口,中国有 7 个(舟山港、上海港、天津港、香港、广州港、苏州港、青岛港)。新兴海洋产业随着科学技术的进步,其地位与作用将越显突出,海洋石油开发、海水养殖、海洋药物和海洋旅游业正成为我国目前迅速发展起来的新兴海洋产业。

表 10-6 中国海洋经济产值发展一览

年 份	2000	2005	2010	2013	2015	2017
产值(万亿元)/占总产值%	0.41/2.6	1.69/4.0	3.84/9.7	5.43/9.5	6.47/9.6	7.76/9.7

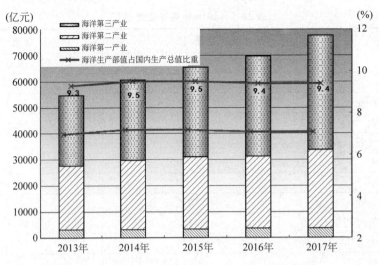

图 10-9　2013—2017 年全国海洋生产总值及其占比

10.12.3　我国的海洋高科技及其发展

1. 在海洋环境监测方面

我国从 1958 年起陆续开展了海洋普查和海岸带、海岛调查,积极参与国际海洋环境探测的联合行动。先后建有 4 种不同大小的 16 套海洋锚泊浮标和两套漂流浮标,并构成资料浮标网,成为我国海域水文气象监测和若干专业监测的重要手段。我国从 2002 年 5 月至 2011 年 8 月先后发射了 3 颗海洋卫星,除大陆气象监测外,还可获取海洋水色图像、水体边界、海洋表层温度并指导海洋渔捞。1997 年我国西昌卫星发射中心又用"长征三"号火箭发射了"风云二"号第二代气象卫星,该卫星视野广阔,能覆盖以我国为中心的 1 亿 km^2 的地球表面,填补了我国西部、西亚和印度洋区域大范围的资料空白。1999 年以后我国发射了 5 颗资源卫星,填补了我国没有自主的陆地资源遥感卫星的空白,弥补了北京地面站接收不到我国西部地区和南部海区的国外遥感卫星数据的缺憾。

2. 在海洋资源开发方面

我国从 1983 年起多次派遣"向阳红"号海洋调查船对太平洋底的锰结核矿进行调查,圈出了数万平方千米的富矿区,1991 年 8 月,联合国批准我国为国际海底矿物资源开发的"先驱投资者",并给我国划出了一块专属开发海区。我国的海洋石油、天然气开发受益于中外合资合作开发形式,因而总体水平达到当代国际水平。针对渤海海滩的特点,我国自行设计建造的各种浅海石油平台 20 余座,在浅海与边际油田的开发中发挥了很好的作用。中国南海与美国阿莫科公司合作开发的流花 11-1 油田,水深 305m,采用水平井生产系统跃居世界领先水平,创下了七个世界第一:第一个采用 20 口井全部水平井开发油田;第一个使用水下卧式采油树;第一次应用电潜泵技术集油;第一次采用温式电接头技术;第一次开创油田无人潜水作业,由水下作业机器人承担全部水下作业;第一次应用水下跨接管连接技术;第一次采用既独立又集中的多功能液压系统。

3. 在海洋工程装备技术方面

我国先后研制了多艘海洋调查船和科学考察船;研制了一批水下载人和无人潜器,包括 6000m 水深的无人无缆潜器（AUV），我国自行设计建造的 7000m 深海载人潜水器"蛟龙"号，潜器技术总体上达到了国际先进水平。由上海沪东造船厂和江南造船厂设计建造的"渤海友谊"号、"渤海明珠"号和"长庆"号等浮式生产储油船（FPSO）先后投产；2011 年，我国建造了亚太地区第一艘 12 缆三维地震物探船"海洋石油 720"号，外高桥造船公司建造了第六代 3000m 深水半潜式钻井平台"海洋石油 981"号；2017 年圆筒型浮式生产储卸油平台完工交付，2018 年深水半潜式钻井平台"海洋石油 982"号在大连正式交付……中国造船人系统打造了我国海洋工程装备的"航母编队"。

发展海洋高技术有很多工作要做，但由于国力有限，不可能面面俱到。目前，还只能就影响国民经济和国防建设的重大问题提出我国的海洋高技术发展战略，将有限的财力和技术力量集中地投入到急待开发的关键技术上去，逐步带动整个海洋高技术产业的发展。根据这一思路，我国海洋高技术近期发展的主要目标是：大力发展为海洋国土和专属经济区划界所需的关键高技术和主要装备。突破海洋油气资源开发所需的关键技术，形成立足国内的新兴装备产业规模。适当发展为减轻海洋灾害，海洋生物资源开发所需的关键高技术，从而在总体上使我国海洋高技术发展水平接近世界先进水平，主要技术成果得到广泛应用，使海洋产业成为我国经济发展中的重要支柱。

10.12.4　中国船舶工业与海洋工程

新中国成立以来，中国船舶工业曾为我国国防建设和经济建设，为保卫我国海疆和建设海上"铁路"提供了大量的装备，做出了应有的贡献。

今天，人类对海洋资源、海洋能源、海洋空间、海上交通的开发利用，以及海洋环境保护和海洋安全，都需要大量的海洋工程结构物。船舶工业作为面向海洋的装备工业，在海洋工程结构物的开发和生产方面具有先天优势。

1. 中国船舶工业对海洋石油业的贡献

近 50 年来，全球海洋油气开发发展迅速，成为海洋工程领域最抢眼的新兴产业。船舶工业在研制海工装备、面向海洋油气资源开发方面已取得一系列重大进展，大量的海洋石油平台、浮式生产系统和海洋石油开发专用船舶都出自传统的船舶工业。以渤海胜利油田为例，38 座平台中除 6 座美国制造外，其余均为我国自行设计和建造，占 84% 以上。

进入 21 世纪以来，上海外高桥船厂建造了我国首座 3000m 超深水、第 6 代半潜式钻井平台"海洋石油 981"号和 30 万 t 级 FPSO "海洋石油 117"号，黄埔造船厂建造了深水工程勘探船"海洋石油 708"号，武昌船舶重工建造了深水大型多用途工作船"海洋石油 681"号，江苏熔盛重工建造了深水铺管起重船"海洋石油 201"号，这些海工装备的成功研制形成了我国深海油气资源开发的"联合舰队"。

我国船舶工业在深海大型海洋装备领域已经取得了长足的进步。自升式钻井平台的建造已经逐步取代新加坡成为世界第一，1500m 级深水半潜式钻井平台已经批量交付并投入使用，大型起重铺管船、风车安装船等海洋工程类船舶已经陆续交付并投入使用。

2. 海洋工程—船舶工业发展的新增长点

近十年来，由于船舶工业产能过剩和世界经济萧条的双重原因，传统的海洋运输业所需的运输船舶，在若干种类上已出现了过剩与闲置，航运市场部分地存在供大于求的状况，因此，全球常规运输船舶船价低迷。而海洋工程领域所需的高技术装备以及配套辅助工程船等技术含量高、价位高。

针对世界船市行情,中国船舶工业已经提出调整产品结构,把海洋石油产业装备作为船舶工业发展新的经济增长点。一些企业和研究单位在机制和技术创新方面已经作了初步尝试,例如:1998 年中国船舶工业总公司江南造船(集团)有限公司、上海交通大学、中国舰船研究院 708 所就产学研实现一体化,成立"海洋与船舶工程联合技术创新中心",共筑面向21 世纪的蓝色通道。它们的首期开发合作项目包括:15 万~20 万 t 级 VLCC 大型油船、大型 LPG、LNG 系列液化气船、汽车滚装船、不锈钢液化气集装箱船、冷藏船、深海技术、海洋矿产开发、海洋能源开发、海洋钻井平台、现代大型金属结构物等。

2013 年,我国船舶工业承接各类海洋工程装备订单超过 180 亿美元,约占世界市场份额的 29.5%,比 2012 年提高 16%,超过新加坡、位居世界第二位。新承接各类海洋平台共61 座和 1 艘钻井船,其中自升式钻井平台 49 座,占世界总量一半以上。

中国船舶工业将在新的世纪里把我国海洋工程和海洋开发业推上一个新台阶,为把我国建设成为一个海洋经济强国作出新的贡献。

3. 船舶工程与海洋工程的关系

从广义上讲船舶工程是海洋工程的一个分支。但由于人类对船舶的认识、开发和应用比起对海洋和海洋开发要早得多、深刻得多,因此船舶工程早已历史地形成为一个独立的、成熟的工程技术学科。

随着现代科学技术的飞速发展,传统的工程学科必须不断更新充实,并促进学科的交叉融合、拓展研究与应用方向才能充满活力并得到发展。作为产业,船舶工业已经把海洋工程作为自身发展的一个新的增长点;那么作为学科,船舶工程必须与海洋开发技术、计算机技术相融合,应用于海洋工程,成为 21 世纪——海洋世纪充满活力的新学科。

船舶工程与海洋工程二者存在明显的差别。船舶工程是以船舶的航行和营运活动为对象考虑工程技术问题的;而海洋工程则是以海洋工程装备设施在海洋环境下的工程作业为对象来考虑技术问题的。在海洋工程中,必须研究海洋环境,注意海底地形、地貌和地质,注意风、波浪、潮流及其联合作用,要进行频率响应试验、大波浪中的安全性试验,要考虑 50年、100 年或更长时间一遇的恶劣的水文与气象条件。如果是海洋工程移动结构,其移动时的性能可相似于船舶航行状态来考虑;而如果是海洋工程固定结构,直接与海底相连,则比静止的船舶要复杂得多,要考虑海底地震、混浊流、火山、水下塌方和滑坡以及水力学、地质构造学、海流冲刷对地基的淘空影响等,这些在船舶工程中往往不是主要考虑对象或根本不予考虑。

显然,了解船舶工程与海洋工程的差异对于船舶与海洋结构物的设计、建造与管理有重要的指导意义。

复习思考题

1. 地球上海和洋是如何划分的?
2. 浅述海洋与人类的关系。
3. 为什么要研究海洋环境? 海洋环境主要包括哪些方面?
4. 试描述海底地形图,解说大陆架及其特点

5. 浅说我国近海的海水温度、盐度随水深的变化概况及海水密度的分布

6. 概述蒲福风级、风速与浪高的对应关系,海洋工程结构设计中最大风速是如何选取的?

7. 试绘草图说明主要的波浪要素。何谓有效波高? 我国沿海波高的变化及波浪周期的分布规律如何?

8. 简述海流及其分类,说明我国近海环流的主要流系。

9. 何谓潮汐? 简述我国沿海的潮汐现象。

10. 海啸与风暴潮是如何产生的?

11. 海冰对海洋工程建筑物有哪些危害? 概述我国沿海的冰情。

12. 海底地震主要发生在哪些海域?

13. 海洋环境的特殊性主要体现在哪些方面?

14. 何谓海洋工程? 其主要内容包括哪些?

15. 国际上公认的高技术有哪些? 目前世界海洋高技术主要包括哪几个方面? 为什么说国际海洋竞争关键是高技术竞争?

16. 简述中国海洋概况。

17. 简述我国海洋产业的分类及海洋经济的发展概况。

18. 简述我国海洋高技术成果及近期的发展。

19. 船舶工程与海洋工程的关系如何? 二者有何主要差别?

第11章

海洋石油的钻探与开采

世界经济的高速发展,必然消耗大量能源,寻找经济而充足的能源已成为各国经济发展的重要课题。由于石油具有易开采、易运输及利用价值高等特点,一直是世界各国的主要能源之一。石油被誉为工业的"血液",对国家的军事和经济建设都具有举足轻重的影响。

由于陆地的石油资源储量有限,经过长期的开采有些已趋于枯竭;而海洋石油储量大,是近三十年来世界海洋国家关注的投资热点,成为海洋开发的主战场。就目前全世界海洋开发的情况看,海洋石油和天然气开发的产值占整个海洋开发总产值的 70% 以上,占海底矿产资源开发产值的 90% 以上。

海洋资源开发有广泛的内容,但基于我国海洋石油业在海洋资源开发中先于其他、重于其他并迅速发展的现实,本章将海洋石油的钻探和开采从海洋资源开发中抽出单列,将依次介绍海洋油气的形成、勘探、钻探、钻井工艺与设备、采油工艺与设备、钻采装备——海洋石油平台的分类及我国海洋油气开发的现状与前景。

11.1 海底油气的形成

海底石油是浮游生物遗体和其他有机物质在缺氧的沉积环境中,在一定的温度及压力下由石油菌、硫磺菌等分解作用所形成。石油地质学家认为,大陆架海底通常是厚度很大的中生代和第三纪及其后的海相沉积,这种地质构造是石油生成与储蓄的良好场所。大陆架海底石油的形成是由于浅海域有着巨量的有机质,并充分具备形成石油和保存石油的地质条件。

有机质转化为石油的过程,并不需漫长的地质时期,也不需要很高的温度和很大的压力,而是需要一个缺氧的沉积环境。在缺氧条件下,某些微生物对有机质进行发酵分解转化为复杂的碳氢化合物——石油。

在浅海,特别是在岛屿岬角阻隔的海湾中,水域处在平静半封闭状态,最有利于有机质的堆积,同时泥沙来源也丰富。当有机质沉到海底,随即被从岸边带来的泥沙所覆盖,为石油的形成提供了丰富的原料和缺氧环境。并且,在一个地质时期里,大陆架区域的地壳缓慢地沉降,浅海区的泥沙沉积是随着地壳运动的强弱进行的,有时堆积的细粒土形成密不透水的页岩,有时堆积的粗粒泥砂形成多孔隙的砂岩,这为石油的储集创造了良好的条件。石油储集在砂岩的孔隙中,就像水充满海绵一样,可以保护石油不流失。因而长期缓慢沉降的大陆架浅海区往往蕴藏丰富的石油。这就是说,陆地上的许多油田是由于过去的地质时期的海底形成的,后来,随着地壳的运动,浅海上升为陆地。据一些石油专家推断,世界海底石油资源的 1/3 可能在大陆坡,大洋底的石油量可能只有 2% 左右。

海底石油的地质地理分布情况在各大洋区域也不一样。按照大陆边缘的特点,可把大陆边缘分成大西洋型大陆边缘、海台型大陆边缘、太平洋型大陆边缘和其他型大陆边缘等。这些大陆边缘各有其独特的含油沉积盆地类型。

现代海洋地质调查表明,大陆和大洋之间的大陆边缘地带是动力地质活动的边缘。由于大陆边缘地壳的伸张和变宽,边缘盆地不断加大、沉陷,造成明显的上升流和很高的海洋生物繁殖率,所以大量有机质的新第三纪沉积于盆地中,逐渐形成极厚的第三纪和中生代沉积的大型沉积盆地。同时,由于盆地底部的更新与火山作用,一方面加速了碳氢化合物的生成、移聚,另一方面使沉积层周期性地发生变形,从而形成石油圈团。

缓慢的大陆板块碰撞,使某些古发散边缘沉积层系形成中度变形,也可形成碳氢化合物富集成石油田的条件。例如,地质史上印度板块缓慢地擦过阿拉伯;又如,特提斯海先前发散边缘巨厚的沉积系就受到阿拉伯与非洲板块缓慢的汇集,特提斯海是中生代和新生代的封闭环境,从而形成了中东地区盛产石油的地质环境。

世界上主要海洋油气田大多数位于沿海陆上巨大油气田之外的海域中。如中东波斯湾、委内瑞拉的马开拉波湖和帕里亚湾、墨西哥湾、北海、西非浅海区、加利福尼亚岸外、澳大利亚岸外、东南亚浅海,我国的渤海、黄海、东海、南海、台湾省周围海域,南沙群岛等都成为世界海洋油气区。

11.2　海洋油气的勘探

在浩瀚的海洋中,何处有油气?人类在长期的实践中形成了一整套海洋油气的勘探方法,包括地质勘探、地球物理勘探和地球化学勘探等,其中地球物理勘探是最常用的重要技术。所谓地球物理勘探是指在海洋调查船上,借助一定的仪器设备来发现有利的油气聚积的地层构造。目前,最常用的有地震、重力和磁力三种勘探方法。

地震勘探是在调查船上通过人工激发的地震波引起海水质点运动,传到海底岩层深处,在不同岩层的分界上产生不同的反射与折射波,并由船上的检波器、地貌仪等予以收录、放大、自动摄取数据后,绘成地层剖面图。这样就可了解到海底岩层、地质结构与油、气的分布。地震勘探的震源过去多使用炸药,由于它破坏海洋生物资源,现已基本被淘汰。目前常用空气枪震源、电火花和宽带可控震源等。其中,空气枪震源使用较多,特别是空气枪组合能提供大容量、高径向压力,并具有大范围的横向组合等特点。空气枪震源在高压作用下产生控制信号,不受气泡申振荡的影响,若干支容量相等的空气枪同步组合激发,可获得振幅增益的效果。20 世纪 70 年代中期,出现了三维地震调查技术,它能记录和处理三维空间的地震数据,生成三维空间的地壳结构图(图 11-1),提高了分辨能力。20 世纪 80 年代后期,人们用两艘作业船,分别安装两个震源和两条漂浮电缆,同时配有声学网络和无线电导航尾标进行地震调查,可以在瞬时获得12个独立的海底剖面。用这种方法不仅能获得一个测区的较精确可靠的地球物理资料和地质演化过程,而且在早期勘探阶段能提高钻探成功率,缩短油田开发准备阶段的时间。

重力勘探使用重力仪测定海底岩层的重力值,以求得岩石的密度、地质年代的深度。装在船上的重力仪一般是用弹簧或弦线作敏感元件,这种仪器大约每半秒钟对 Cu-Be(铜-铍)合金制成的弦振荡周期(大约100Hz)自动进行计数,并输入电子计算机,再换算成垂直加速度,配合其他测量仪器进行校正处理可得到重力值。通过对海区重力场的观测来了解沉积岩的厚度和基岩起伏的情况,划分所测地区的构造单元,研究隆起的性质,结合其他物探资料来圈定油气远景区。

磁力勘探是通过在调查船后或飞机后拖带的磁力仪来测定海区磁场强度大小,以确定海底下磁性基底上沉积的厚度和地质构造,寻找石油和天然气。

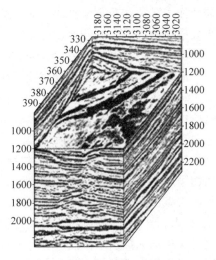

图 11-1　三维空间的地壳结构
（单位：ms）

勘探开发将逐渐向深海发展。到 2010 年海洋油气勘探仍以地震勘探为主,占整个勘探工作量的70%～90%。综合地球物理方法,尤其是地震勘探方法中的地面测量和井中测量具有广阔的前景。地震勘探中高分辨率、三维和多波段等方式将占整个地震勘探方法工作量的70%～80%。重力勘探方法的作用将增大,地球化学勘探方法所起的作用将减小,其工作量只占整个勘探工作量的 5%。据预测,到 2020 年,勘探活动可以在任何海域进行,钻井水深可超过 4000m。

11.3　海上钻探

通过海洋地球物理勘探可以发现油气聚积的海底地层,但不能确定油气藏的品质与储量,为此,必须进行海上钻探以直接查明海底油气资源的状况,进而做出开采决策。

1. 海上钻井的发展概况

1897 年美国最先在加利福尼亚西海岸用木栈桥打出第一口海上油井。1938 年美国在墨西哥湾的海上建成世界上最早的海洋油田。世界上每年钻井数量最多的是美国,占全世界海上钻井总数的 1/3 以上,其次是英国、印尼、马来西亚、俄罗斯、印度、埃及等国。1989年,海上共钻油气探井和评价井 1230 口,1990 年达 2556 口,1991 年为 2236 口,1992 年为2126 口。近几年钻井数呈减少趋势,除了使用率降低外,还有一个重要原因是由于勘探技术的不断发展,钻井成功率越来越高。

尽管海上油气钻井技术要求高、难度大,但是,由于人们对石油需求的增加,钻井数及钻井深度都在不断增加。1965 年,人们成功地钻了第一口水深 193m 的深井;1976 年,深水井有 72 口,最大水深 1055m;1988 年深水井有 104 口,最大水深 2546m。美国在钻探石油井方面处于世界领先水平,1988 年,美国拥有深水井 80 口,占当年海上石油深水井总数的 77%。

钻井技术也快速发展,如钻井设备的自动化和自动控制、钻井计算机控制系统与网络系统、无线电声学定位技术和卫星数据传输技术、高精度的动力定位技术等。新型的钻井设备出现了,如德国的威尔士公司制造的 CH-3000 型钻机,其钻探能力超过 8000m,美国国家供应公司制造出的 1630-E 型钻机,其最大钻探能力可达 9150m,另外一种 2050-E 型钻机,最大钻探能力可达 15250m。

活动式钻井装置具有容易移动、能适应各种水深等特点,因而发展较快。钻井设备将向浮动化、大型化方向发展,设备的抗波浪和抗冰能力、耐久性以及稳定性增强。钻探设备中半潜式和钻井船所占的比重会逐渐增大,自升式钻井设备将向大型、深水发展,并逐步实现可自航钻井设备。

从未来的发展趋势看,勘探开发将向深海发展。由于"格洛玛·挑战者"号深海钻探船在墨西哥湾的锡格斯比海丘 4000m 水深处钻遇石油,不少海洋地质和地球物理学家认为,大陆坡和大陆隆的石油储量很大,几乎可以超过大陆架的石油储量,是未来油气资源的重要远景区。美国在其东部大陆边缘区的水深 2000~3000m 的海底发现石油和天然气,挪威在沃林海台 1439m 水深海底发现油气饱和层(油气饱和层多在 120~450m 深的底层)。最近,人们在大西洋东部的加那利群岛西侧发现有中生代沉积的大陆隆,厚度达 4000m。随着深海油气田的发现,钻探开采将向深海大洋延伸,根据目前世界海上石油开发的技术水平和潜力,人类已经在大于 3000m 水深的深海域进行油气生产。

海上石油钻探的钻井主要分为两大类:一是勘探钻井(简称探井),其任务是通过钻井直接取出岩样、导出油流来证实和确定海底油气藏的存在与性状——油气深度、范围、品质与藏量,以评价其开采价值,决定开采方案;探井有多个,其主要设备一般是移动式钻井平台。二是开发钻井(简称开发井或生产井),在经过探井确认有开采价值的海区钻井到储油层,把油气藏开采出来的油井;一般采用有较大尺寸、能容纳足够的设备和物资的自给式采油平台(生产平台)来进行。

2. 海上钻井工艺

开始时在海底井口处先安置套管,以防井口塌方,钻杆由打桩机经套管打入海底。钻杆下端的钻头用于钻井,上端连接一节方形剖面的长管,穿过转台的方孔,能在方孔中上下滑动,又能随转台旋转,使钻杆与钻头转动。当钻杆在海底钻井时,长管即从转台的方孔中下滑,待下滑到尽头时,即在长管与原始钻杆间接上一节新钻杆,如此循序渐进地进行钻井,上述钻井转动系统主要装置见图 11-2。当需要退出钻杆、调换钻头时,则反序进行。钻杆内是空心的,便于泥浆通过。泥浆由泥浆泵通过钻杆直到钻头,又可使钻头冷却并带走钻屑,并由钻杆与井壁之间和钻杆与立管之间的环形空间向上返回到平台。经过振动筛、去沙器、脱气器、泥浆池等装置再进入泥浆泵,这样循环不止地工作,见图 11-3。钻杆的重量由井架上游动滑车组吊住,并在钻杆的下端另接一段伸缩钻杆,再接一个钻铤,最后才接钻头。这样,当平台因风浪产生垂荡时,伸缩钻杆可使钻头不受影响,同时,钻铤又可使钻头能经常保持一定的钻压。

在海浪中进行钻井时,对固定式平台来说问题不大;若是移动式平台,特别是半潜式平台以及钻井船,则必须考虑因风浪产生的位移,因为平台与海底井口之间的立管与钻杆不能承受很大的弯曲变形和拉压变形。一般在立管与钻杆上都设有垂荡补偿器(钻杆上设有伸

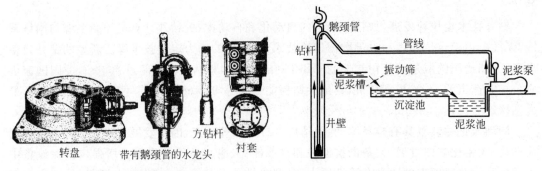

图 11-2 钻井转动系统图 　　　　　图 11-3 钻井泥浆系统

缩钻杆,立管上设有液压缸与活塞杆)和水平位移补偿器(立管上设有球形接头)。但当垂荡幅度超过 1~1.5m,水平位移超过水深的 5%~6%,就必须停钻,收起钻杆;当水平位移超过水深的 10%时,立管也必须脱井,否则会造成损坏事故,见图 11-4。

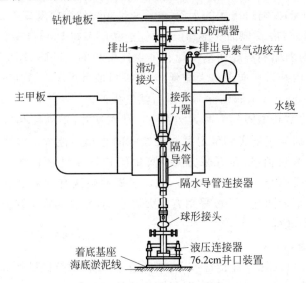

图 11-4 海上钻井的立管系统

3. 钻井的主要设备

1) 井架

井架又称钻塔,是装在钻井平台或钻井甲板上的一种支持钻杆重量的桁架结构。其顶部设有悬挂游动滑车及吊钩的天车,供下钻或吊装水下器具用。为了能够一次装卸几节钻杆以缩短起钻时间,常采用高约 50m 的井架。井架下端有的直接固定在甲板上,有的坐落在轨道上借助于液压千斤顶作前、后或左、右移动,以便在一个船位处可钻几口井。有的考虑移航时的稳性,在井架下端设有铰链,便于井架倒下,存放在甲板上,以降低重心。井架的主要性能指标是井架的高度和载重量。在多数情况下,特别是在固定平台上,一旦钻完井后,就以采油设备替换钻井设备,因此,便于搬运装卸很重要。井架钻机等钻井设备如图 11-5 所示。

2) 提升设备

提升设备是与井架密切相关的。它包括绞车、钢丝绳、井架顶部的天车、游动滑车和悬挂钻具的吊钩。绞车的能力是根据钻机的钻深与相应的最大载荷需要来选定的。绞车的组件要便于海上运输与装卸。天车与游动滑车的尺寸与能力须与钻机的部件相匹配。近年来，提升设备已采用一套完整的液压系统来代替通常的绞车系统，即利用液压桩来升降钻具，由一个液压驱动的动力水龙头代替通常的转盘与方钻杆系统。

3) 转动系统

转动系统为转动钻杆向钻头提供转矩，一般使用普通的转盘与方钻杆系统。为了提高速度与效率，目前海上钻机的钻杆操纵已采用动力钳代替手动。垂直就位与操作是由辅助泵提供的液压来完成的。

4. 海上钻井的流程

海上钻井必须解决三方面的问题：一是钻穿地层，破碎岩石，使井眼沿一定方向穿过；二是不断清除岩屑，保护井壁，防止各种事故发生；三是加固井壁，使井眼完善，成为油、气流出的通道。为此，海上钻井过程分为以下几步。

(1) 安装海底基盘。海底基盘(图 11-6)为钢和混凝土结构，用桩子固定在海底，通过盘上预制的井眼可钻所需的生产井。根据需要在基盘上装有导向杆、导管头、定位器、井口头等设施。有单井口系统和多井口系统。

海底基盘的定位要求高，安装是一件费时费力的工作。

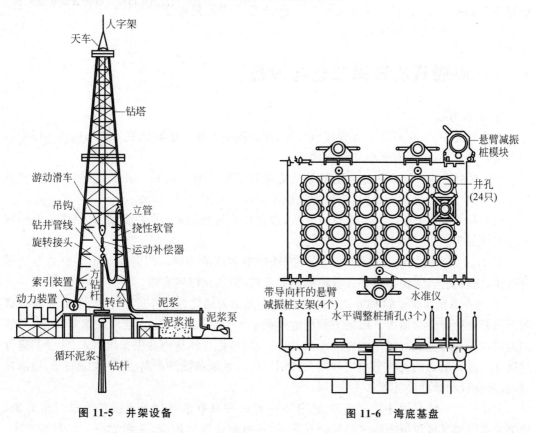

图 11-5　井架设备　　　　　　图 11-6　海底基盘

（2）安装隔水套管。隔水套管的作用是防止海水灌入井内,它的上端直达平台,下端插入海底一定深度。可用打桩方式安装；或先在海底钻一段井眼,再下隔水套管,并从钻具内泵入水泥浆,水泥浆在套管和井壁间的环形空间内凝固后,就把隔水套管和井壁牢牢地固结为一体。

（3）开始钻进。从隔水套管中下钻具钻进,把表层土钻穿一定深度后,为防止井壁松土坍塌,要起出钻具,下比井眼稍细的钢制表层套管,并在表层套管与隔水套管间的环形空间内注水泥加固,叫作"固井"。然后在表层套管头安装好防喷器。

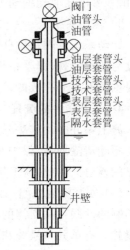

图 11-7　各层套管和采油树

（4）继续钻进。钻进过程中如遇高压水层或暂时不开采的油、气层以及其他复杂地层时,为了把它们隔开,须再下钢制的技术套管,也用水泥固井。技术套管的套管头装在表层套管头上面,防喷器也要相应改装到技术套管头上。根据地层复杂程度的不同,技术套管可有一层或多层。

（5）钻穿目的层。从技术套管内继续钻进,钻到目的层后,再下一次套管,即钢制的油层套管,也须用水泥固井。油层套管是封闭和保护油、气层的。油层套管头装在技术套管头上。

（6）安装油管及采油树。在油层套管头上装好套管四通,再向油层套管内下一层油管,它通过油管头悬挂在套管四通上。油管头上要装一套阀门组,叫作采油树。这种完井的装置称为"水上完井井口装置",见图 11-7。

11.4　海底石油开采工艺与设备

1. 采油方法

当油井完钻后,在井口下入管柱,做好采油的准备工作。把原油或天然气从储油层中沿油井提升出井口,一般有下列几种方法。

（1）自喷采油。即依靠储油层的天然能量将原油从储油层驱入井底,沿油井自行提升出井口。但当天然能量不足时,这种方法就不能继续采用。

（2）人工提升采油。人工提升的方法,包括杆式泵抽油、气举采油、水力活塞泵抽油和离心泵抽油等。

① 杆式泵系统抽油。这是人工提升方法中最常用的一种。因其系统不需要高压气体或液体,比较安全,适用于单井或分散的多井区域,但适用深度有限。

② 气举系统采油。这种方法也是常用的。先把天然气在井外进行压缩,然后注入井底附近油管内的静止原油中。原油中的气泡体积扩大、原油密度减小,使液柱重量减小,自然的地层压力即可把混有气泡的原油压出井口。然后,把气体从原油中分离出来,并使其进行再循环。注入油管的气体量由气举阀来控制。气举系统包括气举阀、各种气举心轴、地面控制器、发动机和辅助设备等。

上述气举系统采用连续气举方式,还有一种采用具有活塞提升系统的间歇气举方式。活塞可在升举气体与液体段之间起密封作用,还可防止液体回降,从而提高了气举的效率。

当活塞上升到地面和在完成一次循环后回到井底时,管壁上的石蜡便自动清除掉。

③ 水力活塞泵系统抽油。这是一种特殊的人工提升方法,能从很深的储油层中提升大量原油。在深井水力活塞泵系统中若改用活塞气举方式,则效果更好。

④ 离心泵系统采油。主要用于大排量浅地层的提升,适用于单井。

⑤ 柱塞泵系统抽油。采用一种长冲程泵,冲程长度可从油管停止阀或固定阀的安装深度延伸到地面防喷盒的缓冲器装置,系统的操作受时间与压力的控制,并通过地面调节器控制循环增量。它可取代杆式泵与水力活塞泵。

2. 采油的主要设备

(1) 井下设备。根据开采储油层的层数,选用单油管柱或多油管柱。多油管柱是把油管并排下到油井的不同油层,这样可减少多油层开采所需的井数。一般油管柱是下在一根注水泥的管柱内。油管底部通常有一只封隔器,封隔器的作用是把油管与生产管套之间的环形空间隔开,这样可以防止生产井的流体与压力对生产套管发生作用,仅让油管承受油井的压力、腐蚀和冲击影响。

(2) 井口设备。所谓井口设备主要是由各种高压阀门组成的采油树,树上装有油嘴,其作用是控制井口液流,其出油阀可分自动控制与手控两种。采油树可装于井口上,分湿式和干式两种,由采油平台加以控制或直接装于平台上。

3. 海上采油工艺流程

浅海固定式单井采油平台的采油作业,首先是运油船停靠在主平台侧面,平台操作人员登上主平台,检查各设施正常后,把平台上的原油外输管线、药剂管线、蒸汽管线及岸电箱电源与运油船接通。检查无误后,则开井投产。

自喷油井产出的油、气混合液,经井口管汇沿栈桥流至主平台进入蒸汽换热器,液温升至60℃,然后经原油生产分离器进行油、气分离。分离出的原油再经过脱水器、缓冲器减压后,沿管线经原油流量计进行计量,随后经外输管线流至运油船内。分离出的天然气,经涤气器净化,再经缓冲器减压,沿管线经气体流量计进行计量,大部分天然气可经海底气管或天然气运输船外运,小部分不符合外运标准的废气,沿放空的高架桥排放至烽火台烧掉,采用彩珠筒或信号枪点燃。经分离得到的污水,经过污水处理系统,使其达到排放标准后,就地排入海中。

原油降黏工艺流程:原油的降黏采用药剂降黏法。平台上备有药剂罐及药剂泵,药剂液由油驳运来。根据油井的油质情况配置一定数量的药剂液,在油井未投产前,供给药剂罐。经药剂泵按限量注入油井管内,使原油降低黏度利于开采。

在海况环境超过平台设计参数时,平台应停止采油作业,运油船马上离开采油平台,到海港基地待命。海况转好后,再恢复采油。

11.5 海洋石油平台的种类

海洋平台是人们在海上进行石油勘探与开采作业的场所,按其功能主要分钻井平台和生产平台两大类,其上分别设有钻井设备和采油设备。平台一般都高出水面,以避开波浪的冲击,平台与海底井口之间都有主管相通。平台的形式有三边形、四边形或多边形,有上下多层甲板或单层甲板,供安装与储存钻井或采油设备之用。

随着海洋石油开发事业的发展,各类海洋平台应运而生。据统计,2011 年底全世界有固定式平台 250 座,自升式平台 491 座,半潜式钻井平台 215 艘,钻井船 161 艘。同期在建的自升式平台约 67 座,半潜式钻井平台约 16 座,钻井船约 54 艘。

海洋平台按其结构形式大体分类如下:

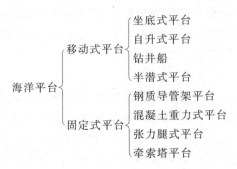

张力腿式平台和牵索塔平台是靠钢索将平台固定于海底进行采油生产的,完成采油使命后,可以拆移,因此,也有人将它们划归于移动式平台。

随着深海油气田的开发,人们又研制了新的采油、储油装置,如浮式生产储油系统(floating production storage and offloading,FPSO)和圆柱形 Spar 平台。

此外,为辅助海上石油钻采,还有储油平台、生活平台和作业平台等。

1. 移动式平台

移动式平台是一种装备有钻井设备,并能从一个井位移到另一个井位的平台。移动式平台多用于海上石油的钻探,也有的用于采油生产;依其结构形式的不同分为坐底式、自升式、半潜式及船式(钻井船)。

1) 坐底式平台

这种平台用于水深较浅的海域,工作水深一般在 2~50m 以内。坐底式平台由平台甲板、立柱和下体(沉垫)构成。平台上设置钻井设备、工作场所、储藏与生活舱室等。钻井前在下体中灌入大量压载水使之沉底,下体在座底时支承平台的全部重量,而此时平台甲板仍需高出水面之上,不受波浪冲击。在移动时,将下体排水上浮,提供平台所需的全部浮力。我国渤海沿岸的胜利油田、大港油田和辽河油田等向海中延伸的浅海带,潮差大而海底坡度小,对于开发这类浅海区域的石油资源,坐底式平台应用较多,有较大的发展前途。图 11-8 所示为我国自行设计建造的"胜利 1"号坐底式钻井平台。

20 世纪 80 年代初,人们开始注意北极海域的石油开发,设计、建造极区坐底式平台也引起海洋工程界的兴趣。目前已有几座坐底式平台用于极区,图 11-9 即是其中一种,它可加压载坐于海底,然后在平台中央填砂石以防止平台滑移,完成钻井后可排出压载起浮,并移至另一井位。

2) 自升式平台

自升式平台由平台主体、升降装置和桩腿构成,如图 11-10 所示。钻井时桩腿着底,平台主体则沿桩腿升离海面一定高度。移位时平台主体降至水面,桩腿升起,平台就像驳船,可由拖轮把它拖移到新的井位。自升式平台的主要优点是所需钢材少,造价低,在各种海况下能平稳地进行钻井作业。缺点是桩腿长度有限,使它的工作水深受到限制,最大工作水深约在 120m。超过此水深,桩腿重量增加很快,同时拖航时桩腿升得很高,对平台稳性和桩腿强度都不利。

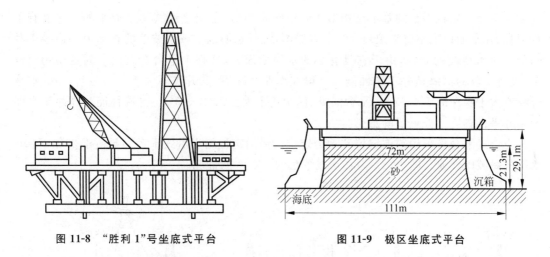

图 11-8 "胜利 1"号坐底式平台　　　　图 11-9 极区坐底式平台

平台主体一般是箱形结构;常用的升降装置有齿轮齿条式和液压插销式;桩腿数目一般为 3 桩腿或 4 桩腿,桩腿形式为桁架式或柱体式,柱体式桩腿用钢板焊接成封闭式结构,一般用于工作水深 60m 以内的自升式平台。

3) 钻井船

钻井船(图 11-11)在船中央设有井孔和井架,它靠锚泊系统或动力定位装置定位于井位上。它漂浮于水面作业,其井架设在船中部以减小船体摇荡对钻井工作的影响,它能适应较大的水深,因自航故移动性能好。钻井船一般适用于波高小和风速低的海区,能在水深 600m 的海底上进行初探与详探,以切实掌握油、气层的位置、特性、规模、储量及可供生产的能力等情况。

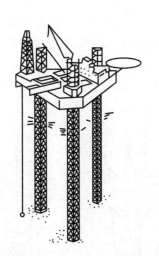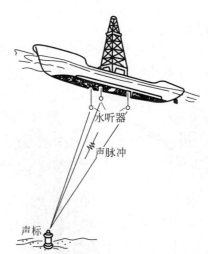

图 11-10 自升式钻井平台　　　　图 11-11 钻井船

钻井船的缺点是它在波浪上的运动响应大,当风浪较大时就会引起较大的运动,使钻井作业难以为继。当风浪过大时钻井船须停止作业、离开井位。

4) 半潜式平台

为克服钻井船的缺点,既能在深水钻井又有较高作业效率,1962 年出现了第一艘半潜式钻井平台。这种平台的基本结构形式和坐底式相仿,是由坐底式演变而来的。它上有平台甲板,在水面以上不受波浪侵袭;下有浮体,沉于水面以下减小波浪的扰动力。连接于其间的是小水线面的立柱,由于它具有小的水线面面积,使整个平台在波浪中的运动响应较小,具有出色的深海钻井工作性能。一般在作业海况下,其升沉不大于±(1~1.5)m,水平位移不大于水深的5%~6%,平台的纵、横倾角不大于±(2°~3°)。这种性能对漂浮于水面的钻井平台具有十分重要的意义。

半潜式平台可采用锚泊定位和动力定位。锚泊定位的半潜式平台一般适于200~500m水深的海域内作业。图11-12为移动式平台的作业水深情况。

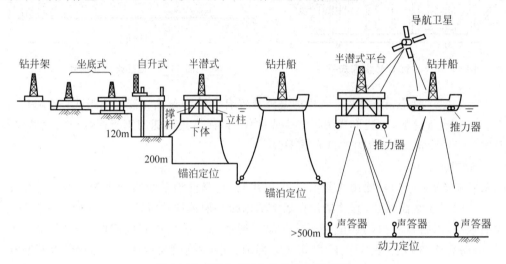

图 11-12 移动式平台的作业水深情况

2. 固定式平台

固定式平台靠打桩或自身重量固定于海底,目前用于海上采油生产的大多是固定式平台。固定式平台的外形如图11-13所示。

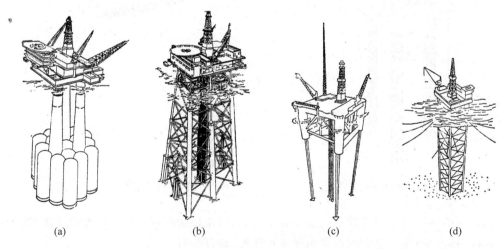

图 11-13 固定式平台

1) 混凝土重力式平台

这种平台的底部通常是一个巨大的混凝土基础(沉箱),用三个或四个空心的混凝土立柱支撑着甲板结构,平台底部的巨大基础被分隔为许多圆筒形的储油舱和压载舱(图 11-13(a)),这种平台的重量可达数十万吨,正是依靠自身的巨大重量,平台直接立于海底。

2) 钢质导管架平台

钢质导管架平台(图 11-13(b))通过打桩的方法固定于海底,它是目前海上采油使用最广泛的一种平台。固定用的钢桩穿过导管打入海底,并由若干根导管组合成导管架。导管架先在陆地预制后,拖运到海上安放就位,然后顺着导管打桩,桩是打一节接一节的,最后在桩与导管之间的环形空隙里灌入水泥浆,使桩与导管连成一体固定于海底。平台甲板设在导管架的顶部,高于作业区的波高,一般高出 4~5m,这样可避免波浪的冲击。桩基式导管架平台的整体结构刚性大,能适用于各种土质,但其尺寸和重量随水深增加而急剧增加,所以在深水中的经济性较差。钢质导管架平台 1947 年第一次被用在墨西哥湾 6m 水深的海域以来,发展十分迅速,到 1978 年,其工作水深已达 312m。据报道,迄今高度最大达 486m 的巨型导管架平台安置在墨西哥湾 411m 水深的海域上。

3) 张力腿式平台

张力腿式平台(图 11-13(c))是利用绷紧的钢索产生的张力与平台的剩余浮力相平衡的钻井平台。张力腿式平台的上部类似于半潜式平台,整个平台是通过张力腿(实为系泊钢管式钢索)垂直向下固定于海底。张力腿式平台是一种新开发的深海石油平台,与导管架平台相比,导管架平台的造价与水深关系大致呈指数关系增加,而张力腿式平台的造价则随水深的增加变化较小。此外,由于每个张力腿都有很大的预张力,因此张力腿平台在波浪中的运动幅值远小于半潜式平台,十分有利于海上作业。

4) 牵索塔平台

牵索塔平台(图 11-13(d))由甲板、塔体、牵索系统三部分组成。塔体是一个类似于导管架的空间钢架结构,牵索则围绕着塔体对称布置,牵索系统可以吸收由外力产生的能量以保证塔体的运动幅度在规定的范围内。据文献介绍,水深在 305m 时,钢质导管架平台和牵索塔平台造价相近;水深在 305~610m 时,钢质导管架平台让位于牵索塔平台;而水深大于 610m 时,牵索塔平台应让位于张力腿式平台。

目前,重力式平台主要用于欧洲北海油田,工作水深多在 70~150m 范围内;钢质导管架平台无论是设计还是建造技术都是最成熟的,故应用广泛,工作水深多在 200m 以内,少数超过 300m;牵索塔平台适于 200~600m 水深,在该水深范围内其造价低于导管架平台;张力腿式平台一般适于 300~1200m 水深,目前最大水深已达 1434m。

3. 浮式深海生产、储油平台

1) 浮式生产储油系统 FPSO

FPSO 是一型装备了单点系泊系统、动力定位系统、生产系统和储卸油设备的特殊油轮。通常是将各采油平台开采出来的原油由海底管道输送到 FPSO 上,经生产系统对原油进行油、气、水分离和处理,处理后的油气分别储存到储油舱和储气罐内,而污水经处理后排放入海;FPSO 储油舱中的原油定期地由穿梭油轮转运到岸上。

我国第一艘自行设计建造的 5 万 t 级 FPSO"渤海友谊"号于 1989 年投产,2007 年研制了 30 万 t 超大型 FPSO 用于南海蓬莱 19-3 油田开发,此间我国建造了几十条 FPSO 用于国内、出口国际市场。目前,我国已成为世界主要的 FPSO 制造国与使用国,FPSO 设计建造技术已达到世界先进水平,并在某些方面处于世界领先地位。

2) Spar 平台

Spar 的原意是垂直系泊于海上的圆柱形浮筒,传统的 Spar 平台是由一个大直径垂直圆柱体上面支承一座平台甲板所构成。在平台甲板上设置钻井与生产模块,圆柱体内部设置有储油舱,大直径圆柱体所产生的浮力支持平台甲板及其设备重量,并通过 6~20 条锚链固于海底。Spar 平台主要用于深海油气开发、生产、处理和储存。与其他形式的平台相比,Spar 平台的垂直圆柱形结构具有更好的运动特性,又由于其浮心高于重心故平台稳定性好。图 11-14 显示了三种不同形式的 Spar 平台——传统单柱式(图(a))、桁架式(图(b))和多柱式(图(c)),在相同的平台尺度下其钢材重量依次减轻。Spar 平台主要用于墨西哥湾的深海油田开发。

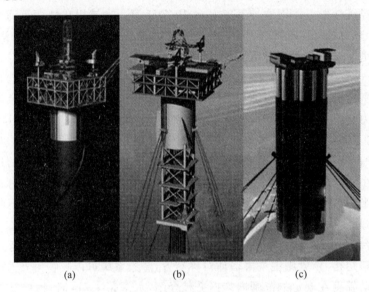

(a)　　　　　　　　(b)　　　　　　　　(c)

图 11-14　三种形式的 Spar 平台

11.6　我国的海洋油气开发

11.6.1　我国的海洋油气资源

我国的海域辽阔。邻近我国大陆的海域有渤海、黄海、东海和南海,台湾岛东岸濒临太平洋,这些天然海域都是太平洋西部的陆缘海;在我国海域中,200m 水深以内的大陆架约 130 万 km²。

根据 2008 年我国第三次石油资源评价结果,中国海洋石油资源量约 246 亿 t,主要分布在渤海、南海、珠江口及北部湾盆地等海域。天然气资源量 16 万亿 m³,主要分布在南海、莺歌海、琼东南等海域。总体呈现"北油、南气"的格局,即渤海原油储量大,南海天然气储量丰富,而东海油气占比较小。

中国海洋石油总公司自 20 世纪 80 年代起对我国近海 $7×10^5 km^2$ 海域进行了海洋油气

勘探,截至 2016 年底,探明海洋石油原始地质储量为 $5.222 \times 10^9 \, m^3$,天然气原始地质储量为 $1.0695 \times 10^{12} \, m^3$。石油资源主要分布在渤海、珠江口、北部湾 3 个盆地,占总资源量的 91%;天然气资源主要集中在东海、珠江口、琼东南、莺歌海 4 个盆地,占总资源量的 86%。在生产油气田 121 个,2016 年海洋油气产量为 $5.763 \times 10^7 \, t$ 油当量,其中,石油产量为 $4.562 \times 10^7 \, t$,天然气产量为 $1.201 \times 10^{10} \, m^3$。

我国南海深水油气资源丰富、勘探滞后,据国内外资料统计,整个南海的石油地质储量为 230 亿～300 亿 t,天然气储量 20 万亿 m^3,属于世界四大海洋油气聚集中心之一,有"第二个波斯湾"之称。但其中 70% 蕴藏于深海区域。

此外,截至 2016 年底,中国海油在印度尼西亚、尼日利亚、澳大利亚等 20 多个国家和地区共运营 23 个勘探项目,获取勘探区块 225 个,面积为 $1.47 \times 10^4 \, km^2$。在国外拥有油气储量 56.72 亿 t,海外液化天然气合同量 5.2 亿 t。

1966 年我国采用自制的第一座固定式钻井平台在最先进行海洋地质调查的渤海海域,正式开钻了第一口近海油井,日产原油 35.2t,天然气 $1941 m^3$,拉开了我国海洋石油的序幕。20 世纪 80 年代,改革开放的春风融化了中国海洋石油的冰层,中外合作开发强有力地推动了中国海洋石油业的迅速发展。1982 年成立了中国海洋石油总公司(简称中国海油),全面负责经营政府指定海域的对外合作业务。从此,海洋石油业迅速成为我国海洋资源开发的主要产业之一。

11.6.2 我国的石油需求

能源是我国国民经济发展的战略重点,石油、天然气则是重要的能源之一。

我国自改革开放以来,随着国民经济的快速发展,对于石油的需求也不断地增长。自 1993 年开始,我国的石油进口量大于出口量,成为一个石油进口国。2011 年,我国超过美国成为世界第一大石油消费国和进口国,2015 年我国原油净进口量为 $3.28 \times 10^8 \, t$,对外依存度达到 60.6%。2017 年,中国石油对外依存度上升至 68%,创历史新高。

表 11-1 为我国石油总产量、海洋油气产量及纯进口石油量。从表中可看出,我国石油总产量的年增加量逐年递减,而海洋油气产量占石油产量的百分比及进口石油量逐年增加。

表 11-1 我国石油、海洋油气产量及进口石油量

年份	石油总产量 /万 t	其中海洋油气		纯进口石油	
		万当量吨*	占百分比/%	万 t	占总需求量百分比/%
2000	16300	1757	10.8	7013	30
2005	18135	3175	17.5	11875	39.6
2008	19505	3469	17.8	17500	49
2009	18900	3925	20.8	20379	52
2010	20299	5180	25.5	26300	56.4
2011	20360	5100	25.0	23600	53.7

* 1 吨当量=7.2 桶当量,$1255 m^3$ 天然气=1 当量吨。

表 11-2 是国际能源署(IEA)对中国一次能源消费的预测,可见我国对石油的需求占能源消费总量的百分数将从 25% 增加到 27%;天然气从 3% 增加到 6%。

表 11-2　IEA 对中国能源消费的预测　　　　　　　　百万吨标准煤

项　　目	2000 年	2010 年	2020 年	20 年所占比例变化
消费总量	1357	1860	2439	100%
煤炭	941	1220	1513	69%→62%
石油	337	480	650	25%→27%
天然气	43	81	146	3%→6%
核能	6	33	61	0.5%→3%
水能	27	41	63	2%→3%
其他可再生能源	1	6	7	0→0

注：凡是能产生 29.27MJ(相当于 7000kcal)热量的燃料折合为 1kg 标准煤。

11.6.3　我国石油生产情况

新中国成立前,我国石油工业几乎是一片空白,新中国成立后才逐步建立起自己的石油工业。半个多世纪以来,经过几代中国石油人的艰苦奋斗,我国的石油产量迅速增长:1965年,我国原油产量约 1000 万 t;1978 年,产量突破 1 亿 t;1990 年原油产量达 1.38 亿 t,天然气产量 147.7 亿 m³,使我国成为世界主要产油国之一。目前,我国的原油生产量约居世界第 4 位,排在沙特阿拉伯、美国、俄罗斯之后,而与伊朗等相当。

1. 我国陆地石油生产情况

据统计,我国大陆主要大油田的生产状况如表 11-3 所示。我国陆地主要油田最早开发的是延长油田,至今已超过百年;其次是新疆油田和大庆油田,超过 50 年;最晚开发的塔河油田也已 20 年。这些油田的绝大多数油井已由自喷生产转为机械抽取生产,靠注水加压方法维持产量,多数油田的年增加产量已经很有限。如果没有发现新的大型油田,我国大陆油田的产量不会有大的突破。可以预见,我国石油产量增长将主要依靠海洋石油开发。

表 11-3　我国陆地主要油田年产量　　　　　　　　　　　万 t

油田名称	开发年份	2000 年	2005 年	2009 年	2011 年
大庆	1959	5300	4495	4239	4247
长庆	1970	464	940	3085	4000
胜利	1962	2675	2694	2791	2734
辽河	1965	1401	1242	1082	1019
塔里木	1989	435	600	2065	1936
新疆	1955	920	1165	1376	1385
延长	1905	246	838	1121	1221
塔河	1998	—	420	767	831
吉林	1961	375	550	701	735

2. 我国海洋石油生产情况

自 1966 年在渤海海域正式开钻了第一口近海油井以来,我国的海上石油开发产业快速发展。1985 年我国海上原油产量仅 8.5 万 t,1990 年达 126 万 t,1995 年达 840 万 t,1996 年原油产量跃升到 1539 万 t,天然气达 26.89 亿 m³,全年生产油当量达 1800 万 t,出现了海洋油气产出的第一个高峰年。2000—2011 年我国海洋石油与天然气的生产油当量如表 11-1

所示,其中 2010 年海上油气当量为 5180 万 t,约占我国石油年产量的 1/4,我国成为继美国、英国和挪威之后的第四大海洋石油生产国。截至 2013 年年底,已投入开发的海上油气田为 90 个(油田 82 个,气田 8 个),累计产油 5.3×10^8 t,累计产气 1.3658×10^{11} m^3,自 2010 年开始,国内近海油气当量一直稳定在 5×10^7 t 以上。当前我国近海油气田主要产量来自渤海,渤海现有生产油气田 42 个。

我国海洋石油开发企业主要是中国海洋石油集团有限公司(简称"中国海油"),其次有中国石油天然气股份有限公司(简称"中国石油")以及中国石油化工集团公司(简称"中国石化")。分别简介如下:

1) 中国海洋石油集团有限公司

中国海洋石油集团有限公司(China National Offshore Oil Corporation,CNOOC)是国务院直属的特大型国有企业,全面负责在中国海域对外合作开采海洋石油、天然气资源,是我国最大的海上油气生产商。公司成立于 1982 年 2 月 15 日,注册资本 949 亿元人民币,总部设在北京。2016 年 8 月,中国海油在 2016 中国企业 500 强中,排名第 22;2017 年,中国海油生产原油 7551 万 t,天然气 259 亿 m^3,其中,国内生产原油 4278 万 t,天然气 143 亿 m^3,海外生产原油 3273 万 t,天然气 116 亿 m^3;员工 9.8 万人,总资产达 11260 亿元,在"世界最大 50 家石油公司"中排名列第 31 位。2018 年在美国《财富》杂志世界 500 强排行榜中排第 87 位。

2010 年,中国海油国内年海上油气产量超 5000 万 t,建成了"海上大庆油田"。2011 年起,中国海油提出"二次跨越"的宏伟蓝图。历经 30 多年发展,中国海油现已成为主业突出、产业链完整的国际能源公司,形成了上游(油气勘探、开发、生产及销售)、中下游(天然气及发电、炼化化工与化肥)、专业技术服务(油田服务、海油工程、综合服务)、金融服务以及新能源等六大产业板块,实现了跨越式发展。

中国海油主要下属天津、深圳、湛江和上海 4 个分公司,分管我国海上 4 个主要产油区:渤海、南海东部、南海西部和东海。

天津分公司主要负责渤海海域油气资源勘探、开发、生产业务。渤海油田是中国海油产量最高、规模最大、前景最好的原油生产基地。累计发现原油地质储量 30 多亿 t,拥有 17 个海上油气田,40 多座生产平台,陆上终端 4 个,FPSO 7 条,船舶 80 艘,直升机 8 架。截至 2011 年年底,累计向国家贡献原油 2.05 亿 m^3。2010 年起油田油气产量突破 3000 万 t,成为我国北方重要的能源生产基地。

深圳分公司(中海油第二大油气生产基地),负责东经 113°10′以东、面积约 13.1 万 km^2 海域的石油天然气的勘探、开发和生产业务。其油气勘探始于 1983 年,1990 年开始生产原油,当年产油 13.8 万 t;迄今已有 8 个油田建成投产,1996 年登上了年产原油 1000 万 t 的台阶,2011 年油气产量 1079.5 万 m^3(油当量),并实现连续多年油气产量超千万立方米。自 1990 年第一个油田投产以来,南海东部海域累计产量超过 2.2 亿 m^3,是国内海上油气高产区。

湛江分公司负责东经 113°10′以西海域的油气勘探、开发和生产业务。南海西部海域蕴藏丰富的石油天然气资源,具有巨大的发展潜力,勘探面积近 50 万 km^2。南海西部海域现已发现 38 个油气田和 30 个含油气构造。已有 17 个油田和 5 个气田投入生产,是中国海洋石油最重要的天然气产区。其中,崖城 13-1 气田和东方 1-1 气田分别是中国海上最大的合作和自营天然气田。公司油气产量已连续四年超 1000 万 m^3 油当量,2016 年天然气产量达 28 亿 m^3。

上海分公司主要以对外合作和自营的方式负责黄海、东海海域的海上石油、天然气的勘探开发,自 20 世纪 80 年代初开始,勘探开发了东海平湖油气田。平湖油气田位于上海市东南方 400km 左右,中心处水深 87m,由放鹤亭、八角亭和望湖亭等构造组成。先后钻探井和评价井共 44 口(其中自营井 30 口,对外合作井 14 口)。发现平湖、宝云亭 2 个油气田和 7 个含油气构造。"平湖"是一个以天然气为主、油气共存的中型油气田。到 1996 年底,已探明天然气储量约 400 亿 m^3,预计可向上海市稳定供气 15 年。

除国内海域的油气勘探开发外,中国海油还积极开拓海外市场,先后与 45 个国家和地区开展能源合作、建立海外油气生产基地,公司海外资产超 4000 亿元,约占总资产额的 40%。公司的海外油气勘探开发业务涉及 20 多个国家,勘探作业面积近 6 万 km^2,掌控石油探明可采储量达 19 亿桶,在大西洋两岸发现了数十亿吨级的"世界级"油田及油气构造;2014—2016 年相继发现了圭亚那 Liza 油田(2015 年全球最大发现)、尼日利亚 Owowo West 油田(可能是 2016 年全球最大常规油气发现)、加蓬 Leapard 气田(西非最大气田)及阿尔及利亚 HBR 油田等。至 2016 年底,海外勘探累计发现 1P+1C 权益可采储量为 $2.2 \times 10^8 m^3$。这些海外业务的发展,为我国海洋石油工业与经济崛起作出了突出贡献。

2) 中国石油天然气股份有限公司

中国石油是中国油气行业占主导地位的最大的油气生产和销售商,也是世界最大的石油公司之一,是产炼运销储贸一体化的综合性国际能源公司。2017 年,在世界 50 家大石油公司综合排名中位居第三,在《财富》杂志全球 500 强排名中位居第四。总公司下属 12 个油气田企业:大庆石油管理局、长庆石油勘探局、辽河石油勘探局、新疆石油管理局、青海石油管理局、玉门石油管理局、四川石油管理局、华北石油管理局、大港油田集团有限责任公司、塔里木石油勘探开发指挥部、吐哈石油勘探开发指挥部、冀东石油勘探开发公司。

为加快海洋油气资源勘探开发步伐,2004 年总公司组建了海洋工程有限公司(简称中油海,CPOE)。业务范围涵盖海洋钻完井、海洋工程、技术服务三大领域,具备 120m 水深海洋油气勘探开发综合保障能力和 1500m 深水钻井能力。拥有钻井平台 12 座,采油平台 5 座,各类船舶 21 艘。作业范围主要在环渤海的大港、冀东、辽河油田的滩海区域(滩海是指由高潮 0m 线到海图水深 5m 的沿岸地区)。该滩海区域的石油、天然气资源量约 54 亿 t 和 8400 亿 m^3。

3) 中国石油化工集团公司

中国石化是中国最大的成品油和石化产品供应商、第二大油气生产商,是世界第一大炼油公司、第二大化工公司,加油站总数位居世界第二,在 2017 年《财富》世界 500 强企业中排名第 3 位。公司主营业务范围包括:石油炼制与成品油储运销售;石油化工、天然气化工、煤化工及其他化工产品的产销储运;石油石化工程的勘探、设计、咨询、施工、安装;石油、天然气的勘探开采、储运、销售;煤炭的产销储运;新能源、地热等能源产品的产销储运;机电设备研发、制造与销售;国际化仓储与物流业务等。

中国石化下属的油田企业有:胜利油田、中原油田、河南油田、江汉油田、江苏油田;华东石油局、华北石油局、西北石油局、东北石油局、西南石油局;胜利石油、中原石油、江汉石油、江苏石油、西南石油、华北石油、华东石油工程有限公司;上海海洋油气分公司、海洋石油工程公司、国际石油工程公司等。

2016年1月，中国石化在北部湾海域的"涠四井"钻遇含油层近百米，获高产油气流，日产油气超千吨。其中第一层测试获得日产自喷原油 1458m³、天然气 7.18 万 m³，第二层测试获日产自喷原油 1349m³、天然气 7.6 万 m³，创中国石化海域油气勘探单井最高纪录。

截至 2016 年年底，中国石化下属的上海海洋油气分公司，拥有海域勘查区块 26 个，面积 8.71 万 km²。其中自营勘探区块 11 个，面积 4.93 万 km²，分布在东海陆架盆地和南海琼东南盆地及北部湾盆地；与中国海油共同持有勘查区块 13 个，开采区块 2 个，面积 3.78 万 km²，分布在东海陆架盆地西湖凹陷。

11.6.4　我国海洋石油工业装备

海洋石油工业装备是海洋工程的重要组成部分，是指海洋油气勘探、开采、集输、工程保障与技术服务等系统所需用的平台、船舶、机具等。一般分为 3 大系统，11 类装备。

(1) 海洋油气勘探开发系统，包括：

① 钻井平台(步行式、座底式、自升式、半潜式平台、钻井驳船、钻井浮船等)；

② 生产平台(生产模块和生活模块，其中生活模块又分为固定式或半潜式多种)。

(2) 海洋油气集输系统，包括：

① 储油系统(生产储油船、海上储油平台、海底储油罐等)；

② 运输系统(油船、穿梭油船、海底输油管线等)；

③ 海上输油终端站(固定码头、系船塔、多浮筒系船站、单点系泊站等)。

(3) 海洋油气工程保障及技术服务系统，包括：

① 勘探调查作业船(地球物理勘探船、海洋地质勘探船、海洋地质调查船、工程地质取芯船、钻孔船等)；

② 交通运输供应船(拖航/抛锚/供应三用工作船、半潜双体小水线面"全海候"交通船、倒班船、破冰船、油水供应船、水泥专用供应船、超宽超重特种运输船、气垫平台艇等)；

③ 守护船舶(巡逻守护船、消防船、救助船、海上除油污船、浮油回收船等)；

④ 海上工程安装服务船(起重船，又分为自航与非自航式、旋转与固定式、常规与半潜式等类型；铺管、埋管作业船，可分一般起重铺管船(驳)和卷筒铺管船，喷射开沟式和犁刀挖沟式地管作业船等，还有打桩船、甲板驳、半潜驳等)；

⑤ 近海挖泥工程船(绞吸式、链斗式、抓斗式挖泥船及开底、封底泥(石)驳等)；

⑥ 潜水、打捞船(潜水支持船、打捞工作船、各种有人或无人深潜器等)。

海洋石油开发的工艺与设备，在很大程度上取决于油田的水文、地质条件，还与开发对象、工艺习惯、经济性等多种因素相关。

我国海洋石油工业装备经历了从无到有、从小到大、从落后到先进的快速发展过程。

1966 年建造了第 1 座固定式钢质导管架平台，用于渤海湾钻探井。

1971 年 8 月，大连造船厂建成我国第一座自升式钻井平台"渤海 1"号，工作水深 25m，造价约 3600 万元人民币，主要在渤海海域进行海洋石油的勘探。

1978 年烟台造船厂建造了第 1 艘浅海坐底式钻井船"胜利 1"号并在莱州湾投入使用。

1984 年 7 月，由 708 所设计、上海船厂建造的第一座半潜式钻井平台"勘探三"号建成交付(图 11-15)。入中国(ZC)和美国(ABS)双重船级。它在东海钻探的"天外天一井"，井深超过 5000m,创造了我国自营钻井最深的纪录,获得了 1985 年国家科技进步一等奖和优质产品金奖。

1986 年 9 月在渤海埕北油田 A 区,我国的第一座海上固定式采油平台建成。该平台由一个采油模块(D/P)和一个公用设施生活模块(U/A)组成。两个模块之间有栈桥连接,是一座现代化的、有较大抗风暴能力的海上采油设施,两个模块同时满足美国石油协会(APT)、美国焊接协会(AWS)和美国机械工程师协会(ASME)等近 20 种国际权威规范和标准。它的建成,填补了我国海上石油开发设施制造技术的一项空白,获国家科技进步一等奖。

南海惠州 21-1A/B 双子座油、气平台(图 11-16),是我国最大的一座深水钢质导管架平台。导管架高度为 125m,导管架总重约为 5400t,桩重 3550t,钢材总加工量为 9000t。由中国海油、美国雪弗龙-德士古和意大利埃尼石油合资,中方占 51% 权益。其中 1A 平台 1990 年 9 月投产,成为南海东部海域第一个投入生产的油田;1B 平台于 2005 年 12 月建成投产,可提供清洁可靠的天然气。

图 11-15 半潜式钻井平台"勘探三"号

图 11-16 惠州 21-1A/B 双子座油气平台

我国南海约 200 万 km^2 的海域,有石油储量 230 亿~300 亿 t,天然气 20 万亿 m^3,其中 70% 在深海。目前,南海周边国家(越南、菲律宾、马来西亚等)通过区块招标、与西方国家大石油公司进行合作,每年平均从"九段线"内中国管辖海域开采石油 1500×10^4 t,天然气约 $200 \times 10^8 m^3$。为了有效开发南海石油、维护国家权益,中国海油投资打造了"五型六船"可在水深 3000m 海域工作的深海工程装备。使我国具备了在南海及全球各海域进行 3000m 以内水深全方位勘探、开发和生产服务的能力,开启了我国自营勘探开发南海深海油气的新时代。"五型六船"是:旗舰半潜式钻井平台"海洋石油 981"号、12 缆三维物探船"海洋石油 720"号、物探勘察船"海洋石油 708"号、深水起重铺管船"海洋石油 201"号、深水大马力三用工作船"海洋石油 681/682"号。此外,还有储油 30 万 t 级的 FPSO"海洋石油 117"及载重 5 万 t 级的半潜自航工程船"海洋石油 278"号等"深海重器"。

2007 年 4 月,由 708 所自主设计、外高桥造船有限公司建造的 30 万 t 级海上浮式生产储油船(FPSO)"海洋石油 117"号命名交付,见图 11-17。这是国内建造的吨位最大、造价最高、技术最新的 FPSO 项目,标志着我国在 FPSO 领域的设计与建造已居世界先进行列。该船为双底双壳结构,船长 323m,宽 63m,型深 32.5m,满载吃水 20.8m,从船底到烟囱 71m。可日加工原油 19 万桶,储油能力 200 万桶原油,配有 140 人工作居住的上层建筑及直升机平台。该船设计寿命 50 年,通过安装在船艏的软刚臂单点系泊装置,长期系泊于固定海域,25 年不脱卸,可抵御百年一遇的海况(有义波高 6m),入级挪威船级社(DNV)。

图 11-17 30 万 t 级海上浮式生产储油船(FPSO)"海洋石油 117"号

中海油工程公司投资建造了全球第一艘 DP2 定位的 5 万 t 级半潜式自航工程船"海洋石油 278"号(图 11-18)。该船总长 221.6m,型宽 42m,型深 13.5m,最大下潜深度 26.8m,装载后水面以上最大宽度 51.6m;甲板面积 7500m²,相当于两个足球场大,航速 14kn;无限航区,载重量 5.35 万 t。可以运输"海洋石油 981"号;还能兼做深水工程支持船,与深水铺管船"海洋石油 201"号同步航行,提供海管等大型工程物料供应。该船由 708 所设计、招商局重工(深圳)有限公司建造,2012 年 3 月交付使用。

2011 年 5 月,第六代深水半潜式钻井平台"海洋石油 981"号在上海交付(图 11-19)。该平台具有勘探、钻井、完井、修井作业等多种功能。平台长 114m,宽 90m,从船底到钻井架顶高 112m,生存吃水 16m,工作吃水 19m,最大作业水深 3050m,最大钻井深 1.2 万 m,最大甲板可变载荷 9000t,自重 30670t,主柴油发电机 8×5530kW,推进器 8×4600kW,最大航速 8kn,电缆总长 800 多千米,生活区定员 158 人,入 CCS、ABS 双船级,造价近 60 亿元,是我国深水油气勘探开发"联合舰队"的旗舰。

图 11-18 半潜式自航工程船"海洋石油 278"号

图 11-19 半潜钻井平台"海洋石油 981"号

"海洋石油 981"号拥有多项自主创新设计,平台稳性和强度按照南海恶劣海况设计,能抵御南海 200 年一遇的波浪载荷;选用大马力推进器及 DP3 动力定位系统,1500m 水深以内锚泊定位,大于 1500m 采用动力定位。该平台可在中国南海、东南亚、西非等深水海域作业,设计使用寿命30年,该平台由708所完成详细设计,上海外高桥造船有限公司建造。

2011年4月,由挪威Skipsteknisk公司完成基本设计、708所负责详细设计、上海船厂建造的亚洲首艘12缆三维地震勘探船"海洋石油720"号交付中国海油(图11-20)。该船总长107.4m,垂线间长96.6m,宽24m,型深9.6m,无限航区,自持力75天,设计航速16kn,载员75人,工作水深3000m,入级CCS,总值人民币19亿元。该船设长艏楼、球鼻艏、机舱位于舯前、二层纵通甲板、带艏侧推、配直升机平台,由柴电推进系统驱动、变频调速、配可调距螺旋桨。

图11-20　12缆三维地震勘探船"海洋石油720"号

该船拖带12根8000m长的地震采集电缆、8排双震源的气枪阵列,可进行50m电缆间距的高密度地震数据采集;震源压力可达3000psi(1psi=6.895kPa),拖带作业航速5kn。

2011年5月,海洋石油720船克服了三次热带低压、两次台风,用44天时间就完成了南海荔湾43-11区块1547km²的三维地震采集作业,创下日航行129km、日采集77.7km²的好成绩。2011年8月创下月度采集量1607km²的记录。

2011年5月,中国海油投资、武船重工建造的世界顶级大马力深水三用工作船"海洋石油681"号(图11-21)在武汉下水。总长93.4m,型宽22m,型深9.5m,吃水6.5m;主机功率16000kW,拖带航速12kn,最大航速18kn。该型船是具有拖带、起抛锚、供应功能的三用工作船。主要用于:海洋石油钻井平台的钻井器材、钻井水、散装水泥、燃油、淡水及生活用品供应;海上拖带;协助钻井平台起抛锚;以及对外消防灭火、海上浮油回收等作业。斥资7.4亿元,其技术水平和作业能力在国际同类船舶中处于领先地位。该船具备1500m水深起抛锚作业及3000m水深供应和作业支持能力,配备一套500t的大功率低压驱动拖揽机系统,具国内最强拖带能力;采用柴、电混合推进,节能环保;具有高自动化内部集成控制

图11-21　深水大马力三用工作船"海洋石油681"号

系统,在恶劣海况下安全高效的甲板机械作业系统;全视野驾驶楼满足挪威船级社(DNV)规范,船舶舒适度达到船级社对噪声和振动的最新要求;污水处理排放达到目前国际最高要求;配备水下机器人(ROV)库房,可应对水下复杂的深水作业。

2011年12月,全球首艘3000m深水工程勘察船"海洋石油708"号(图11-22)在广州中船龙穴造船厂交付使用。该船总长105m,型宽23.4m,型深9.6m,排水量约11600t,设计吃水下最大航速14.5kn;无限航区航行,抗风力不低于12级,可保证在9级海况下安全航行;勘察作业水深3000m,钻井深度可达海底以下600m,可进行23.5m长深水海底水合物保温、保压取样,水合物样品可在现场进行测试和保存,安装有一台设计能力150t/10m甲板克林吊进行起重作业;该船集勘探、钻井、水上工程等功能于一体,在全球同类型船舶中综合作业能力最强。标志着我国海洋工程勘察作业能力从水深500m提升到了3000m。该船概念/基本设计为挪威Vik-Sandvik;详细设计为上海船舶研究设计院。

2011年5月,世界上第一艘同时具备3000m深水铺管、4000t重型起重能力和DP-3级动力定位的自航深水铺管起重作业船"海洋石油201"号命名交付(图11-23)。该船总长204.65m,安装深水托管架后总长约280m,宽39.2m,型深14m,作业吃水7~9.5m,结构吃水11m,航速12kn,定员380人;从船底到主起重机顶高度达136.77m,相当于45层楼高,船舶自重34832t,排水量59101t。动力系统:全电力推进的DP-3动力定位系统,七个全旋转推进器,其中主推进器2×4500kW,可回收式推进器5×3200kW。无限航区,作业水深15~3000m。在主甲板纵向中心线设有铺管作业线,甲板储管能力9000t,船尾有托管架,作业管径6~60in(1in=2.54cm),铺管速度5km/d。最大起重能力4000t(回转时3500t)。该船由荷兰GUSTO做基本设计,上海船舶研究设计院做详细设计,江苏熔盛重工建造。适用于深海海底油气管道的铺设维修作业、海上石油平台上部模块等大件的吊装与拆除、导管架的辅助下水与就位等,是深海油气田开发过程中不可或缺的重要装备;该船集成创新了多项世界顶级装备技术,其总体技术水平和综合作业能力在国际同类工程船中处于领先地位。入CCS和ABS双船级。总投资约30亿元。

图11-22　3000m深水勘察船"海洋石油708"号　　　　**图11-23　深水铺管起重船"海洋石油201"号**

以"五型六船"为代表的深水工程装备的研制,使我国具备了3000m水深勘探开发和生产能力,成果喜人。但我们应该清醒地认识到在该领域与西方发达国家的差距——我们深水重大装备的概念/基本设计大多是西方完成、国内做详细设计;深海装备的核心配套设备几乎全部依赖进口,例如"海洋石油981"号总投资的2/3用于购买国外设备;我国已投产的深水油气田开发水深为1688m(2017年8月981平台南海记录),而世界纪录已超过 3000m。

我国海洋石油的战略目标——建设渤海综合型能源供给基地、南海气田群、油田群示范工程和绿色能源示范基地,助力"南海大庆"和"海外大庆"(各 5×10^7t 油气当量);实现由 $300\sim3000$m、由南海北部向南海中南部、由国内向国外的实质跨越;2020 年部分深水工程技术和装备跻身世界先进行列,2030 年部分深水工程技术和装备达到世界领先水平。

站在国家能源安全的高度,制定中长期海洋能源科技发展战略,加大国际合作力度,开展海洋能源勘探开发工程核心技术攻关、占领海洋能源开发技术的制高点,维护海洋权益、保障国家能源安全,任重而道远。

11.6.5 我国的海底管道建设

海上管道运输在油气传输与储运过程中具有密封、连续、快捷等特点,是一种安全可靠、运量大、经济快速的运输方式。通常,发达国家用管道运输的油气约占其运输总量的 2/3 以上。

从 1956 年美国在墨西哥湾铺设第一条海底管道起,至今世界海底油气管道超过 10 万 km,最大作业水深达 3000m。至 2010 年末,我国已建成海底管道尚不足 4000km,最大作业水深仅 300m。其中,中国海油在渤海海底管线累计超过 200km,南海海域约 2000km,其作业水深可达 300m;中国石化先后建成了 170 条总计超过 360km 的海底油气管线和注水管线,铺设海底电缆 82 条共 201km;中国石油累计铺设海洋管道不足 100km,长 35.5km 的渤海月东油田海底管道是中国石油承建最长的海底管道。

我国主要海底管道线有:1973 年,在山东黄岛铺设了我国首次 3 条各 530m 的双重保温输油管道,最大水深 12m,用以运送胜利油田的原油。1985 年在渤海埕北油田的 8 个油气田间,用铺管船铺设了 21 条各种类型的海底输油/气管道,总长 186km。1992 年我国第一条长距离油气混输海底管道——锦州 20-2 天然气凝析油混输管道建成投产,该管道直径 12in,长 48.6km,这是我国第一条由国内铺管船铺设的海底管道。在广东茂名石化铺设了 15km 从浮式单点至陆地的海底卸油管道,这是我国目前最大口径(850mm)的海底管道。在南海的 13 个油/气田中,铺设的各种类型的海底管道约 1000km,其中崖城 13-1 至香港的 700mm 口径的海底输气管道约 800km,是我国目前最长的海底管道。在东海平湖油气田,铺设海底输油/气管道 666km。

荔湾 3-1 气田是中国第一个深水(1500m)气田项目,位于南海东部。该项目主要包括中心平台、高栏岛陆上终端及其间的海底输气管道(简称荔湾 3-1 海管);预计年产天然气 120 亿 m^3。荔湾 3-1 海管,外径为 762mm(30in),总长度 261km,2014 年投产。

2018 年 2 月,"海洋石油 201"号完成南海东方 13-2 气田海域 195km 的海底管线铺设,为我国迄今为止自主铺设的最长海底管线。自 2012 年投产以来,"海洋石油 201"号共 27 次刷新我国海管铺设纪录。其中,日铺管速度最快突破 6km,海管铺设最大深度达到 1409m;使我国海管自主铺设能力达到亚洲领先、世界先进水平,为我国海洋油气开发利用提供了有力的技术支撑。

11.6.6 我国海洋石油开发特点与对策

海洋石油开发的技术与经济特点如下。

1. 高技术

海洋石油勘探开发涉及材料、船舶、通信、海洋工程、机电设备、交通运输等多个行业，是一项高集成、跨学科、多领域的系统工程。其广泛采用了当今世界最先进的技术与装备，而且更新换代很快，新技术、新工艺、新材料不断涌现。如海上地震勘探目前国外已发展到480道，多缆多震源勘探技术、数字电缆、高分辨处理技术已普遍采用；在钻井方面小井眼、小曲率半径水平井钻井技术在油田开发中应用，目前水平位移已达5000～8000多米；在测井方面，数控成像技术、大存量的传输系统及最先进地面设备，为油田开发方案的制定提供了可靠依据；在油气田开发方面，采用注化学聚合物、热采、核能利用等方法提高稠油油田采收率见到明显效益；在海洋工程建设方面，深水油田开发范围已发展到3000m以上，水下多相混输、多相计量技术试验成功，已形成一套完整的水下生产系统；在边际油田开发方面，平台结构和工艺流程的简化，更趋向轻小型、移动式，并实现遥控、遥测和无人操作。

2. 高投资

海上油气资源的勘探开发投资大，主要是装备费用高、作业成本高。海上勘探开发装备设施多，包括钻井平台、运输油轮或海底管线，还需要起重铺管船、三用工作船、补给船等庞大的辅助、后勤船队；又由于海水屏障、风浪流环境影响等使得打井周期长、作业成本高。通常，海上打一口探井要花费上千万美元，建一座中心采油平台要上亿美元，要找到1亿t储量需要的投资约2.5亿美元。以中国海油为例，截至1993年底，总投资18.71亿美元，形成产油能力640万t/a，平均投资为2.9亿美元/10^2万t，约为陆上油田开发投资的3倍。

3. 高风险

海洋石油勘探开发不仅要抗台风、抗海啸、抗巨浪、抗冰冻、防腐蚀，而且还要克服钻探作业过程中遇到地层压力过高发生的井喷、火灾、毒气等危险；同时，由于海洋环境的特殊性与复杂性，海洋石油勘探具有很大的不确定性，其巨额勘探投资有相当大的沉没风险。面对高风险，我国科学制定了海上石油对外合作勘探开发的相关政策。初期，我们以对外合作勘探为主，利用国外的资金与技术进行海上油气资源勘探，签订了由外国公司独担风险的勘探合同。在勘探期内如果找到资源，勘探费将由联合开发的效益中拿出部分石油逐步予以偿还，如果没有发现，勘探投资就沉没了。截至1997年，我国共利用勘探风险投资31亿美元，沉没勘探投资14.9亿美元。

概括来说，海洋石油工业的特点是技术、资金双密集的高风险产业。除了必不可少的投入外，技术是决定性的因素。国外许多大石油公司在近年来油价低迷不振的情况下，利润不但没有下降，反而有所上升，秘密之一就在于关键技术的突破降低了勘探开发成本。目前，我国在海上油气勘探开发中遇到的主要技术挑战包括：海上地震高分辨率采集、地震解释与储层横向预测、数控成像测井技术、高温高压气层的钻井与测试、水下生产系统及水下多相混输与计量技术、用于有效开发边际油田的低造价轻型及移动平台结构及工艺流程等。

面对"三高"我国海洋石油开发的对策如下。

1. 对外开放，吸收外资外技

海洋石油开发需要高投资和高技术。而我国从20世纪50年代末开始海洋石油勘探开发的20多年是基本上处于一缺资金二无技术的状态。面对发达国家热火朝天的北海、墨西哥湾海洋大开发，我们只能望洋兴叹，我国的海洋石油产量到80年代中期才年产8.5万t。80年代改革开放的春风吹绿了神州大地，打开国门、对外开放，海洋石油工业获得了蓬勃发展。

1982年初中国海洋石油总公司成立,作为国家石油公司和独立法人,全面负责我国海域的油气资源对外合作勘探和开采。通过多轮对外招标和双边谈判,截至1996年年底,海洋石油总公司累计与18个国家和地区的67家外国公司签订合同与协议126个,海上勘探开发总投入94.1亿美元,其中外商投资占57%;向国家累计纳税62.9亿元,等于国家预算内拨款的4.3倍;中国海油成立时资产总值17亿元,1996年末资产总值达到315.6亿元;累计完成地震测线81.6万km,钻探井448口,获得石油地质储量14.5亿t,天然气地质储量3313亿m^3;已投产油田17个,气田2个;随着流花1-1、崖城13-1等大型海上油气田投产,1996年原油产量达到1539万t,天然气产量达26.9亿m^3,油当量达1800万t,出现了海上油气产出的第一个高峰年,攀上第一个台阶。在生产迅猛发展的同时,海洋石油职工总数一直控制在3万人以内,从而使全员劳动生产率增长了30.6倍。

中外合作开发海洋石油,一是吸收外资迅速而大量地发掘我国海洋石油,创造了可观的经济效益;二是学习与借鉴国外石油公司的管理经验与运作机制,推动我国石油业的迅速发展;三是引进、消化、吸收国外先进技术,培养了一支精干的海洋石油开发技术队伍,建立起较完整的海洋石油科技体系。

到1997年止,我国海洋石油引进开发和应用的主要新技术有四个方面25套:

(1) 勘探开发方面8套:①海洋石油地球物理勘探技术;②航空激光荧光遥测技术;③高分辨率地层年代和岩相对比技术(层序地层学、地震地层学);④盆地模拟仿真技术;⑤高水平井开发技术;⑥数控成像测井技术;⑦油藏描述技术;⑧油藏数值模拟技术。

(2) 海洋钻井方面7套:①定向钻井、水平钻井井下导向技术;②随钻测量系统(MWD)技术;③PDC聚晶金刚石复合钻头;④顶部驱动系统;⑤井下可调外径扶正器技术;⑥大斜度井、水平井的测井工艺;⑦水下遥控机械手(ROV)技术。

(3) 海洋工程方面5套:①适应深水环境工作的新型可解脱式转塔系泊装置技术;②浮式生产装置开发深水边际油田的新技术;③水下完井深水采油系统;④深水海底管道铺设技术;⑤先进的海洋采油工程项目管理技术。

(4) 采油方面5套:①新型完井诱喷工艺技术;②新型的油流举升技术;③全自动原油加工处理生产工艺技术;④遥控遥测及逻辑控制的安全关停系统;⑤具有专家智能的计算机预防维修管理系统。

2. 对内改革,不断提高技术水平和自营开发能力

在对外开放、利用外资外技的同时,我国的海洋石油业注意对内改革,苦练内功,不断提高海洋石油自营勘探与开发的能力,提高海洋石油装备的国产化率。

中国海油精心组织内部技术力量,组建生产研究中心,同时注意吸引高素质人才,建立分层次的技术支持结构,提高科技队伍整体实力;积极开展海洋高新技术的研究攻关,如海上地球物理测井成像技术、多相流油气开采输送技术、海洋边际油田开发智能决策技术、天然气物探直接勘探技术等;对海上勘探开发急需,而国外已经成熟的技术,通过引进、消化创新,用于生产,使之化为生产力。

至1997年,中国海油已拥有平台、钻井船、作业船及其他配套专用设备4000多台(艘),各专业承包公司在海上合同区的中标率达60%左右,总公司在十几家中外合营公司和国内联营公司中拥有股份。随着海洋石油工业的不断发展,自营勘探开发能力逐步提高,自营勘探开发的海上油气田相继投产,如锦州 20-2 凝析气田、绥中 36-1 油田和涠 11-4 油田,都是依靠自己的力量开发建设的,取得了很好的经济效益。

雄关漫道真如铁,而今迈步从头越。经过近半个世纪的发展,我国海洋石油业在海洋石油开发的技术水平、资金积累、装备建设和管理水平等诸方面已获得持续发展的良好基础。深信在 21 世纪,我国海洋石油业必将进一步改革开放、加速发展,谱写出更加辉煌的篇章。

复习思考题

1. 海底石油、天然气是怎样形成的?

2. 海洋油气的勘探方法有哪些? 地震勘探法的原理如何?

3. 为什么要进行海上钻井? 简述海上钻井的工艺与主要设备。

4. 海底石油开采方法有哪些? 简述主要的采油设备。

5. 海洋石油平台有哪些类型? 简述目前用于钻井和采油的平台各有哪些? 其工作原理与工作水深如何?

6. 我国的石油需求与陆地石油生产情况如何?

7. 我国的海洋油气资源储量如何? 简述我国中国海油、中国石油及中国石化的海底油气开发概况。

8. 我国海洋石油工业的装备一般分为哪几大系统和 11 个类别?

9. 简述我国深海油气勘探开发"联合舰队"的主要组成及其特点。

10. 简述我国海底油气管道建设的现状及其发展。

11. 如何理解海洋石油工业的高技术、高投资与高风险?

第12章

海洋资源开发

海底石油与天然气的勘探与开采是目前我国海洋资源开发的主战场,但就世界范围和发展前景看,海洋资源开发有其更宽广、更丰富的内涵。本章将依次介绍海洋生物资源的开发、海水资源的开发、海洋能源的开发和海洋矿物资源的开采等内容。

12.1 海洋生物资源开发

海洋是一个生物资源宝库。海洋生物资源包括所有生活在海洋中的生命体。其中,海洋藻类有近万种,鱼类有1.9万种,甲壳类约2万多种。充分利用这些资源,是人类开发海洋的重要领域。人类开发海洋生物资源大体可分三大类:海洋渔业捕捞、海水养殖和海洋药物开发。

1. 海洋渔业捕捞

海洋渔业资源与人类的关系最为密切,几千年来一直为人类提供丰富的食物来源。根据2018年联合国粮农组织(FAO)发布的《世界渔业和水产养殖状况》报告:2016年全球总量为1.7亿t,其中野生鱼类捕捞量为9090万t、水产养殖业产量达到8000万t。预计到2030年将会增长到2.01亿t。

据世界粮农组织估计,全球的渔民和水产养殖者从1970年的1300万人增至1995年的3000万人(90%在亚洲),而今全球近6000万人口直接在渔业和水产养殖业谋生,这些行业在2016年的初次销售额高达3620亿美元。19世纪60年代人均鱼类消费量为近10kg,2016年则达到了20.4kg。

野生鱼类捕捞量与开发利用先进的渔业资源调查技术有直接关系。现在一些主要渔业国家,如英国、美国、俄罗斯等都使用了回声积分仪(QD)调查渔业资源量。这种声学渔业资源量评估技术和方法的特点是速度快、准确率高。同时,使用电子计算机来完成渔业调查资料的数据处理,并设有数据库。很多国家利用遥测技术探测鱼的洄游路线,查明鱼在大洋中的洄游规律。还有的国家利用航天和空间遥感技术调查渔业资源,比如,利用卫星遥感资料监测渔场,进行渔汛预报。

在探鱼技术方面,各国使用的主要装备是垂直探鱼仪和水平探鱼仪,国外统称为渔业声呐。随着微电子技术的发展,探鱼仪广泛采用微处理机,使其向多功能、自动化、数字显示、彩色立体显示发展。最先进的探鱼仪可储存 360°方向的瞬间信息,并能自动处理鱼群信息。随着激光技术在水产捕捞方面的应用,水产捕捞还将向信息化、集约化、现代化迈进,如采用机载激光探鱼等。目前,美国研制的机载激光探鱼仪,飞机航速 100km/h、激光覆盖宽度 75m,每小时可以搜索 12km² 的海面。

当前,渔船和渔业机械仪器制造技术有了许多新的特征。新造渔船重视研制节能船型,船体由肥型改为瘦型;采用轴带发电装置;安装导管螺旋桨。渔船作业器械配套装备齐全,自动化程度提高;有些拖网渔船中配有 20 多台渔业机械仪器,其品种多达十几种。欧洲各国的拖网渔船,除有捕鱼机械、助渔导航仪器外,还配备了加工机械、吸鱼泵和发展计算机控制的自动化拖网系统。

我国海洋生物资源种类繁多,达 2000 多种,其中鱼类为 1500 多种,具有经济开发价值的鱼类有 150 种,如大黄鱼、小黄鱼、带鱼、金枪鱼等。我国是世界水产品第一生产大国,截至 2016 年产量连续 23 年居世界首位。改革开放以来,我国水产品生产保持了快速增长,产量从 1978 年的 465 万 t 增加到 2011 年的 5603 万 t,增加了 11 倍,年均增长率为 7.83%。其中,淡水水产品产量从 105.9 万 t 增加到 2695.2 万 t,海水水产品产量从 359.5 万 t 增加到 2908.0 万 t。2017 年水产品产量 6900 万 t,比上年增长 3.0%。其中,养殖水产品产量 5156 万 t,增长 4.4%;捕捞水产品产量 1744 万 t,下降 1.0%。随着人民生活水平的逐步提高,对水产品的需求日益增加,水产品消费占食品消费的比重逐年加大。同时,水产品也是重要的出口创汇产品,1990 年我国水产品出口数量为 35.8 万 t,2000 年出口数量为 120 万 t,2011 年出口数量为 288 万 t,2016 年出口数量再创新高达到 423.76 万 t,出口额 207.38 亿美元。自 2001 年以来水产品出口连续稳居国内大宗农产品出口首位,我国水产品出口额约占世界水产品出口总额的 14%,亦居全球首位。

2. 海水养殖

开展水产养殖与农业、畜牧业生产相比,具有投资少、产量高、周期短和经济效益高等优点。

据估算,生产同等数量的蛋白质所需代价,海水养殖业仅为畜牧业的 1/3。所以,世界水产养殖总产量逐年增加。1988 年,世界养殖产量为 1100 万 t,约占世界水产总量的 11.7%;1989 年,世界养殖总产量增至 1320 万 t,占世界水产总量的 14%;2009 年 FAO 公布的世界水产养殖总产量为 7304 万 t,其中中国的水产养殖产量约占世界水产养殖量的 60%。

如今,世界各国出现了养殖研究的热潮,水产增养殖技术产业不断发展,海洋农牧化已经成为人类开发利用海洋的一大趋势。人工藻场、渔场、人工渔礁和鱼、虾、贝、藻混养等立体人工养殖生态系的建立,推动了海水养殖业的大发展。据估计,如果人类开发海洋沿岸 40 万 km² 面积的 10% 用来养鱼,就完全可以满足 21 世纪人类对鱼类的全部需要。

(1)海水鱼类增养殖。由于捕捞技术及设备的不断提高和改善,海洋传统渔业资源明显衰退,因此首先受人们重视的就是海水增养鱼技术。一些水产专家预言:渔业的未来是增养殖业的大发展。目前,海水增养殖的鱼种已接近百种,鲥、鲷、鲑、鳟、金枪鱼等 20 余种已基本形成规模产业,其中真鲷、鲑、鳟等数种鱼目前已形成大宗产业,总产量在百万吨以上。

(2) 海水增养虾。从20世纪80年代以来,世界上虾养殖业有了很大的发展。2015年,全世界对虾养殖水域面积估计为226万公顷(hm^2)(3390万亩),产量为487万t。

(3) 海产贝类增养殖。世界贝类养殖品种共计44种,其中养殖牡蛎有11种。据联合国粮农组织统计,世界海产贝类中,牡蛎的产量最高,其次为贻贝类,扇贝产量居第三位。1983年世界贝类总产量仅为201万t,2012年增长到1473万t,增长了6倍多。我国贝类产量名列世界第一,2012年我国贝类总产量达到1208.44万t,其中贝类海水养殖产量占我国海水养殖总产量的80%。近十年来,世界贝类养殖产量和捕捞产量总体保持稳定,2012年养殖产量达1246万t,占总产量的84.6%,而捕捞产量仅为226.6万t,占15.4%。美国贝类捕捞产量在历年中所占比重最大,基本在60万t上下;日本的贝类捕捞产量持续稳定在39万t的水平;加拿大和丹麦的贝类捕捞产量在10万t左右,印尼、韩国、英国、智利、意大利、泰国则都在5万t左右。

(4) 海藻增养殖。人们从事海藻类的增养殖历史不长,增养殖的种类也不多,仅有海带、裙带菜、紫菜、石花菜、江蓠、麒麟菜等几种。从事养殖的国家都集中在亚洲太平洋沿岸国,主要有中国、日本和朝鲜。据FAO统计,2006年,全球海藻类总产量为1510万t,其中96%来自养殖业。我国海藻养殖业贡献率达到72%,约1090万t,菲律宾为150万t,印度尼西亚90万t,韩国70万t,日本50万t。在全球主要海藻养殖种类中,海带产量最高,为490万t,其次为裙带菜,为240万t,紫菜位居第三,为150万吨。全球海藻养殖业产值排名:中国海藻养殖产值52亿美元,居第一,日本产值第二,为11亿美元。

我国海水养殖业发展很快。据FAO统计,2008年我国海水养殖面积达158万hm^2,其中鱼类养殖面积为7万hm^2,甲壳类养殖面积29.3万hm^2,贝类养殖面积96.7万hm^2,藻类养殖面积8.7万hm^2。2008年我国海水养殖产量1340万t,占世界海水养殖总产量的2/3。我国无论海水养殖面积或产量均居世界之首。在2008年的海水养殖产量中,贝类产量1008万t,约占总产量的75%,大型藻类138万t,约占10.3%,二者相加占了我国海水养殖产量的85%以上,而鱼类74万t和虾蟹类94万t,占5.5%~7%。

渔业发展重点,由传统的捕捞业转向养殖业、增殖业。沿海和内陆水域的养殖、增殖受到普遍重视。由捕向养的转变,我国走在前面,已成为世界上唯一的养殖大于捕捞的渔业生产大国。

我国的养虾业发展很快,年产量达到16.5万t(不包括台湾省),占世界养虾量的29.2%。台湾养虾技术水平较高,平均1hm^2产虾5000kg。

贝类养殖是亚洲水产养殖的传统产业之一。中国、日本、韩国等对人工贝类养殖技术较为重视,形成了相当大的生产量。据统计,世界贝类总产量的2/3以上产于这个地区,但是因其产肉率低,仅占水产动物蛋白质的一小部分。1987年,日本冷冻出口扇贝0.79万t。美国在这一年收获扇贝为2.04万t。中国贝类养殖无论是产量还是种类,都是世界上最多的国家。

3. 海洋药物的开发

海洋是一个蕴藏诸多药物的宝库。由于现代科学技术的发展,研究开发海洋药物成为可能,海洋药物便形成了一个年轻的学科门类。海洋药物资源和现代科学技术相结合,成为

21世纪极有发展前景的新型高新技术产业。近年来,一些国家开发海洋药物资源技术已经初具规模。比如,法国成立了海洋药物研究中心;瑞士建成国际上最大的海洋制药公司;澳大利亚建成一所现代化的海洋药物研究所;日本与墨西哥学者合作,共同研究开发墨西哥湾的海洋药物资源;美国的卫生行政部门指令一些大学和医药公司合作,共同开发海洋药物资源。

海洋生物有很好的食用价值。海中的鱼、虾、贝类,味道鲜美,为食物中的上品,这是众所周知的。此外,海洋中的许多植物同样具有人体必需的丰富营养。如紫菜及螺旋藻含优质蛋白质分别为43%及67%,比陆生谷物(含蛋白质约10%)高得多。这对我们这个以谷类为主粮的国家是一种很好的蛋白质营养素补充源。微量元素是人体正常代谢所必需的,一些元素如碘在陆生生物中含量甚微,它的缺乏可影响儿童的生长发育及形成甲状腺肿等疾病。海洋生物中不仅含有丰富的碘,也含有其他人体必需的微量元素(见表12-1),是理想的天然资源。如钙,成人每日需600mg,每日需600g牛奶才能补充,而食用60g羊栖菜或100g海带就可达到;又如碘,成人每日需量为$140\sim300$mg,陆生植物含碘最多的菠菜为34mg/100g,而海带含碘为$(240\sim280)$mg/100g;再如钾,它是人体维持正常水盐代谢、正常心脏功能所必需,海洋生物中含有极丰富的钾,可弥补饮食中摄入钠多、钾少的缺陷。此外海洋生物中还含有硒(Se)、锌(Zn)、铜(Cu)、铁(Fe)等,它们是体内许多酶及代谢过程中不可缺少的元素。

表 12-1　海藻中矿物质含量　　　　　　　　　　　　　　　　mg/100g

名称	干紫菜	海带	淡干裙带菜	羊栖菜
Ca*	390	710	960	1400
P*	500	200	400	100
Fe		3.9	7.0	55
Na*	120	2800	6100	1400
K*	2100	6100	5500	4400
Mn	5.0	0.2	0.6	2.83
Cu	0.96	0.11	0.27	0.33
Zn	5.5	0.22	0.64	1.73
I	0.1	$199\sim471$	7.8	40
As	0.02	$4.0\sim12.2$	$3.2\sim5.6$	18.3
Se	0.01	$0.002\sim0.003$	$0.004\sim0.005$	0.006

* 为常见元素,其余为人体必需的微量元素。

海洋生物有很好的药用价值。由于科学技术的发展和研究手段的改进,许多海洋生物的药用价值不断被发掘。例如从鱼油、红藻、褐藻等可分离出丰富的高不饱和脂肪酸,尤其是C_{205}(EPA)脂肪酸,具有降血压,促进平滑肌收缩、扩张血管、防止动脉粥样硬化作用;又如从许多海洋动物中可分离出动物黏多糖,从藻类中分离出的藻多糖具有提高机体免疫功能的作用等。目前,已从海洋生物中发现2000余种具有生理活性的化学物质,其中许多有药用价值(表12-2)。研究还发现这些新型化学结构成分具有抗菌消炎、抗癌、抗艾滋病等作用。这些新的结构成分将可能成为许多疑难病症及多发病的良好药源。

表 12-2   应用于临床的部分海洋药物

药　　物	来　源	用　　途
阿糖腺苷(Ara-A)	海绵	抗病毒、抗癌
海人草酸(kainic acid)	红藻	驱虫药
头孢菌素(Cephalosporine)	真菌	抗生素
活性钙	贝壳	营养剂
鱼肝油	鱼肝	维生素 A、D
藻酸双酯钠(PSS)	褐藻	抗血栓、降血脂、降血压
鲎试剂	鲎	内毒素测定
琼胶	海藻	培养基
河豚毒素	河豚	止痛
褐藻酸盐	海藻	乳化剂

当前海洋药物资源的开发主要有以下内容：在无核原生物中提取抗菌物质；在原生动物中提取抗病毒、抗凝血与镇痛物质；在海绵动物中提取抗菌的聚合因子和生长调节因子；从腔肠动物体内提取神经体液和抗凝血物质；从棘皮动物体内提取有抑制精子活性的神经性物质；从软体动物中提取杀虫剂；从节肢动物提取心脏活性物质；从鱼类、两栖类和爬行类提取神经活性物质等。

海洋药用生物资源的开发，多采用直接从海洋生物中萃取药物，或以其化学结构作为构造模式合成药物的途径。海洋药物的开发重点，一般侧重在从海洋生物中提取抗癌活性物质方面。现在人们已经从腔肠动物中的珊瑚虫和脊椎动物中的鲨鱼体内提取出抗癌物质。医学界还利用河豚毒素治疗癌症，并取得效果。有的医疗单位用河豚肝制成的"新生油"来抑制食道癌、胃癌等。国外还用河豚毒素制成癌症后期疼痛缓解药物。

国际上已投入应用的经典海洋药物有头孢霉素、阿糖腺苷、阿糖胞苷等，这些最早开发成功的现代海洋药物，正广泛用于临床。目前国际上有约 20 种海洋天然产物或其结构类似物正在临床研究阶段，多为抗癌药物。

自 1978 年全国科技大会提出了"开发海洋资源，创建中国蓝色药业"的战略设想以来，我国在海洋药物的研究开发方面取得了很大进展。已有多种海洋药物获准上市，如藻酸双酯钠、甘糖酯、河豚毒素、多烯康、烟酸甘露醇酯、多抗佳、海力特等。在海洋多糖及寡糖类药物研究方面形成了特色，如源于海藻多糖的藻酸双酯钠、甘糖酯等药物，在临床上已成功用于心脑血管疾病的防治。目前进入临床研究的国家一类新药有"泼力沙滋"(抗艾滋病)、"D-聚甘酯"(抗脑缺血)和"几丁糖脂"(抗动脉粥样硬化)，国家二类新药有"肾海康"(治疗肾衰)、"海生素"(抗肿瘤)等。

在海洋中成药物研究方面，我国技术人员依靠传统中医中药经验，开发出多种海洋中成药。例如，应用海珍珠制成的药品、保健品名目繁多；以海带、裙带菜、紫菜制成的保健食品多达 30 多种。我国海洋药物的科研和生产已开始联合，基本形成了海洋药物资源开发产业群体的雏形。

海洋生物是人类食物及药物的天然良好资源，虽然目前许多方面还未被人们发现或开拓，但随着高科技的发展与渗透以及社会需求的变化，从海洋生物资源中研究和开发更多、更好的新型天然保健品、营养食品和药品，必将成为有巨大发展潜力的新兴高科技海洋产业。

12.2 海水资源开发

水是人类赖以生存的基础！

地球上有着非常丰富的水资源,其总量约 14 亿 km^3,其中,海水总量约 13.7 亿 km^3,全球淡水资源只占总储量的 2.53%。而地球上的淡水资源,绝大部分又是很难为人类利用的两极冰盖、高山冰川和永冻地带的冰。人类真正可利用的江、河、湖和地下水,只占全球淡水储量的 0.34%。

从世界角度看,随着现代农业生产的迅速发展和人口的增加,加上城市化水平的逐年提高,人类对水资源的耗费会不断增加。20 世纪,世界农业用水增长了 7 倍,城市生活用水增长了 12 倍,工业用水猛增了 20 多倍,现在每年还在以 5% 的速度增长;全世界每过 15 年,淡水消费量就要增加一倍。据目前情况估计,发展中国家已有 1/3 的人口(约 12 亿)出现用水危机,其中非洲大部、中国的华北地区以及印度、墨西哥和中东的部分地区,乃至美国的西南部也将出现严重水荒。

联合国水资源委员会早在 1977 年 2 月就向世界各国发出警报:"供水不足将成为一个深刻的社会危机,世界上石油危机之后的另一个危机便是水危机。"

全世界人均水资源总量达 12000m^3(淡水),而我国人均水资源量仅为 2400 m^3,仅为世界人均占有量的 1/5。我国的淡水资源总量 28000 亿 m^3,在世界上次于巴西、俄罗斯、加拿大、美国、印尼,排名第六位;然而按 13 亿人口人均计算,我国的排名是第 119 位,是全球 13 个贫水国之一。

由于淡水资源的地区不均匀性、时间分布不均匀性,以及我国人口分布、经济发展的不均匀性,目前我国部分地区已存在严重的淡水危机,尤其以北方沿海城市和地区为突出,沿海地区大连、秦皇岛、天津、青岛、烟台等 9 个开放城市严重缺水。

解决沿海地区淡水紧缺,要借助海水。开发海水资源可以达到对淡水的开源和节流,以全新的观念和途径解决沿海地区的淡水危机。

海水资源开发,或海水综合利用技术,包括海水直接利用、海水淡化和海水中化学资源的提取。

12.2.1 海水直接利用

目前,海水直接利用主要包括:利用海水代替淡水做工业用水;滨海城市的生活用水,如冲厕、冲道路、消防用水等。

1. 海水代替淡水做工业冷却水

根据统计,城市用水中约 70% 是工业用水,而工业用水中大约 70% 是冷却用水。世界发达国家大都将冷却水量大的电力、化工、钢铁、石油等企业布设在滨海地区,利用海水做冷却水。据统计,全世界海水冷却水量已经超过 7000 亿 m^3,日本工业冷却水总用量的 60% 为海水,每年高达 3000 亿 m^3,美国 2000 年工业用水量二分之一由海水解决,西欧六国 2000 年海水年用量达 2500 亿 m^3。

用海水做冷却水,遇到的最大技术难题是系统防海水腐蚀问题及防海生物附着。国外直接利用海水大都是直排式。解决系统腐蚀问题,主要是选用耐腐蚀的特种材料,如钛材、铜镍合金、特种不锈钢等。有时配合以电化学保护,防腐效果好,但价格昂贵。防海生物附着,尚未有效解决。液氯杀生及有毒涂料均因对海洋有污染而被禁用,以至不得不采取简单的机械刮轮定期清除。美、加等国正进行臭氧、γ射线以及生物防治技术的研究。

近年来,国外已开始海水循环冷却技术的应用。如美国新泽西州 Atlatic 市的 B. L. Englang 发电站,实现循环冷却,可大大减少取水量(浓缩倍数为 2 时,冷却水补水量仅为循环水量法的 4%),节约电耗,减少海洋污染。

我国沿海省市海水直接利用情况。据国家海洋局公报,2016 年我国年利用海水作为冷却水量达 1201 亿 t,其中,超过百亿吨的省份为广东、浙江和福建,分别为 386 亿 t、305.5 亿 t 和 178 亿 t。沿海城市中,青岛市的海水直接利用走在前列。青岛市直接利用海水的企业有 11 家,年海水利用量为 8.85 亿 m^3,日均 242 万 m^3。青岛电厂 1935 年建厂时即用海水做冷凝器降温、冲灰用,每小时最大用量达 5 万 m^3,日利用量达 70 万 m^3。水电部规定万度电耗水 200m^3,而青岛电厂仅耗淡水 6m^3。再如,青岛碱厂是用水大户之一,日需淡水 3800m^3,由于用海水替代淡水化盐、化灰等工艺,碱产量逐年上升,耗水不断下降。吨碱耗水由 1974 年的 13.08m^3 降至 1981 年的 1.65m^3,继而降到 1988 年的 0.9m^3,居全国同行业先进水平。天津塘沽区 1990 年建成一座日处理 1 万 m^3 海水净化厂,总投资 300 万元,当年即收回投资。青岛市设计了日供水 28 万 m^3 的海水净化厂,一期工程日处理海水能力 10 万 m^3,投资 3200 万元,1995 年底投产。

利用海水成本低廉,只有自来水成本的 5%～10%,具有明显的社会效益和经济效益。山东省已有电力、化工、橡胶、纺织、塑料、食品等行业使用海水,年利用量从 20 世纪 80 年代的 3.5 亿 m^3 增至 90 年代的 12 亿 m^3。其中仅青岛市年利用量即达 7.7 亿 m^3。

我国沿海城市直接利用海水已有 80 余年的历史,天津、大连、青岛等地均有一定的应用经验,但与发达国家相比差距甚大。究其原因,一是海水比用淡水要增加一次性投资;其次,没有组织开展系统的研究,不能提供完整的设计参数和规范,可以说始终停留在经验应用阶段。近年来,针对我国国情,经济上无能力广泛采用昂贵的特种金属解决海水防腐问题,把研究重点放在通过添加价格适中的特种海水缓蚀剂、阻垢剂、杀生剂,实现在普通碳钢系统中,浓缩倍数 1～3 的海水循环冷却,此项研究已取得实验室的突破性进展,并经动态试验获得成功。现正在筹备深入的药剂试验,海水专用冷却塔的研制和进行整体系统试验研究。

2. 海水冲厕

滨海城市利用海水代替淡水冲厕已有多年的历史。香港作为广泛采用这一措施的地区,已正式通过必须用海水冲厕的法律,违者必究,目前香港自来水价约 8 港元/t,而法律规定用海水冲厕不收费。香港地区卓有成效的工作,已为人类提供了成功的宝贵经验。据资料介绍,自 1958 年开始,香港各区设立海水供应系统,利用海水取代淡水冲厕。至今已设有 21 座沿岸海水抽水站,并通过海水供应网络,把海水直接输送至用户。海水供应网络已覆盖大约八成香港人口,每年节省 2.7 亿 m^3 淡水。

我国青岛市、大连市及天津塘沽,也已开始进行海水冲厕的试验。

12.2.2　海水淡化

海水淡化技术研究始于 20 世纪 20 年代,40 年代进入应用领域,60 年代大幅增长,并逐渐形成规模,70 年代中期全球海水淡化装置已可产淡水 200 万 m³,1980 年达 728 万 m³,80 年代末期达 1329 万 m³,到 2006 年世界上已有 120 多个国家和地区应用海水淡化技术,全球海水淡化日产量达 3775 万 t,其中 80% 用于饮用水。

海水淡化装置主要分布在三种类型的区域。一是沿海干旱地区,如中东的科威特、沙特阿拉伯、阿联酋等国;二是淡水供应困难的海岛,如美国的佛罗里达群岛、中国的西沙群岛;三是人口密集、工业集中、淡水紧缺的沿海城市,如美国的圣迭戈、中国的香港等。

现在广泛采用的海水淡化方法主要包括:蒸馏法、反渗透法、电渗析法和冰冻法等。

1. 海水蒸馏淡化法

该法是用于海水淡化较为成功可行的主要方法之一,几十年来一直保持优势。其优点,一是不受原水浓度的限制,适宜于用海水做原料;二是淡化水纯度高,含盐量通常小于 10^{-8},而其他方法一次脱盐难以达到这个指标;三是适用于大规模建厂,可达到百万吨级规模。存在的问题是:一是结垢严重,使传热系数降低,效率下降;二是对设备腐蚀较重,使其寿命缩短;三是排放的浓盐水影响近岸生态。总之,蒸馏法海水淡化原理简单,设备不复杂,制约因素主要是成本较高。由于采用的设备、流程及能源不同又可分为以下几种方法。

1) 多效蒸发法(ME)

多效蒸发是最古老的淡化方法之一,在多级闪蒸诞生以前一直是淡化市场的主导。多效蒸馏是由单效蒸发组成的系统。将前一蒸发器产生的二次蒸汽引入下一蒸发器作为加热蒸汽,并在下一有效蒸发器中冷凝成蒸馏水,这种蒸发和冷凝过程沿着一串蒸发器重复进行,每效(级)都产生相当数量的蒸馏水。多效蒸发的优点是热利用效率高、对水质要求低、产品水是完全的纯水,不含任何污染物,但缺点是设备结构较复杂、结垢和腐蚀等问题较突出。

2) 多级闪蒸法(MS)

多级闪蒸是 20 世纪 50 年代发展起来的海水淡化法,它是针对多效蒸发结垢较严重的缺点而发展起来的,具有设备简单可靠、防垢性能好、易于大型化,以及可利用低位热能和废热等优点。但缺点是动力消耗大。

多级闪蒸是海水淡化工业中最成熟的技术,运行安全性最高,适合于大型、超大型淡化装置,应用广泛,海湾国家的海水淡化基本上都采用多级闪蒸法。

3) 压汽蒸馏海水淡化(VC)

压汽蒸馏海水淡化工艺是海水蒸馏淡化系统中的后起之秀。到 1992 年底,全世界拥有该装置 766 套,总造水能力超 60.6 万 m³/d。

2. 海水反渗透淡化法(RO)

通常,液体会从浓度低的一面通过半透膜向浓度高的一面单向扩散,称为渗透;把海水放在半透膜的一侧,淡水放在另一侧,就会出现淡水向海水一侧渗透的现象;若是对海水一侧施加一个大于海水渗透压的外压,海水中的纯水便会反渗透到淡水中,从而使得海水淡化,这就是海水反渗透淡化法的原理。

反渗透淡化法没有水相的变化,故其突出优点是能耗低,而缺点是半透膜的品质要求及成本高。由于反渗透法无论海水、苦咸水,亦无论大型、中型、小型都能适应,故反渗透淡化法发展最快,除中东国家外,美洲、亚洲和欧洲,大中生产规模的装置都以反渗透为首选,也是我国目前的首选方法。反渗透淡化法的装机容量仅次于海水蒸馏而居第二位。

全球最牛的海水淡化技术公司——以色列 IDE 公司，全球最大最先进的反渗透海水淡化厂——以色列 Sorek 海水淡化厂，日产水量 62.4 万 t。全世界反渗透膜销售额年均上亿美元。

3. 海水电渗析淡化(FD)

电渗析脱盐，是含盐水在直流电场作用下，发生离子迁移，阴阳离子分别通过阴阳离子交换膜，达到脱去溶液盐分的目的。这种工艺从 20 世纪 50 年代在商业上得到应用，至 1992 年底，全球共有海水电渗析淡化站 773 座，装置 1165 套，总装机容量 90 万 m³。电渗析的优点是工艺简单，易于普及和实现自动化，缺点是耗能较高，其运行费用大体与反渗透法相当。装置的容量多为几立方米至几百立方米，属中小型。多用于舰船、海岛。

4. 冷冻法海水淡化

海水在结冰时，盐分被排除在冰晶以外，将冰晶洗涤、分离、融化后即可得到淡水。利用这一原理进行海水淡化的方法，即为冷冻法。该法利用降温的原理，从海水中析出冰晶，而后融化获得淡水。冷冻法海水淡化工艺，包括脱气、预冷、蒸发结晶、冰晶洗涤、蒸汽冷凝等步骤。

冷冻法不需要高温，也不会产生高温带来的腐蚀和结垢，从理论上讲优于蒸馏法。但是冷冻法同样有水相变化，从液态水结晶为固态冰，再由冰晶融化为液态水也要消耗许多能源，而且得到的淡水味道不佳(不能完全脱盐)，难以饮用。

目前在全球范围已形成以蒸馏法和反渗透法为主的海水淡化产业。1992 年国际脱盐协会(IOA)公布的截至 1991 年末的统计表明，全世界 100t/d 以上的脱盐装置总容量为 1623.6 万 t/d。其地区分布为：中东地区 54.9%、美国 14.6%、欧洲 9%、亚洲 7.9%。就脱盐水的原水来区分，原水为海水的 63.6%、原水为地下苦咸水的 24%、原水为其他类水 12.4%。就淡化水的用途区分，做生活饮用水的占 61.8%、做城市工业用水的占 24.9%、发电厂用水占 5.5%。就淡化工艺区分，在每日 1600 多万吨脱盐水中，使用蒸馏法的约占 59.7%、反渗透法占 32.9%、电渗析法占 5.5%。由于原水的不同，蒸馏法用于海水淡化的约占 88.4%、反渗透法用于海水淡化的约占 10.9%，后者主要还是用于地下苦咸水脱盐。但随着新型复合反渗透海水膜的研制成功，它在海水淡化方面的应用呈快速增长的势头。

截至 2015 年底，我国已建成海水淡化工程 121 个，海水淡化产能为 100.88 万 t/d。根据国家海洋局的数据，2012 年我国建成海水淡化工程 95 个，海水淡化产能为 77.44 万 t/d。从新建工程规模上来看，产能规模 91% 的增长来自于万吨以上级别的大型工程。

海水淡化应用地域以北方沿海城市为主，2015 年产能规模达 73.76 万 t/d，占产能的 73%；总体以工业用水为主，2015 年工业用水工程规模为 67.73 万 t/d，占工程规模的 67%。截至 2015 年底，全国海水淡化工程主要分布在水资源严重短缺的沿海城市和海岛。北方以大规模的工业用海水淡化工程为主，主要集中在天津、河北、山东等地的电力、钢铁等高耗水行业；南方以民用海岛海水淡化工程居多，主要分布在浙江、福建、海南等地，以百吨级和千吨级工程为主。其中，在海岛地区，海水淡化工程规模为 11.43 万 t/d，主要分布在浙江、山东、辽宁和海南。

全国海水淡化工程产水的终端用户主要分为两类：一类是工业用水，另一类是生活用水。截至 2015 年底，海水淡化水用于工业用水的工程规模为 67.73 万 t/d，占总工程规模的 67.14%。其中，火电企业为 31.04%，核电企业为 3.77%，化工企业为 10.91%，石化企业为 12.50%,钢铁企业为 8.92%。用于居民生活用水的工程规模为 33.13 万 t/d,占总工程规模的 32.84%。用于绿化等其他用水的工程规模为 240t/d,占 0.02%。

由于我国能源结构的特点,在已建成的海水淡化工程中,基本上都是采用反渗透(RO)和低温多效蒸馏(ME)技术。截至 2015 年底,全国应用反渗透技术的工程 106 个,产水规模 65.45 万 t/d,占全国总产水规模的 64.88%;应用低温多效技术的工程 13 个,产水规模 34.81 万 t/d,占全国总产水规模的 34.50%;应用多级闪蒸技术的工程 1 个,产水规模 6000t/d,占全国总产水规模的 0.60%;应用电渗析技术的工程 1 个,产水规模 200t/d,占全国总产水规模的 0.02%。

目前我国海水淡化制水成本在 7~8 元/t,与 4~5 元/t 的国际水平还有较大差异。海水淡化制水成本大致由投资成本、运行维护成本和能源消耗成本构成。2014 年,我国万吨级以上海水淡化工程平均产水成本 6.95 元/t,千吨级海水淡化工程平均产水成本 8.15 元/t。而目前国际比较成熟的海水淡化技术成本可达 4~5 元/t,最低为以色列 Sorek 海水淡化厂(淡水售价仅为 3.6 元/t,年生产年能力约 2.3 亿 t)。海水淡化的能耗成本高是束缚海水淡化应用发展的主要因素。目前我国万吨级反渗透法和低温多效法海水淡化制水成本中,能耗占了超过一半的比例。反渗透法中,电耗为 3~4kW·h/t,占了总成本的 53%;低温多效法中,电耗+蒸汽成本占了总成本的 56%。高昂的能耗成本成为海水淡化应用发展道路上的一大阻碍。

12.2.3 海水化学资源的提取

海水中淡水占 95%,各种盐类占 3.5%。在众多盐类中,包含有 82 种主要元素,其中量最大的是氯化钠(食盐),占总盐量的 80%,其他元素含量虽小,但因海水体积巨大,所以各种元素的总储量是相当可观的。例如,海洋中金的储量多达 500 万 t,镁 2100 万 t,镍 27 亿 t,铜和锡 41 亿 t,铀 50 亿 t,等等。

由于海水中所含各种化学元素大部分浓度极低,因而提取技术达到工业化程度十分困难。除了海水制盐、海水提溴、海水制取镁砂已投入工业化生产,其他大都停留在实验室阶段。目前,从海水中提取化学元素大体上有三种方法:一是从苦卤中提取;二是从海水中直接提取;三是通过海水淡化后的浓缩海水提取。

从海水中提取的化学资源,目前最多的是海水制盐。盐不仅是人类不可缺少的食用品,而且是化学工业的基本原料。生产酸、碱、氯以及化肥等基本化工产品都离不开盐,因此人们称盐为“化学工业之母”。常规采用的技术是日晒海水,现在逐渐被离子交换膜电渗析法等新的制盐技术代替。日本早在 20 世纪 50 年代就开始研究开发离子交换膜电渗析法制盐技术,到 1970 年达到实用化水平。采取这种方法制盐,产量可达 140 万 t/a,占日本盐年需要量的 17.5%。这种制盐新技术很快在韩国、科威特等地广泛使用。目前,这项技术仍在改进完善过程之中,如进一步改进设备、减少电渗析室和电流泄漏两种节能方法,提高电流效率和纯盐率;同时,还通过改进工艺技术,与制碱、有机合成、海水淡化等企业联产,提高其综合效益。离子交换膜电渗析法制盐技术,在 21 世纪将逐步替代传统的日晒海水制盐法。

世界大洋中溴的藏量十分丰富,约占地球上溴总藏量的 99%。溴的衍生物可以用来做阻燃剂、钻井液等。溴是一种重要的药品原料,例如红药水(汞溴红)、三溴片、青霉素、链霉素以及各种激素的生产都离不开溴,溴还是染料工业的添加剂。预计,海水提溴技术将得到较快的发展。自 1934 年人们用空气吹出法自海水卤水中提取溴获得成功以来,世界各国相继建立制溴厂,迄今世界溴素年产量已达 37 万 t 左右。美国大湖化学公司每年溴化物产值达 30 亿美元。

镁占海水中金属离子的第二位,仅次于钠。由于海水镁砂可用做冶金工业及其他高温型工业部门的耐火材料,并且因其组织均匀、密度大、纯度高,可提高炼钢炉的炉龄,因此,一些先进国家海水镁砂早已大规模工业化生产。例如,美国氧化镁年产量达 148 万 t,其中以海水卤水为资源的占 90%。日本镁盐产量在世界上次于美国,居第二位,年产能力为 80 万 t,其中 71.5 万 t 是以海水为原料生产的。

铀是原子能工业的燃料。陆地铀资源缺乏的国家,特别重视海水提铀技术的研究开发。然而由于技术上的困难和成本昂贵,各国的研究进展时起时落,进展不快,至今仍处在试验研究阶段。在这方面,日本的研究工作活跃、进展较快。据报道,日本原子能研究所研究出一种低成本、高效率的从海水中提取铀的新方法,它是利用油栅栏等使用的聚乙烯等树脂来实现的。这种方法是,让聚乙烯等树脂接触电子线,使之活化并黏上特殊物质,同时检测铀等所使用的试剂羟胺的反应,由高分子树脂表面产生的二分叉结构,进行有选择地提取海水中的铀。把该树脂在海水中浸泡 20 天后,每千克树脂可吸铀约 3g,这和每千克铀矿石的含铀量基本相同。目前,研究人员仍在进一步研究,一方面要降低树脂的制造成本,另一方面要提高树脂的利用次数,以便大幅度降低从海水中提取铀的成本。

我国是海水制盐大国,海盐产量居世界首位。1987 年海盐产量为 1300 万 t,1993 年增加到 2114 万 t,2010 年海盐产量为 3215 万 t(约占全球盐产量的 12%)。生产工艺不断更新,产量稳步上升。但从总体上讲,我国制盐业仍停留在以传统日晒海水制盐法的水平上,即以盐田为设备,以太阳能和风为动力生产日晒盐,工艺陈旧,资源利用率低。

我国海水提溴 20 世纪 60 年代即获得成功,并进入工业化生产。我国生产溴素的工艺方法,主要是空气吹出法。空气吹出法提溴是世界各国广泛采用的生产工艺,其产量约占 90%。目前,我国的溴素产量在 15 万 t/a 左右,居美国和以色列之后,排世界第三位。产区主要集中在渤海沿岸省份,其中,山东省的溴素产量约占全国产量的 90%。生产方法以地下卤水(或以海水制盐的中级卤水)为原料,采用空气吹出、二氧化硫吸收工艺制造。

海水提钾,世界上其他国家研究不多。我国因是陆地贫钾国家,20 世纪 60 年代以来一直坚持海水提钾和钾盐深加工的研究。70 年代开发了以天然无机交换剂为富集剂提钾工艺;80 年代发展了"半冠醚"型有机分子海水提钾工艺;"十一五"前后,我国科研人员又提出了天然沸石叠加吸附工艺,进行了百吨级中试和万吨级工业性试验,使中国海水提钾技术达到世界先进水平。

12.3 海洋能开发

海洋能是海洋中由大自然的作用所形成的可再生能源,以波浪能、海洋风能、海洋热能、海流能、潮汐能、海水盐度差能、生物能等形式表现出来。

海洋能中,除地球矿物能外,其余按表现形式可分三种:①机械能,包括波浪能、海洋风能、海流能、潮汐能、冰块移动能等;②热能,包括海水温差能、海水寒冷温差能等;③生物能,包括光合能等。

海洋能的特点是密度小、总量大,因此开发海洋能的难度也很大。目前较为成熟的海洋能开发技术是潮汐能发电、波浪能发电和风电。

12.3.1 潮汐能开发

开发潮汐能的基本途径是建立潮汐发电站,其原理同于水力发电。在潮汐发达、潮差大、地形条件好的海湾或河口构筑大坝,使之与海洋隔开,筑成水库,利用涨落潮在水库内外形成一定的水位差——水头,它冲击安装在大坝内的水轮机旋转并带动发电机发电。

1. 原理

位能

$$E_p = mgH$$

式中,m 为水的质量;g 为重力加速度;H 为落差。

做功

$$W_p = \rho gHvA$$

式中,ρ 为水的密度;v 为流速;A 为水流横截面积。

实际上,潮汐发电时,储水库的水位和海洋的水位都是变化的,海水由储水库放出,水位下降;同时,海洋水位也因潮汐的作用而变化。如图 12-1 所示的发电系统,其落差随时间变化为

$$H(t) = y(t) - b(t)$$

从储水库中流出的流量 $Q(t)$ 和水位的函数关系,一般用下式表示:

$$Q(t) = Q[y(t) - b(t)]$$

储水库的截面积 A 也随时间而变化,流量 Q 的流量平衡式为

$$Q(t) = -A(y)\frac{\mathrm{d}y}{\mathrm{d}t}$$

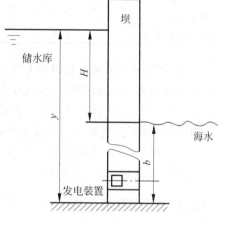

图 12-1 潮汐发电系统

所以从 $t_1 \sim t_2$ 时间内做的功 W 为

$$W = \int_{t_1}^{t_2} H(t)Q(t)\mathrm{d}t$$

式中,$Q(t)$ 和 $H(t)$ 的特性由形状和结构而定,若知道 $Q(t)$ 和 $H(t)$ 的特性,则可求出发电量。

2. 电站形式

潮水流动的特点是随着潮水的涨落而周期性地变换方向,因此,潮汐发电站有多种形式。

1) 单库单向型

筑一大坝,构成一个水库,涨潮时,开闸向水库充水,平潮时关闸。待落潮后,使库内外有一定水位差,启动水轮发电机组发电。这种方式设备结构简单,投资少;缺点是间歇发电,一天中,65%以上的时间处于停机状态。

2) 单库双向型

有两种方案:①采用单向翼片水轮机-发电机组,有两条向水轮机引水的管道,用两套单向阀控制,在涨潮与落潮时,海水分别从各自的引水管道进入轮机,使其向同一方向旋转。

②采用双向水轮机-发电机组,该机组能适应涨潮和落潮时水流方向的变化,在正、反转时都能正常运转发电。在平潮时,水位差为零,水轮机停止运转。

3) 双库型

构筑两个储水库,一个高位,一个低位,水轮机-发电机组安装在两库间的大坝内。涨潮时,向高位储水库充水;落潮时由低位储水库适当排水,利用两储水库间的水位差使水轮发电机组连续运转发电。

目前世界上只有 4 座大型潮汐电站投入运营(见表12-3)。计划兴建的大型潮汐电站有 20 多座(不包括中国)。其中计划建两座以上的国家有俄罗斯(4 座)、英国(3 座)、加拿大(3 座)、美国(2 座)、韩国(2 座)和印度(2 座),预计到 2020 年,世界潮汐电站发电总量将达 120 亿～600 亿 kW·h。

表 12-3　世界上正在运营的大型潮汐电站

地　　址	平均潮差 /m	库区面积 /km²	装机容量 /MW	发电量/ (GW·h/年)	投运时间
朗斯(法国)	8.5	17	240	540	1966 年
Kislaya(苏联)	2.4	2	0.4	—	1968 年
江厦(中国)	5.1	2	3.0	11	1980 年
安纳波利斯(加拿大)	6.4	6	17.8	30	1984 年

法国的朗斯潮汐发电站是世界上第一座现代化大型商业用潮汐发电站,位于大西洋的河口处,最大潮差为 13.5m,平均为 8.5m,大坝长 750m、高 15m,水库有效容量为 1.84 亿 m³,装有 24 台 1 万 kW 的灯泡形双向灌流式机组,属单库双向型。

我国第一座潮汐电站——江厦电站位于浙江省南部江厦港,这里最大潮差 8.39m,平均 5.08m,大坝高 15.5m,水库容量 490 万 m³,安装有 6 台 500kW 的灯泡形双向灌流式水轮发电机组,年发电量 1070 万 kW·h。

12.3.2　波浪能开发

自古以来,海浪一直是人类海上活动的障碍,它蕴藏着巨大的能量,即波浪能。随着科学技术的发展,人类已有能力对它加以开发利用。

波浪能的大小可以用波浪力来表示。一般用每米波前(即波浪正面宽度 1m)的功率来表示波浪力的大小,通常也称为波浪的能级。波浪力的大小,主要取决于波高和波浪周期,它和波高的平方、波浪周期的一次方成正比。一般海上的波高为 2～4m,波浪周期为 9～10s,波浪能的能级约为 20～80kW。

波浪能来源于太阳能,是可由太阳能不断补充的一种可再生能源。整个海洋的波浪能储量约几十亿至几百亿千瓦,我国沿海可开发的波浪能储量至少在 5 亿千瓦以上。

开发波浪能的基本途径是将波浪能转换为电能,再加以利用。波力发电装置按建设地点可分为海岸式和海洋式两类。

1. 海岸式波浪力发电装置

在海岸岩石上,开凿出一个与大海相通的竖井。当海浪起伏时,竖井内的水位随之上下升降,气流使空气涡轮机旋转,带动发电机发电。其基本原理如图 12-2 所示,可作为沿海岛屿的电力供应。

2. 海洋式波浪力发电装置

1）浮体式波浪力发电装置

该装置的基本结构是在一个浮体的中心固定一根长管,垂向放在海中。当波浪起伏时,浮体与长管一起升降运动,而管内的水位则保持不变,从而造成管内上部空间空气的吸入与排出,形成高速气流以驱动空气涡轮机,带动发电机而发电。图 12-3 为该装置工作原理图。

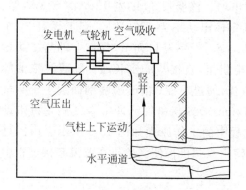

图 12-2　海岸式波浪力发电装置

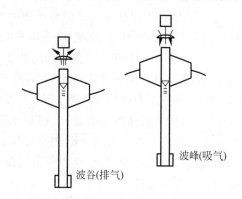

图 12-3　中央管道式波浪力发电装置

该装置的发电部分为一种"四阀瓣"发电系统,安装在浮体上部形成一个整体,系统的通气台架固定在长管上并与之相通,其结构示于图 12-4。这种装置的发电量一般为几百瓦以下,结构简单,运行稳定,多作为港湾标灯、灯塔及海洋测量地震仪器的电源。

2）索尔特点头鸭波能转换装置

这是 1974 年由 S. H. 索尔特提出的,其装置如图 12-5 所示。因其外形像鸭子,故称为点头鸭波能转换装置。其基本原理是:在波浪冲击鸭体时表层水给予鸭体的冲击力大,深层水给予鸭体的冲击力小,这就使鸭体抬头。当波峰过后,波浪冲击力减弱,使鸭体低头。鸭肚形状设计的考虑:由波浪产生的水粒子运动造成的动压力有效地迫使鸭体绕通过 O 点的轴线回转,除动压力外,流体静压力的改变使接近鸭嘴的浮动前体上升和下沉,也致使回转。由于这两种压力所产生的运动是同相位的,点头鸭把波浪的动能和位能二者转换为回转机械能,然后由液力-电力系统把回转运动转换为电能。

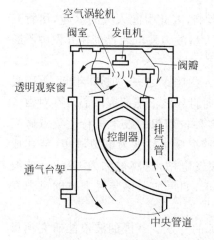

图 12-4　四阀瓣发电系统

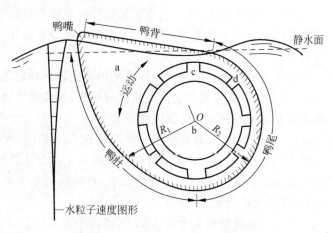

图 12-5　索尔特点头鸭波能转换装置

图 12-5 中 a 部是它的摇摆体,d 是装在内部的棘爪,随着 a 的运动,中空圆筒在中心作周向运动。b 的外侧装有棘爪 c,使 d 和 c 产生液压泵式的动作,它只与单向流泵连接。

该装置结构简单,效率高,当直径为波长的 1/5 时,可得到的最大效率为 90%;另外安全性好,将装置连成一行,既可使电力输出稳定,又可进行大规模发电。

3) 海洋波浪力发电船

1978 年日本建造了一艘试验用的海洋波力发电船。该船长 80m,宽 12m,深 5.3m,艏、舯、艉部安装有三台空气涡轮机-发电机组(每台额定输出功率为 125kW)。船上设有 22 个无底的空气室,每个空气室长 7.5m,宽 1.2m,高 0.5m。气室开口朝下,气室上部与二阀瓣式发电系统相接,使用空气涡轮机-励磁式交流发电机组,直接与海水相通。随着波浪的起伏使室内空气受到挤压或膨胀,产生一股压缩空气流,通过喷嘴;由于喷嘴剖面远小于空气室的剖面,使气流速度大大提高(可以从 1m/s→100m/s)。高速气流冲击空气涡轮机带动发电机而发电。每一空气室随波浪起伏而升降过程中的工作原理如图 12-6 所示。由图可见,在波浪起伏运动时会引起空气流向改变,因此使用双阀机构使涡轮机在波浪起伏过程中都向同一方向旋转。

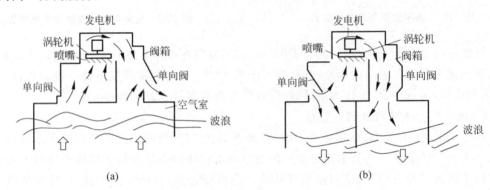

图 12-6 涡轮机气流示意图

(a) 波浪上升过程;(b) 波浪下降过程

在海况恶劣时,船上发电机的单机最大输出功率平均为 100~150kW。波力发电船可以串联阵列,以加大输出功率。

与潮汐电站相比,波力发电对生态环境更没有负面影响,因此引起人类的兴趣,尽管其开发难度要大些。目前,小型波浪发电装置已经商品化,大型波力发电装置也在开发中不断完善。

英国是世界上开展波浪能开发利用研究较早和较深入的国家之一。1980 年间,英国投资了 1700 多万英镑用于波浪能装置的研究,使其成为当时世界波浪能研究中心。在对数十种波能发电原理的探讨性研究的基础上,研究人员对十多种较理想的技术进行了重点研究和探讨,并于 1985 年在苏格兰艾莱岛建造了一座 75kW 的振荡水柱波力电站,1991 年建成后并入当地电网。1995 年英国建造了第一座商业性波浪发电站,这座被称为 Osprey 的波能电站输出功率为 2MW,可满足 2000 户家庭的用电要求,如再加上该装置上方的风力发电机,用户可扩大到 3500 户。

日本的海洋能研究十分活跃,其特点是着重波浪技术的开发。开展的波浪能研究项目有：海明号波力发电船、60kW 防波堤式电站、摆式波能装置、40kW 岸式电站、"巨鲸"漂浮式波力发电装置、气压罐式波力发电装置、导航用波力发电装置等,其中"海明号"是世界最著名的波力发电船,该船第一期试验年发电量超过 19 万 kW·h,发电成本低达 47 日元/(kW·h)。

20 世纪 80 年代末,挪威引进日本和美国的波力发电技术,建成世界上装机容量最大的500kW 振荡水柱波能发电站,其发电成本仅为 4～5 美分/(kW·h)。

1982 年,我国研制成功航标灯用波力发电装置,经不断改进,现已批量生产,这一技术已经成熟。1990 年,我国在珠江口建起中国第一座岸式波力电站,设计装机容量为 8kW。1996 年研制成功 20kW 岸式波力电站;2001 年又建成广东汕尾 100kW 岸式波力电站。

此外,1999 年,我国还在舟山市岱山县的龟山海道建成了世界上第一座摆线式水轮机潮流发电站,装机容量 70kW。2013 年,100kW 鸭式波浪能发电装置在珠海市大万山岛海域成功发电。

12.4 海洋矿物资源开发

海洋矿物资源,主要指海底锰结核矿和热液矿,它们是人类最有希望大量开发的海洋矿产。近几十年来,随着科技与工业的迅猛发展和人口的过快增长,矿产资源的供求矛盾日益突出。据有关专家预测,按照目前的资源消耗速度,全世界的陆地资源储量大约可用 500年;如果每年消耗量以 2.5% 的速度递增,则恐怕连百年都用不到。因此,海底矿产成为人类关注的热点。

1. 海底热液矿

海底热液矿主要指硫化矿和钴壳矿,分布在东太平洋海底山脊裂谷处、火山岛弧地带。它是从海底裂谷冒出的白色热流,遇海水后其中的矿物质先后析出,形成黑色及其他颜色的金属小丘。硫化矿的主要成分是铜、金、铝、银和锌等;钴壳矿主要含钴、铜、锰、镍和铂等元素。矿床水深在 1200～3500m。

海底热液矿极具开发价值,美国、日本、法国、加拿大等国投巨资进行了调查和研究。由于热液矿床的开发需要高技术、现代化开采设备,目前还难以进入规模开采阶段。

2. 深海锰结核及其采集方法

锰结核分布于水深 4000～6000m 的大洋盆底表层或深 1m 的海泥内。结核的形状各异,多为球粒状及各种连生体;其大小不一,直径为 5～250mm,大多数为 30～70mm。锰结核含有镍、铜、钴、锰等 76 种元素。世界大洋锰结核总量可达 $3×10^4$ 亿 t,仅在太平洋就有$1.7×10^4$ 亿 t。如将太平洋的锰结核矿全部开采出来,按当前年消耗量计算,锰的产量可供人类使用 1 万～8 万年、镍 2.5 万年、钴 34 万年、铜 900 多年;此外,大洋锰结核每年还可增长 100 余万 t,可见锰结核的开采价值之高。

人们曾提出过许多不同采掘深海锰结核的方法,实验证明拖斗式采矿船、流体提升式采矿船、连续戽斗链系统三种方法比较适合深海锰结核的开采。

(1) 连续戽斗链系统(简称 CLB 法)。这种采矿系统的基本原理是:采矿船通过绞车滑轮,使固定在长 15000m 尼龙绳链上的戽斗在海底循环翻转,戽斗出水后将采集的矿石卸到船上,如图 12-7 所示。戽斗固定在高强度的聚丙二醇脂绳上,每隔 20～25m 安装一个,每个戽斗可采到 1.5～2t 矿石。该采矿法是日本科学家发明的,日产量可达数百吨。该采矿技术系统操纵简单,制造成本低,对海浪及海底地形有良好的适应性。但是,这种系统由于戽斗易空载运转,采矿效率较低,海底残留矿石也较多;同时,聚丙二醇酯绳链受强度和张力的限制,不可能做到长期连续采矿作业。因此,只有少数国家在继续研究实验。

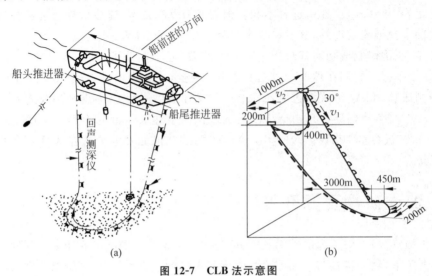

(a)　　　　　　　　　　　(b)

图 12-7　CLB 法示意图

(a) 单船作业的 CLB 法;(b) 双船作业的 CLB 法

(2) 液压(气压)提升采矿系统。这种采矿系统由集矿装置、提矿软管、输矿管、高压泵等部分构成,见图 12-8。

由于锰结核矿层很薄,并伴生有硅质软泥和红黏土,且黏性很强,在提矿管道的下端必须有集矿装置,将薄层锰结核聚集起来,便于提矿管道吸取。水下集矿装置的种类很多,日本公害资源研究所研制的水力-机械联合型集矿机如图 12-9 所示。集矿机在海底作业时,一边向前移行,一边由刮刀捞起锰结核。捞起的结核及其夹带的细粒洋底沉积物被喷嘴 8 产生的水射流吸取,并送入导管 10 中,流向富集室 16。当到达大孔格筛 17 时,粒径大于筛孔的结核被格筛挡在富集室 16 外,并沉落海底;粒径小于筛孔的结核及夹带的沉积物一起通过大孔格筛 17,而进入富集室 16。颗粒大的锰结核则往富集室底部沉落,并受到来自喷嘴 12 的上升水流冲洗,使锰结核进一步富集。细粒洋底沉积物则被来自喷嘴 12 的上升水流

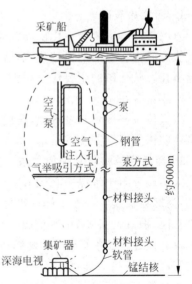

图 12-8　液压(气压)提升系统

一起带出小孔格筛 14 之外,排弃于海中。富集后的锰结核被喷嘴 12 产生的射流送入开路螺旋输送机 13 中,送往提矿管道,最后由输矿系统提运至采矿船上。

从深海将锰结核矿提升至采矿船的提升方式有气力提升和水力提升两种。气力提升方法由装在船上的高压气泵产生的高压空气通过输气管道从输矿管的深、中、浅三个部分导

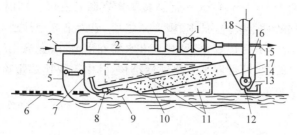

图 12-9　水力-机械集矿机

1—水泵；2—马达；3—吸口；4—挠性铰链；5—外机壳；6—锰结核；7—内机壳；
8—集矿喷嘴；9—刮刀；10—导管；11—浮体；12—富集喷嘴；13—螺旋输送机；
14—小孔格筛；15—供水管；16—富集室(集矿室)；17—大孔格筛；18—排矿管

入，通过混合头使空气、海水、矿石充分混合成三相混合流，当三相流的比重减小到小于海水比重时，便可将矿石输送到水面。该方法要求直径为 30cm 的输矿钢管保持垂直，为此，输矿管设有特殊的平衡环，使导管的倾斜度保持在 ±1° 内，并要求船体的倾斜度保持在 12° 内。其提升效率为 30%～50%。这种采矿系统于 1970 年试验成功，在 5000m 水深，能达到日产 300t 锰结核的能力。气力提升有时会因高压气在管里膨胀，使管内混合物堵塞管道，能源效率只有 15%～20%，因此转向水力提升法。

水力提升方式是在管道中适当位置(约 1000m)装备有特殊型号的多级潜水泵，使夹带矿石的海水提升至采矿船。与气力提升法相比，这种方法的提升效率高得多。

(3) 海底自动采矿系统。该系统采用遥控潜水器，可在海底自行采矿，自行上浮，并可将采集的矿石卸到海上的半潜式采矿平台上。为此，也有人称之为水下机器人采矿系统。美国、法国、芬兰等国都已推出这种海底自动采矿技术的机器。法国原子研究所研制出的 PKAZ-6000 深海多金属矿采集系统能自动下潜到 6000m 水深的洋底，自动寻找矿石，并高速运动采集矿石，然后按照自动控制程序返回海面。

美国在深海锰结核勘探、试采加工处理等技术方面均处于领先地位。早在 1958 年的国际地球物理年会期间，斯库里普斯海洋研究所就对大洋锰结核进行过调查。1962 年以来，美国深海探险公司、肯尼科特铜公司、大洋资源公司和萨玛公司都进行了锰结核的调查与勘探。20 世纪 70 年代初，美国开始实施“国际洋底铁锰沉积矿产研究计划”，对各大洋进行了调查，特别是太平洋锰结核富集带。1978 年，美国拉蒙特-多尔蒂地质研究所综合了大量的调查资料，出版了“海底沉积物及锰结核分布图”。目前，美国对世界大洋海域锰结核的普查工作已经结束，现已进行到详查和试开采阶段。

现在，全世界已经建立起 8 个跨国财团，约有 100 多家公司，直接或间接从事锰结核调查勘探与试采工作。

我国对大洋锰结核的调查研究开始较晚，正式调查始于 1983 年。调查海区在北纬 7°～13°、东经 167°～178° 的太平洋区域，面积约 80 万 km²，在 18 个站位上共获得 300.7kg 锰结核矿。1983 年后，我国又多次派遣“向阳红 16”号、“向阳红 14”号、“海洋 4”号等海洋调查船进行了锰结核矿的调查。1986 年，调查区域从中太平洋扩大到东太平洋，采用了国际上先进的声波探测技术和海底照相技术，调查研究的水平有了很大的提高，并圈出了数万平方千米的富矿区。1991 年，“联合国海底管理局”正式批准“中国大洋矿产资源研究开发协会”的申请,从而使中国得到 15 万 km² 的大洋锰结核矿产资源开发区。同时,依据 1982 年《联合国海洋法公约》,中国继印度、法国、日本、俄罗斯之后,成为第 5 个注册登记的大洋锰结核采矿"先驱投资者"。2013 年 7 月,"蛟龙"号载人潜水器在南海"蛟龙海山"区下潜,并在海底发现大面积铁锰结核。"蛟龙"号带回了 8 块铁锰结核,其中 5 块比鸡蛋略大,另外 3 块则比成人拳头还大,表层都呈黑色。

复习思考题

1. 海洋生物资源开发主要分为哪三类? 简述我国海洋渔业、海水养殖业及海洋制药业的发展概况。

2. 海水直接利用主要指用于哪些方面? 其技术难点有哪些?

3. 海水淡化适于哪些地区? 淡化方法有哪些? 简述我国海水淡化研制的现状。

4. 海水化学资源的提取目前主要限于哪些方面? 提取途径主要有哪三种? 简述目前世界上海水提铀技术的新动向。

5. 海洋能源有哪些? 目前较成熟的海洋能开发技术有哪三种?

6. 简述潮汐发电站的原理及电站形式。

7. 波浪能的大小如何表示? 波浪力发电装置分为哪两大类? 我国的波力发电装置研制状况如何?

8. 海洋矿物资源主要分哪两大类? 其主要成分与分布水深如何? 目前深海锰结核的开采有哪两种方法?

第13章

海洋工程的特种工程船

为各类海洋工程作业服务的特种工程船,类型繁多,设备复杂,专业性强,技术新颖,各具特色。计有海洋调查船、海洋地质勘探船、钻探船、铺管船、起重船、潜水器母船、布缆船、三用拖船及守护船等。现概要分述如下。

13.1　海洋调查船

海洋调查船,又称海洋科学考察船。专供进行海洋物理、化学、地质、地貌、气象、水文、水声、考古和生物调查研究,及对电离层探测,对人造卫星进行跟踪遥测等。海洋调查船按其任务分为综合调查船、专业调查船和特种海洋调查船。综合调查船可系统观测和采集海洋水文、气象、物理、化学、生物和地质的基本资料和样品,并进行数据整理分析、样品鉴定和初步综合研究,排水量大(万吨级)、性能好、仪器设备先进齐全,多为远洋调查船。专业调查船船体较小(千吨级)、任务单一,常见的有海道与海图测绘的测量船、为海洋开发服务的水文调查船、地质调查船、气象观测船、海洋地球物理勘探船、海洋渔业调查船等。特种海洋调查船有:航天用远洋测量船,接收卫星或宇宙飞船等太空装置发来的信号并可向其发布指令;极地考察船,船体特别坚固,具有破冰行驶能力和防寒性能;以及开采锰结核的深海钻探采矿船等。

海洋调查船应有优良的适航性能,在恶劣气候条件下安全航行,能在风浪中进行海上定点、定线的调查观测与在水中和海底取样。它对船体强度与设备的可靠性要求也比普通船高。船上设有调查研究所需的专用仪器设备,可设物理、化学、水文、水声、光学、波浪、生物等不同用途的试验舱室。普遍配载直升机、深潜器,可对海洋上空、海面、水下和海底进行立体调查。大多采用可调螺距双螺旋桨,能低速航行与操纵,主机有防噪声与防振措施;为了提高操纵性,大多在船首与船尾安装有侧向推进器;远洋调查船要求自持力高,可达1~3个月,续航力大,要求0.5万~2.5万n mile;航速一般为10~15kn。

我国1979年建造的海洋科学考察船"向阳红10"号(图13-1(a)),总长156.2m,型宽20.6m,型深11.5m,吃水7.75m,满载排水量13000t;主机功率2×9000hp,航速20kn,续航力 18000n mile,自持力 120 天,抗风力 12 级,定员 305 人。船上有气象火箭发射系统、氢气体探空系统、测风与测雨雷达、卫星云图接收、气象传真、高空气象观察、填图与报务等设备,可进行中短期天气预报;船上设有大功率发讯机通信系统,可进行全天候大容量远距离通信;配有卫星导航定位系统,能精确定位与安全航行;尾部设有直升机停机坪和机库。船上设置各种学科的实验室和电子计算机室 40 余间,安装有各型仪器设备近 9000 台,可进行各种海洋科学考察与调查,并完成数据的现场分析与整理。船上设有全空调系统,在外界气温为 $-18\sim35\,\mathrm{^\circ C}$ 的情况下,室内保持 $20\sim27\,\mathrm{^\circ C}$,适应海洋气候的炎热与严寒,确保在全球范围内完成海洋调查任务。

"向阳红 10"号曾参加中国首次发射运载火箭、同步通信卫星等重大科研试验任务;1984 年 11 月开赴南极洲执行科学考察任务,克服了当地的恶劣海况建立起中国南极长城站;1999 年,"向阳红 10"号由江阴澄西船厂进行改装,更名为"远望 4"号航天测量船,执行中国卫星发射海上测控任务。2006 年"向阳红 10"号被评为"中国十大名船"之一。

新"向阳红 10"号(图 13-1(b)),于 2012 年 6 月开工建造,2013 年 8 月在浙江温州下水,2014 年 3 月入列国家海洋调查船队。船体总长 93.0m,宽 17.4m,型深 8.8m,总吨位 4502t,续航能力 12000n mile,船上定员 65 人(船员 24 人、科学家 41 人)。船舶采用先进的电力推进系统,配置两台全回转舵桨和两台可调螺距艏侧推,具有 DP-1 动力定位功能。

(a)   (b)

图 13-1 "向阳红 10"号海洋调查船

13.2 海洋地质勘探船

海洋地质勘探船又称海洋石油勘探船。该船利用地震勘探法,对近海海床的石油蕴藏情况作快速勘探。其工作原理是在船上通过人工激发出地震波(弹性波)引起海水质点运动,传到海底岩层深处,在不同岩层的分界面上产生不同的反射与折射波,并由船上的检波器、地貌仪等仪器予以收录、放大、自动摄取数据后,绘成地层剖面图,据之可分析获得海底岩层的地质结构与油、气的分布。海洋勘探船采用这种物理勘探法进行探测,速度快、面积广,在海洋石油勘探中广为应用。

地质勘探船产生人工地震波的常用方法有:电火花震源和枪震源,其中枪震源又包括气枪、水枪和枪阵等类型。也有采用高压气流与高压放电等震源,这些方法具有快速、高效、安全、经济等优点。在进行作业时,要使船舶定位精确,按预定航线以等速航行。船尾拖一根长 2000～3000m 的电缆,电缆的沉深保持在 7m 左右,电缆上每隔一定间距放置一只检波器。该船要求具有较好的直线稳定性与耐波性,并能低速航行。船上的主机多为双柴油机,配以可调螺距的双螺旋桨;首部设有侧向推力器与减摇水舱,航速为 10～15kn。船上设有计算机、数据自动处理系统、卫星导航系统等。地震勘探法适用于地质条件简单、岩层起伏不大的地层。

2017 年 11 月,由我国自主设计、建造,集海洋地质、地球物理、水文环境等多功能调查手段为一体的综合地质调查船"海洋地质十"号成功交付,见图 13-2。该船总长 75.8m,宽 15.4m,深 7.6m,结构吃水 5.2m,排水量约 3400t,续航力 8000n mile,定员 58 人;该船采用电力推进全回转舵桨、综合导航与 DP-2 动力定位等先进系统,可实现全球无限航区海洋地质调查。该船还配置有无人无缆深潜器(AUV)、海洋重力和磁力测量系统、大能量电火花震源系统、浅地层

图 13-2　综合地质调查船"海洋地质十"号

剖面测量系统、深水多普勒海流测流测像系统(ADCP)和数字罗经系统等国际主流、前端调查设备 20 台套,具有高精度、多功能、综合作业能力强等特点。该船由中船重工 701 所设计、广东中远船务建造。

"海洋地质十"号投入使用后,中国地质调查局将形成"九船探海"新格局,构成覆盖浅水、深水及大洋等全海域海洋地质调查船舶及技术装备探测体系,尤其是提升了我国重点海域天然气水合物勘探能力,助力我国海域天然气水合物产业化进程。

13.3　钻探船

地质勘探船能够提供海底地质构造及油气的可能分布,而要确定是否有开采价值,还得通过钻井勘探。钻探船是专门从事水底地质结构钻探的船舶,船上主要设有井架、钻机等装置(图 13-3)。钻探船分地质取芯船与海洋石油钻井船两种。

图 13-3　"大连开拓者"号钻井船

地质取芯船,是专门用来钻取海底岩芯、土样以及进行地质调查的船舶。船的外形与海洋钻探船相似,排水量为 2000～6000t,在艏部甲板上设有钻塔、钻机及钻井装置,钻深为

100～300m。由艏、艉各设两个锚进行定位,船上设有精密导航、定位系统;在甲板室里设有海底物理调查设备、海底调查勘探设备、抛锚定位恒张力装置、海底矿物、水、泥的采集装置、各种试验室及钻探机械贮藏舱等。地质取芯船适用于对大陆架的资源开发、海底地质调查、钻探取芯、海底地壳结构调查、海底物理调查、地芯泥质及锰结核的开采等。

"大连开拓者"号钻井船,是2015年中国建造的世界最大深水钻井船(图13-3)。该船工作水深3050m,钻井深度12000m,船舶总长291.25m,垂线间长275m,型宽50m,型深27m,最大高度132m,设计吃水19.5m,设计排水量为240750t。甲板总载荷大于40000t,可变甲板载荷大于25000t,设计航速约12kn。该船是一艘具有DP-3动力定位、全自动化的钻井船,由大连中远船务承接建造,其建造合同总额为5.6亿美元。

13.4 铺管船

铺管船是专供铺设海底管线的船。船型有驳船、普通单体和半潜双体等形式。铺管船上有宽广的甲板作业区,设有钢管储存舱、钢管装配线,包括焊接、检查、涂装、拖管等设备。一般船尾做成倾斜滑道,附设托管架,可改善管子下水时的受力状况。船尾设有旋转式起重机,供吊钢管和协助铺管用。有些船上设有大型起重机,供吊装海洋钻井平台与水上大型设备。卷车式铺管船如图13-4所示。该船型的艏部设有大型钢管卷车,直径约20余米,宽约6m,能绕一根直径为100～400mm、长度6～50n mile的钢管。当卷车上的钢管与待接的钢管焊妥后,该船按钢管路线以2kn航速航行,把钢管铺于海底,铺管的深度可达600m左右。如船上设有几台卷车,则能同时铺设几条管线。这种铺管设备简单,操作方便,铺管速度也快。此外,还有一种垂直铺管船。在艏部设有塔架,管子由塔架上的吊钩沿着井口垂直入水,该船适于在深水海域进行铺管。铺管船必须能低速航行,船上还配备卫星导航系统、动力定位系统等设备。

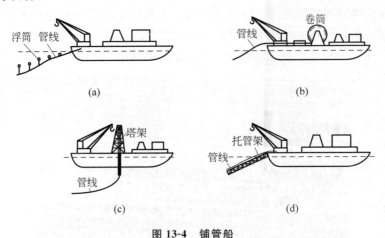

图 13-4 铺管船

(a) 漂浮式铺管船;(b) 卷筒式铺管船;(c) 垂直式铺管船;(d) 托管架式铺管船

世界首艘同时具备3000m深水铺管、4000t起重能力的铺管起重船"海洋石油201"号,由江苏熔盛重工2011年5月建成(图11-23)。

13.5　起重船

起重船是用于水上起重作业的工程船，又称浮吊。多为非自航式，也有自航式；船上起重设备有固定式和回转式。当起重船的吊钩伸出舷外吊大件时，船体就会产生倾斜，而过大的倾斜是不容许的。起重船是通过压载水舱来调节纵倾、横倾，使船体处于正浮状态。起重船的大小以其起重量衡量。

2008 年 7 月，世界最大的 7500t 全旋转起重船"蓝鲸"号在上海完工交船，该船由中国海油投资、上海振华港机建造。"蓝鲸"号顶点最高 130m，相当于 40 多层楼高，起重高度大；船舶总长 239m，宽 50m，型深 20.4m，相当于一个足球场的面积，有 64110 总吨；"蓝鲸"号拥有 7500t 固定吊装及 4000t 全回转吊装能力，单吊起重能力居世界第一，其固定起重能力 7500t，超过了法国埃菲尔铁塔 7000 余吨的重量；国际上超大型浮吊一般不能全回转，起重机要转向，整个船必须掉头，有了全回转，可大大提高作业效率；同时它的起重臂可以放倒，起落灵活，既可以将吊具落入水下 150m，又可以将重物提升到水上 125m；船端设有直升机停机坪，自航速度达到 11kn；该船广泛用于海洋平台大型模块的起吊与安装、大跨距桥梁预制件吊装、海上救助打捞、海底铺管等多种用途，是起重船中的"高大上"精品，如图 13-5 所示。

继"蓝鲸"号之后，2016 年 5 月 13 日"振华 30"号起重船（图 13-6）在振华重工上海长兴岛基地交付。该船船长 297.55m，船宽 58m，排水量约 26 万 t；以单臂 12000t 和 7000t/360° 全回转的起吊能力位居世界第一。该船还安装了 12 个推进器，满足 DP-2 动力定位功能。2017 年 5 月 2 日，"振华 30"号起重船从"振驳 28"号驳船上吊起重约 6000t 的海底隧道最后接头，沉放进位于海底的 E29 和 E30 沉管之间，精准完成港珠澳大桥的最后合龙。

图 13-5　7500t 全回转起重船"蓝鲸"号

图 13-6　"振华 30"号起重船作业中

在海洋工程中，与大型起重船配套使用较多的是半潜式运输船，简称半潜船。这类船舶露天载货甲板面积大，船舷两边不设舷墙，首部上层建筑高。半潜船通过灌注压载水，把装货甲板潜入水中，以便将所要承运的特定货物——石油钻井平台、海洋建筑物模块、大型潜艇、预制桥梁构件等超长超重、又无法分割吊运的超大型物件拖入半潜船的装货甲板上，再排出压载水使船身连同甲板货一起浮出水面，将货物绑扎固定，运到指定位置。

中国是继荷兰之后第二个建造自航式半潜运输船的国家。1999 年 12 月，中远航运向广船国际订造了"泰安口"号 18000t 级半潜船。"泰安口"号是中国大陆建造的第一艘大型自航式半潜运输船,该船总长 156m,型宽 32.26m,型深 10m,吃水 7.50m,航速 14kn,续航力 13000n mile;拥有 32m×126m 的载货甲板,总面积 4065m²,相当于一个足球场大小,总载重量 17550t,甲板负荷 18t/m²;全船共有 43 个压载水舱和 2 个浮箱,借助 4 台大排量空气压缩机,每小时可快速压排水 4500m³,压入及排出压载时间少于 4h,可使载货甲板垂直下潜至水下 9m。该船由荷兰 Vuyk Engineering Centre 公司完成基本设计,由上海船舶研究设计院完成详细设计。2001 年 9 月 18 日船舶下水,2002 年 12 月 18 日交付首航,造价 2.75 亿元,挂中国旗,入级挪威船级社(DNV)。图 13-7 所示为"泰安口"号半潜船运载张力腿平台部件。

2007 年,中远船运再次向广船国际订购 2 艘 5 万 t 级半潜船"祥云口"和"祥瑞口"号,见图 13-8。该型船 50000 载重吨,总长 216.7m,装货甲板 178m,型宽 43m,总面积超过了 1 个标准的足球场,可承运世界上 90% 以上(单件货物重量 48000t 以内)的各种石油钻井平台及大型海洋工程产品,是目前世界上能够承运单件货物重量最大、设备最先进的船舶之一。首制船"祥云口"轮 2011 年 1 月 20 日投入营运,并首航圆满完成了在新加坡装载两艘长 118.8m、宽 30.40m、共重 31000 多吨的大型海洋工程驳船送往非洲的任务。

图 13-7　18000t 级半潜船"泰安口"号

图 13-8　5 万 t 级半潜船"祥瑞口"号

13.6　潜水器工作母船与深潜器

潜水器工作母船(图 13-9)是专供存放、运载潜水器并能支持其海底作业的船舶。船上设有:潜水器的存放、收放、冲洗、检修等设备与舱室;饱和潜水加压舱对口装置、生命保障系统、充气与配气系统、电池充电装置;水下通信联络、勘探、定位系统;潜水医务保障设施等。进行作业时,先用卫星导航仪或声呐测定该船的船位,然后应用动力定位或深水锚泊系统进行定位。接着用收放设备把潜水器放入海中,并用拖曳声呐对潜水器进行跟踪,指挥其在海底作业。在潜水器与母船之间可用脐带相连接,借此可进行有线通信与气、电补给。潜水员可潜游出潜水器,在海底进行作业,待工作完后返回潜水器。当潜水器上吊至母船后,潜水员就进入饱和潜水加压舱内休息或经过减压过程,然后出舱。

母船要求具有良好的耐波性与操纵性,并能低速航行。一般都采用双桨电力推进,采用可调螺距螺旋桨、侧向推力器,或平旋推进器。并装有计算机控制的减摇系统或减摇水舱,以减小船体摇荡。另外还装有液压门式起重机或全液压旋转折臂起重机,用来收放潜水器。在大型母船上还设有直升机平台,利用直升机协助探明作业海区情况,运送人员与物资。

深潜器,是深海潜水器的简称。深海潜水器可以分为带缆水下机器人、自主型水下机器人和载人潜水器等。其中,深海载人潜水器是海洋开发的前沿与制高点之一,其水平体现出

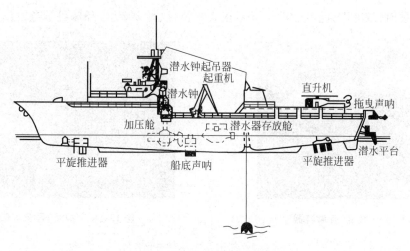

图 13-9　潜水器工作母船

一个国家材料、控制、海洋学等领域的综合科技实力。深潜器是人类探索深海奥秘的重要工具。它可以完成多种复杂任务,包括通过摄像、照相对海底资源进行勘查,执行水下定点作业如设备布放、海底电缆和管道检测等。

世界上最著名的深潜器是"Alvin"(艾尔文)号,1964 年专门为美国海军建造。"艾尔文"号可以搭乘 3 名研究人员,能下潜到 4500m(14764ft)的深度。在将近 40 年的服役生涯中,"艾尔文"号一共有 4000 多次深潜经历。它是第一艘到访泰坦尼克号沉船的载人潜水器,勘测过海底火山口,找到了美军丢失在海底的氢弹并打捞出水。

在中国之前,世界上只有美国、俄罗斯、日本和法国拥有深海载人潜水器。但日本、法国、俄罗斯的载人潜水器最大工作深度均未超过 6500m,经常下潜深度在 5000m 以内。唯有美国的"里雅斯特"号观测型深潜器在 1960 年下潜深度达到 10916m。2012 年 6 月 24 日,中国研制的深海载人作业型潜水器"蛟龙"号成功下潜至 7020m,这意味着我国的深海载人潜水器成为世界上第 2 个下潜到 7000m 以下的国家,并打破了作业型载人潜水器最大潜深世界纪录。

"蛟龙"号载人潜水器是一艘由我国自行设计、自主集成研制的载人潜水器。其长、宽、高分别是 8.2m、3.0m 与 3.4m,空重不超过 22t,最大荷载是 240kg,最大设计工作深度为 7000m。近海底自动航行和悬停定位、高速水声通信、配备多种高性能装备确保潜水器完成保真取样和潜钻取芯等复杂任务,被誉为"蛟龙"号的三大技术突破。"蛟龙"号可以完成三种自动航行:自动定向航行——驾驶员设定方向后,"蛟龙"号可以自动航行,而不用担心跑偏;自动定高航行——可以让潜水器与海底保持一定高度,尽管海底山形起伏;自动定深——可以让潜水器保持与海面固定深度。一旦在海底发现目标,"蛟龙"号不需要像大部分国外深潜器那样坐底作业,而是由驾驶员操控潜水器行驶到相应位置后,做到精确地"悬停"——与目标保持固定距离,方便机械手进行作业。陆地通信主要靠电磁波、速度可以达到光速,但电磁波在海水中只能深入几米就失效了。"蛟龙"号潜入深海数千米,为了与母船保持联系,科学家们研发了声呐通信技术,实现了具有世界先进水平的高速水声通信。图 13-10 为"蛟龙"号深潜器,图 13-11 是"蛟龙"号及其母船"向阳红 09"号。为了给"蛟龙"号提供更好的搭载与工作条件,新的支持母船"深海一"号已在武汉顺利下水,预计 2019 年交付使用,届时"蛟龙"号将与"深海一"号正式组合,执行 2020 年环球科学考察任务。

图 13-10 "蛟龙"号深潜器

图 13-11 "蛟龙"号及其母船

13.7 布缆船

布缆船是电缆布设船的简称,主要用于布设与维修水底电缆,可分为电缆布设船与电缆维修船。布缆船也可兼作电缆维修船。水底电缆可分为传输视、听信息的通信电缆与传输电能的电力电缆,布缆船的主要作业对象是水底通信电缆,也可兼作布设与维修电力电缆用。通信电缆主要包括同轴电缆、增音器、均衡器等设备。布缆船一面根据设计线路将电缆准确地布放水中,一面要做电缆的接续与测试等工作。船上设有大容积的电缆舱、增音器堆放场、布缆机与接续、测试等专业舱室。在艏柱上部突出处设有直径为电缆直径 30 倍的缆滑轴,使电缆能顺滑地入水与上船。艉甲板做成方形,加大工作区,并设有电缆导槽与艉滑轮或艉滑道,供电缆上船或入水用。布缆机有鼓轮式与履带式两种,作为牵行与控制电缆收放速度的工具。缆滑轮、导缆槽与布缆机的位置布置在一条直线上,一般在艏部布放新电缆,在艉部收取需要维修的电缆。若在浅水区域布缆,为防止电缆被渔网、锚链等物损坏,必须采用电缆埋设机,将电缆埋入水底 1m 左右。为了保证布缆精确,在船上装有精确测定船位与操舵等系统,并配备双螺旋桨,多采用可调螺距螺旋桨与侧向推力器,船上设有压载水舱,供调整纵倾与重心之用。

布缆船进行布缆作业时,放在电缆舱内的电缆盘卷在中心为圆锥形的筒体上,电缆通过布缆机向艉部布放,布缆机带动电缆并依靠其本身的重量通过滑轮放入水中,通过埋设犁将电缆埋入海底,如图 13-12 所示。

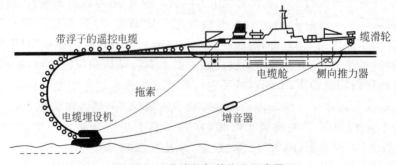

图 13-12 布缆船与其作业示意图

13.8　三用拖船

三用拖船又称三用工作船、拖曳-锚作-供应船、平台供应船,专为海上油田开发工程服务,如图13-13所示。其主要任务为:拖曳钻井平台、转移井位或拖曳其他移动式海洋工程建筑物;协助钻井平台就位与起锚、抛锚作业;向钻井平台或采油平台运送与供应钻管、钻井泥浆、钻井水和散装水泥、燃油、淡水、冷藏品和其他生活补给品等物品。

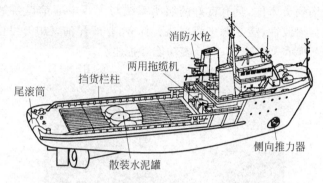

图 13-13　三用工作船

三用拖船通常有一层或两层纵通甲板和较长艏楼,甲板室设在艏楼上。露天甲板平整宽敞,无脊弧,上铺硬木板条,供堆放钻管与其他甲板货之用。艏楼后面的主甲板上装有大功率的拖曳、起锚两用拖缆机,其拉力可达100～200t以上。艉甲板设有大直径的导缆用尾滚筒,辅助平台抛锚、起锚作业。艏部甲板上设有拖缆导向器,并在两侧挡货栏柱上设有限缆装置,以保持直航拖曳与防止拖缆发生横牵。舷墙略有内倾,与挡货栏柱间留约1m宽的通道,该处分别安装有对钻井平台输送水泥、油等的管路接头。

机舱都设在艏部。机舱的前、后方常为散装水泥罐舱,有的还在机舱的前部设有储藏平台锚链的锚链舱。除艏、艉尖舱外,一般均设有边舱与双层底,以扩大液舱容积与改善船的稳性和抗沉性。推进系统多数采用两台或四台(两两并轴)大功率中速柴油机,形成两轴双桨,主机总功率一般在4000～8000hp之间,主机直接驱动设有导管的可调螺距螺旋桨。船上对主机、推进器、水泥气力输送机械和各种甲板机械实行遥控。

为在恶劣海况下靠泊平台以顶着各种风、流协助平台进行起锚、抛锚作业,在艏部舷侧与艉端设有较强的防护材;为了提高操纵性,多数在艏部设有较大功率的侧向推力器。烟囱布置在两舷,使驾驶员能看到两用拖缆机的操作与后甲板上其他作业情况。

2011年我国建造了世界顶级大马力深水三用工作船"海洋石油681"号(图11-21)。其主机功率达16000kW,配备了最强拖带能力——500t的拖揽机系统;拥有ROV水下机器人库房,能够存放和便捷收放水下机器人,实现深海3000m起抛锚作业;载货甲板面积大并具有对外进行消防、浮油回收功能;该船处于国内领先、世界先进水平。

13.9　守护船

作为油田生产平台的守护船,应邻近石油平台并具备应急响应与救助能力。一般设直升机平台,具备DP-2动力定位功能,设有救助及医疗设备,配备有符合国际海上人命安全公约规定的救助艇,能够接纳所守护的钻井平台上的所有人员,为钻井平台执行看守、救生、值班任务,并通常装备有用于对外消防、营救作业和浮油回收等设备。

守护船通常是为海洋石油平台提供交通、给养、抢险、救生、潜水等任务的多用途工作船。排水量一般在 100～1000t 上下,航速 23kn 左右,高的可达 38kn;船上设有带导管的双推进器,舯、艉设有侧向推力器,船舶能作 360°转向;船上设减摇水舱,舒适度较高;起重机的臂杆能伸出舷外,便于起吊水面受伤人员,两舷有尼龙攀网,供落水人员攀登之用,船上还配有潜水救生设备,顶甲板上设直升机平台;主甲板上有大面积的抢险救生工作区,舱室内有急救医疗设备与伤病员床位,具有良好的照明系统与无线电通信设备等。总之该类船须具有优良的操纵性与耐波性,能在恶劣海况执行任务,是海洋油气田开发中不可缺少的一种辅助船舶。图 13-14 所示为一艘 6500hp 多功能守护船。

图 13-14　6500hp 多功能守护船

复习思考题

1. 海洋科学考察船的任务是什么?船的布置与性能特点有哪些?
2. 海洋地质勘探船的工作原理是怎样的?其船型性能的主要要求是什么?
3. 海洋钻探船如何分类?简述海洋地质取芯船的使命与船型布置。
4. 简述铺管船的船型布置特点与作业过程。
5. 起重船有哪些类型?海洋工程用起重船的设计特点有哪些?
6. 简述潜水器工作母船与深潜器的任务与设计特点。
7. 三用拖船的主要用途是什么?其船型设计特点有哪些?
8. 守护船的主要功能有哪些?

参 考 文 献

[1]   中国舰船研究院.舰船概论[M].北京：科学技术出版社,1989.
[2]   席龙飞.船舶概论[M].北京：人民交通出版社,1991.
[3]   谢祚水.船舶与海洋工程概论[M].北京：国防工业出版社,1999.
[4]   胡鸿湧.船舶概论[M].哈尔滨：哈尔滨工程大学出版社,2015.
[5]   盛振邦,刘应中.船舶原理[M].上海：上海交通大学出版社,2003.
[6]   杨代盛.船体强度与结构设计[M].北京：国防工业出版社,1981.
[7]   方学智.船舶与海洋工程概论[M].北京：清华大学出版社,2013.
[8]   方学智.船舶设计原理[M].北京：清华大学出版社,2014.
[9]   张煜,冯永训.海洋油气田开发工程概论[M].北京：中国石化出版社,2011.
[10] 周守为,等.海洋能源勘探开发技术现状与展望[J].中国工程科学,2016(2)：19-31.
[11] 谢玉洪.中国海洋石油总公司油气勘探新进展及展望[J].中国石油勘探,2018(1)：26-35.
[12] 陆伟东,危行三,王笃其.船舶建造工艺[M].上海：上海交通大学出版社,1991.
[13] 国家海洋局海洋技术研究所.海洋开发技术进展(1995—2000)[M].北京：海洋出版社,1988.
[14] 严似松.海洋工程导论[M].上海：上海交通大学出版社,1987.
[15] 谭征,沈建平.走向海洋新世纪[M].北京：北京工业大学出版社,1993.
[16] 李润培,王志农.海洋平台强度分析[M].上海：上海交通大学出版社,1992.
[17] 朱继懋.潜水器设计[M].上海：上海交通大学出版社,1992.
[18] 孙意卿.海洋工程环境条件及其荷载[M].上海：上海交通大学出版社,1989.
[19] 张弩.船舶动力装置[M].哈尔滨：哈尔滨工程大学出版社,2006.
[20] 魏丽洁.船舶结构与制图[M].北京：人民交通出版社,2006.
[21] 黄胜.船舶推进节能技术与特种推进器[M].哈尔滨：哈尔滨工程大学出版社,2007.
[22] 高秀华,郭建华.内燃机[M].北京：化学工业出版社,2006.
[23] 杨和庭.船舶机械检验[M].北京：人民交通出版社,2009.
[24] 王焕文.舰船电力系统及自动装置[M].北京：国防工业出版社,2004.
[25] 郑华耀.船舶电气设备及系统[M].大连：大连海事大学出版社,2005.
[26] 张德孝.船舶概论[M].北京：化学工业出版社,2010.
[27] 孙丽萍,聂武.海洋工程概论[M].哈尔滨：哈尔滨工程大学出版社,2000.
[28] 熊仕涛.船舶概论[M].哈尔滨：哈尔滨工程大学出版社,2006.
[29] 朱荣富,张国良.舰船隐身技术[M].哈尔滨：哈尔滨工程大学出版社,2003.
[30] 姚寿广,肖明.船舶动力装置[M].北京：国防工业出版社,2006.
[31] 冯士筰,李凤岐,李少菁.海洋科学导论[M].北京：高等教育出版社,1998.